国学大观丛书

主　编◎陈志良　徐兆仁

中国名家

张　新◎著

中国人民大学出版社
·北京·

出版者言

中国正在奔向现代化，奔向文明和富裕。

不管我们是否能够清晰地意识到这一点，事实是，中国的现代化模式不同于世界其他国家的一个显著的特点，就是中国悠久而灿烂、源远而流长的传统思想文化，始终是中国现代化进程的强大推动力。

作为华夏子孙，传统思想文化始终奔流在我们的血液里，脉脉融汇于我们的骨髓之中。我们中国人，小至黎民百姓的日常思维方式、行为举止、价值追求，大到国家的治国安邦策略，外交军事战略的选择、制定，等等，都深深地打着中华传统思想文化的烙印。

由于历史和时代的原因，今天的我们，对于和自我生命已经融于一体的传统思想文化，从感情到意识层面，都变得疏离和陌生了。对于中华传统文化的认识，大部分人都是停留在饮食男女的物质层面，道听途说、人云亦云的多，真正沉下心来认真学习、深刻了解的少，那些真实体会到其内在价值意蕴并从中受益良多的人更是少之又少。这是令人非常遗憾的。

中华文化的一个重要特点就是强调兼容并包，对于世界多元文化保持开明开放的心态，似滔滔江河不弃涓流，博采众长，为我所用。这个特点使中华民族和中华文化穿越五千多年的时空阻隔，历尽艰险，保存至今。中华文明是世界四大文明中唯一延续至今而未曾中断的，这一点也是中华传统思想文化强劲生命力和巨大社会整合作用的明证。

对于中华文化，无论我们是赞美还是诋毁它，它始终沉淀在我们的社会意识底层，成为中国人的集体无意识，影响甚至决定着我们做出的所有选择。

看待中华传统思想文化，既要看到其超越时空价值的精华内容，也要看到其中不合时宜、僵化落后的部分。事实上，中华传统思想文化始终处于不断变化发展、不断突破时代局限、不断汇集涓流而滚滚向前的动态发展过程中。对于我们来说，传统思想文化既不是梦魇，也不是光环，把我们今天的成败得失归罪或者归功于传统文化，给它差评抑或点赞，都不是学习和认识传统文化的正确态度。

传统思想文化是祖宗创造的，它代表的是逝去的一代代中国人的智慧和创造力，而我们的价值在于我们自己的智慧和创造，我们不必妄自菲薄，更不应狂妄自大。

我们需要了解中华传统思想文化，是因为我们需要了解自己。

"认识你自己"，这句镌刻在古希腊神庙上的箴言，揭示了我们寻找所有人生问题答案的途径，小到一个人，大到一个民族、国家，只要足够真诚勇敢，当经历过重重风雨磨难后，痛定思痛，一定会反观自身，从自己身上寻找力量和出路。

马克思曾经说"反思"，也就是反身而思，这是一道"普照的光"，它是唯一把人类从混沌的畜群意识中超拔出来的力量。在今天的中国，人们的物质文化日渐发达，对精神文化生活也日渐提出更高的要求。富而不贵的痛苦在全社会弥漫的时候，我们更需要"反思"，需要"认识你自己"，从中华传统思想文化中寻找智慧，从中西思想文化融合中发掘力量，从而建设出属于时代精华的有着高远意境和价值追求的中华新文化。

今天，随着中国国力和影响力的增强，随着国家"一带一路"倡议的逐步实施，世界各国越来越关注中国，它们在关注中国、惊叹于中国奇迹的同时，也一定会对产生和创造中国奇迹的中国传统思想文化产生兴趣。而我们作为中国人，为了认识自己，认识我们生于斯长于斯的这片土地，更应该了解自己的传统文化，尤其是蕴藏在我们日常饮食起居之中同时又超乎其外的传统文化的内核系统，即文化价值观念系统。在传统文化热重新兴起的今天，这套书的出版应该说适逢其时。

目前传统文化类的书籍出版正热，但是大部分内容局限于饮食男女等物质层面，其次就是诗歌文学类的图书居多。这比较容易理解，因为古文和我们今天使用的语言文字差别太大，单是古文阅读这一关，除了大学中文、历史系的学生，一般人都已经很费劲了。市面上流行的一些对传统文化仅作心灵鸡汤式解读的图书，对传统文化普及有一定益处，但是已经大大降低了传统文化历史意蕴和价值水准，如果让人们误以为这就是传统文化的全部内容，反而不利于人们认识和了解传统文化。所以，我们需要出版一套既有较高学术水准又能让普通读者看得懂的传统思想文化丛书，全面展现中国传统文化的内核系统即文化价值观念系统。要用通俗的笔法、优美的文体，向寻常百姓人家系统、通俗、酣畅地展现中国传统文化的绚丽多彩和博大精深。

这套丛书体现出了对中国传统思想文化的自信，写出了各家思想的亮点，可以与现实共参，启发现代。历史走到今天，多年中西文化交流交融的结果，使我们对于很多问题都看得比较清楚了，对于东方和西方思想文化的优缺点和未来世界文化发展走向，都大体有了新的理解，所以这套丛书体现出了我们对中华文化的自信，这种自信不是说我们老祖宗的一切都好，而是说它可以而且应该成为我们时代新的思想文化建设的起点。

本套丛书共计十本，包括《中国儒家》《中国道家》《中国佛家》《中国墨家》《中国法家》《中国名家》《中国阴阳家》《中国纵横家》《中国农家》《中国兵家》，可以说是对中华传统思想文化的全景式展示。

本套丛书作者在撰写书稿之时，大多还是在读或者刚毕业不久的博士，如今，他们均为各自专业领域的知名专家、学者。高水准的专业作者队伍，保证了丛书的学术质量。

读者诸君，藉此以往，因枝以振叶，沿波以讨源，必能深入国学堂奥，获取真知灼见，锻造无量智慧。

中国人民大学出版社

2019年3月

序言

先秦名家及其三派

我国的春秋战国时期，随着社会发生巨大变革，出现了诸子百家争鸣、思想群星争辉的学术文化空前大繁荣的局面。在这一时期众多的思潮中，最引人注目的一股思潮就要算是名辩思潮了。围绕着名实关系这一重大的哲学问题和社会现实问题，诸子百家纷纷登场亮相，相互之间展开了激烈的理论争论。挑起这场旷日持久、规模空前的大辩论，并始终处于中心地位的，就是名家学派。

在先秦时期，并没有名家这一称呼，人们称这一学派的一些代表人物为"辩者"或"形名家"。只是到了西汉，著名学者司马谈才在其《论六家要旨》一书中第一次明确地把先秦辩者的学派称为"名家"。此后，"名家"的称谓被历代学者所共认，并流传至今。

所谓"名家"，就是指以探讨名实关系为核心，注重对名词概念进行深入细致的分析，提倡"控名责实"学说为其基本特征的学术思想流派。

名家学派的创始者为春秋末期的邓析，此后相继形成了三个基本学派：宋尹学派、惠施学派和公孙龙学派。从这三派的学说内容和各自所具有的基本思想倾向来看，我们可以将它们分别称为人文主义、科学主义和逻辑主义。

人文者，人事也，社会也。人文主义就是指以研究人们的行为和社会现象为主要对象的哲学学说。在名家学派中，集中体现这一特征的是宋尹学派。这一学派的思想虽也涉及了世界的本质和自然界的探讨，但从主体上来说，它所关注的中心是人、人的行为乃至整个社会。它以名实关系为基点，提倡"控名责实"，最终是为了实现自己的"反战禁斗"的政治主张和人人平等的理想社会。因此，宋尹学派的学说从本质上来说体现了一种对人、对社会的终极关怀，体现了一种伟大的人文精神，正是从这个意义上，我们说它是名家学派中的人文主义学派。

惠施学派与宋尹学派有着鲜明的差别，这一学派所关注的不是人事，也不是社会和政治，它所关注的是自然界的本质和各种现象的研究。惠施的学说中包含着许多超越了当时时代的自然科学和自然哲学见解，他是一名卓越的自然科学家、自然哲学家和逻辑学家。他所探讨的是"天地所以不坠不陷，风雨雷霆之故"之类的自然科学道理，研究的是宇宙空间的有限和无限、物体运动的本质等自然哲学的重大课题。他充满了"逐万物而不反"和"遍为万物说"的科学精神。正是在这个意义上，我们完全有根据说，惠施一派的学说乃是中国古代思想史上的第一个科学主义学派，当然，它首先是名家学派中的科学主义学派。

公孙龙学派则是名家学派中的逻辑主义学派。公孙龙的学说既不以人事和社会为主要研究对象，也不主要以自然界为注意的焦点，而是着力探讨知性思维和知性逻辑的问题。正是他第一个将知性逻辑从其他知识领域中分离出来，并使其成为一门独立的知识学科。公孙龙通过对知性思维和逻辑问题的深入研究，提出了关于知性逻辑的同一律等关于思维基本规律的理论，创立了比较系统的概念学说，所以我们说公孙龙一派乃是名家学派中的逻辑主义学派。

名家三派各自鲜明的理论特征，正体现了它们对中国哲学乃至整个中国文化的伟大贡献。尽管这三派学说由于历史的局限而存在着种种缺陷，但绝非什么"奇辞怪说"，更不是什么"诡辩论的典型代表"。本书的宗旨就在于通过对名家学说的分析，对名家学派的理论贡献和不足做出实事求是的公正评价，摒弃被传统观念强加于名家的种种诽毁之辞，以求还名家的真实面目。但由于自己才疏学浅，能否实现上述宗旨还在两可，而且也难免存在种种缺点和错误，希望读者朋友批评指正。

在这里还需要特别指出的是，本书在写作过程中借鉴了学术界前辈的许多学术成果，在此谨表衷心的感谢！

目录

第一章　命运多舛——名家的兴衰

名实相怨 …………………………………… 003

思辨大潮 …………………………………… 005

脱颖而出 …………………………………… 010

控名责实 …………………………………… 012

大浪分流 …………………………………… 018

名噪一时 …………………………………… 020

好景不长 …………………………………… 023

第二章　邓析——开名辩思潮之先河

"竹刑"简法 ………………………………… 028

平民"讼师" ………………………………… 030

首倡"形名之辩" …………………………… 031

反对"无厚"之论 …………………………… 033

是非"两可" ………………………………… 035

"循名责实" ……………………………………………… 042
法家先驱 ………………………………………………… 047

第三章　宋尹学派——唯物认识的哲学先驱

道、墨、名三家兼杂 …………………………………… 053
救世之士 ………………………………………………… 057
"道"与"气" …………………………………………… 064
心术 ……………………………………………………… 067
"以物为法" ……………………………………………… 072
形名法术 ………………………………………………… 079
"大道无形，称器有名" ………………………………… 080
"国色，实也；丑恶，名也" …………………………… 082
"好牛""好人""好马" ………………………………… 084
长子名"盗"，次子名"殴" …………………………… 087
"不论饥饱，不忘天下" ………………………………… 090
鼠肉名"璞" …………………………………………… 093
"名正则法顺" …………………………………………… 094

第四章　惠施——名家一代宗师

一代名相 ………………………………………………… 103
逃离魏国 ………………………………………………… 106
杰出的雄辩家 …………………………………………… 113
非墨非道 ………………………………………………… 119
历物十事 ………………………………………………… 127
名理探究 ………………………………………………… 163

"遍说万物" ……………………………………………… 175
"物方生方死" …………………………………………… 179
惠施与庄周 ………………………………………………… 182

第五章 "奇辞怪说"——辩者"二十一事"

辩者"二十一事" ………………………………………… 193
归属难定 …………………………………………………… 216
古今众说纷纭 ……………………………………………… 223

第六章 公孙龙——神奇的辩士

相府请客 …………………………………………………… 229
雄辩奇书：《公孙龙子》 ………………………………… 240
个体与共相 ………………………………………………… 248
存在与本体 ………………………………………………… 260
色白与坚实 ………………………………………………… 265
感性与知性 ………………………………………………… 268
"夫名，实谓也" ………………………………………… 271
白马 = 马 + 白色 ………………………………………… 275
羊 + 牛 ≠ 马 ……………………………………………… 281
有白马就是有马 …………………………………………… 284
白马非马 …………………………………………………… 288
独特贡献 …………………………………………………… 297

结　语

逻辑探索	302
自然哲学	303
分析思维	305

第一章 命运多舛——名家的兴衰

郭沫若在谈到名家的兴衰时说:"名家本来是汉人所给予的称谓,在先秦时代,所谓'名家'者流每被称为'辩者'或'察士',察辩并不限于一家,儒墨法道都在从事名实的调整与辩察的争斗。……这一现象的本身是有它的发展的,起初导源于简单的实际要求,即儒者的'正名',其后发展而为各派学说的争辩,一部分观念论者追逐观念游戏的倾向,更流行为近于纯粹的诡辩,再其后名象的倾向又差不多一致地企图把这种倾向挽回过来,重新又恢复到'正'的实际。待秦代统一六国以后,封建社会的新秩序告成,名实也相为水乳,于是乎名实的潮流也就停止了。"①

本章阐述了名家的兴起和衰落。春秋战国,在政治上是群雄并立、争王称霸的时代,在思想上则是学派

---

① 郭沫若. 郭沫若全集:历史编:第二卷. 北京:人民出版社,1982:253-254.

林立、百家争鸣的时代。在诸子百家中，名家以自己凌厉的辞辩、细致入微的语言分析而著称于世。它与儒、墨、道、法、阴阳等家并列当时地位十分煊赫的"显学"之中。名家诸子大多为愤世嫉俗之辈，敢言别人不敢言、敢疑别人之不疑，可说是中国最早的启蒙思想流派。正因为如此，名家在诸子百家中命运是最不幸、最多舛的。它的代表人物或被杀、或被逐、或被黜，境遇十分坎坷；它的学说的命运更是悲惨，被诸家乃至官家斥之为"诡辞""怪说"，因而，名家学说在诸家众多学说中是最早衰落和亡绝的。名家的著述本来十分丰富，但得以传世的少之又少。我们今天所能见到的名家思想，大多是记述在其他诸子书中的片言只语，而且其中还渗透着诸子对名家的偏见和贬斥，即使是现存较为完整的名家典籍也大多被认为是后人的伪篡或存在巨大争议的真假难辨的材料。被基本公认为较真实的名家经典《公孙龙子》，也被认为是残缺不全。这样一来，后人就很难窥得名家学说的全豹了。

　　然而，仅从残留的名家思想资料中，我们仍可强烈感受到其思想的深邃和博大，特别是它对逻辑学的贡献更是中华文化宝库乃至世界文化宝库中不可多得的一颗璀璨的思想明珠。

名实相怨

对于名家，历来有不同的理解，但概括起来大致可以分为广、狭两种。

从狭义上说，名家是指汉代班固在《汉书·艺文志》中所列从邓析到毛公七家及其思想。

从广义上说，名家是指包括先秦时期所有名辩学者及其思想在内的名辩思潮。

但不论取其狭义还是取其广义，名家与先秦盛极一时的名辩思潮都是无法分割的。因此，说到名家兴起这一话题，就不能不从先秦名辩思潮产生和得以兴盛的原因说起。

任何一种社会思潮的产生都有它深刻的社会根源。先秦名辩思潮也并不例外，它是社会发生剧烈动荡、变化在人们思想上的反映。

大家知道，西周是我国奴隶制最昌盛的时代，形成了以周礼为核心的十分完备的奴隶主统治制度。但到西周末期，长期潜伏的社会矛盾开始激化，发生了所谓"国人"打进王宫，驱逐暴君周厉王的大暴动。自此以后，周天子过去那种神圣不可侵犯的地位开始发生动摇。自周平王东迁，进入东周时期以后，过去那种"普天之下，莫非王土；率土之滨，莫非王臣"的大一统奴隶制王朝已处于风雨飘摇之中。王权被严重削弱，诸侯日益强大并各行其是，周天子的号令根本无法在京城之外实行，周礼进一步瓦解。至春秋末期，周王朝已成虚设,各诸侯国经过长期的兼并战争,已形成了一些强大而独立的国家。在这些诸侯国家中,掌握政权的封建地主阶级先后进行了政治、经济的改革和变法,其结果是以周礼为核心的上层建筑遭到了进一步的沉重打击。

在这样一个激烈动荡的社会转型时期,人们对一切的认识和看法都发生了巨大的变化,似乎一切都需要用新的价值尺度来重新审视、衡量和评价了,特别是周礼所规定的那种严格的名分等级制度更受到人们的严重怀疑。这是因为,人们的行为,尤其是诸侯的行为,不但超越而且已破坏了这种名分等级:臣杀君、子杀父这种"乱伦"之事时有发生;过去只能在天子宫中演出的乐舞"八佾",现在不仅诸侯宫中可以演,甚至诸侯国中的士大夫家里也可以演了;过去祭天是天子的独享权礼,而现在诸侯、大夫也可以祭了。如此等等"礼崩乐坏"的情况都说明,过去的旧名已无法和新的实际对上号了,出现了"名实相怨"即名实相违的状况。正是在这种背景下,人们开始日益重视"名实"问题,各家学派就此进行了激烈的争辩,名辩思潮由此兴起。

名辩思潮得以兴起的另一个重要原因,就是随着周王朝的衰微,过去那种"学在官府"的状况被打破了,由官府掌管的许多文化典籍流入民间,诸子私学开始兴起,也使得百家争鸣得以开展。孔子在总结造成"学在官府"被打破的原因时说:"吾闻之,天子失官,学在四夷"《左传·昭公十七年》。这就是说,由于天子的权威被严重削弱,过去掌管历代文化典籍的王官们纷纷丧失了禄位,这就造成了"学在四夷"即"学在民间"的状况。其直接结果就是百家之学的产生和发展,一时间学派林立,出现了百家争鸣的学术繁荣兴旺的景象。各家为了论证自己观点的正确并对他家的学说进行非难,都十分重视对"辩"的方法和理论的探讨。而且"名实之辩"从一开始就成为百家争鸣中一个非常重要的方面。正是在这种争鸣论辩之中，名家的第一位杰出代表邓析率先提出了"形名之辩"和"两可之说"，开启了先秦名辩思潮的先河。

思辨大潮

如果说邓析开了名辩思潮的先河，那么儒家、墨家、道家的创始人孔子、墨子、老子之间的"名实之辩"，则是名家得以勃兴的重要思想条件，名家正是从上述论辩中获得思想资料并将这一论辩推向更广更深，从而掀起了一场巨大的思想之潮，将各家学派统统卷了进来。

儒家祖师爷孔子是先秦最早提出"正名说"的思想家。他的"正名说"对先秦名辩思潮的兴起起到了巨大的推动作用。

孔子在政治思想方面基本上是一个保守派。他对春秋末期出现的"礼崩乐坏"的局面深恶痛绝，发誓要恢复周礼的神圣性。为实现这一目的，孔子认为最根本的途径就是要"正名"。在他看来，当时社会政治和伦理道德之所以出现巨大混乱，最根本的原因就是周礼所明确规定的名分被搞乱了，由此便出现了"君不君、臣不臣、父不父、子不子"的状况，所以，他认为只有通过"正名"，即确定名分，使人们各安其分，才能杜绝"犯上作乱"，实现天下太平。

为实现这种政治理想，孔子四处奔走、周游列国，向各国统治者宣传和兜售为政必先正名的观点，并逐渐形成了一整套的正名理论。

《论语·子路》中记载的孔子与子路的一段对话,清楚地论述了孔子关于正名的社会作用和重要意义的思想。

子路问孔子:卫国的国君等你去管理政事,你打算先做些什么呢?孔子回答说:一定是先正名啊!子路说:你真迂腐!为什么要正名呢?孔子听后很生气,先训斥子路说话粗野,然后说明了首先必须正名的意义。他说:"名不正,则言不顺;言不顺,则事不成;事不成,则礼乐不兴;礼乐不兴,则刑罚不中;刑罚不中,则民无所措手足。故君子名之必可言也,言之必可行也。"

既然正名是如此重要,那么什么是"正名"?对此,孔子在《论语·颜渊》中做了明确回答。齐景公向孔子询问治政的办法,孔子回答说:"君君、臣臣、父父、子子。"这就是说,要治理好国家,最重要的就是要正名,即国君要像个国君,臣子要像个臣子,父亲要像个父亲,儿子要像个儿子。否则,国家就要大乱。在孔子的心目中,周礼所规定的名分等级制度是永恒不变、绝对的,是神圣不可侵犯的,"正名"就是要使已经变化了的"实"去服从绝对不变的"名"的基本要求。可见,孔子的"正名"说在哲学上带有浓厚的形而上学色彩,在政治上带有强烈的守旧倾向,在道德上带有强制性的要求,其根本目的就是用周礼之"名"去正已发生剧烈变化的社会之"实"。

孔子甚至将"正名"提高到伦理的最高规范"仁"的高度来强调。他认为,君子和统治者的最高行为规范和道德标准就是"仁",但在"仁"的诸多含义中,最根本的就是"克己复礼",也就是克制自己而使自己的一切言行都符合周礼的规范,以自己的实际行动来恢复周礼,这就是"仁"。用孔子的原话来说,就是"克己复礼为仁"。这可以看作孔子"正名"的基本原则和最高标准,而要达到这一原则的要求,就必须做到:"非礼勿视,非礼勿听,非礼勿言,非礼勿动。"

孔子提的这个要求和标准实在是太高了一点，似乎除了像他这样的"圣人"之外是很难有人可以做到的。所以，他的"正名"说在现实中也很难实行得通。而且他也过于强调"名"的作用，将它看作决定"实"的东西，因而他的"正名"说遭到了左和右两个方面的批判和责难。从左的方面进行批判的就是墨子。

作为墨子来说，他也把名实关系问题作为自己学说的一个重要内容来加以处理。他明确把名实关系提高到哲学的高度来加以讨论。在墨子看来，在名实关系中，最重要的不是孔子所说的"名"即概念和名称，而是"实"即客观实在。因此，要做到名实一致，重要的不在于知道"名"，而在于要知道"实"。他用了一个形象的事例说明了自己的观点。他说，盲人也会说："银是白色的，黔是黑色的"，这是双眼明亮的人也不能更改的判断。但如果把白的和黑的东西放在一起，再让盲人来分辨，他就无法判断了。所以盲人不知黑白，不是因为他不能陈说黑白的名称，而是因为他无法加以选择。同样的道理，当今的儒者这样一些所谓的君子给"仁"所做的界定，即便是禹、汤这样的圣王也无法更改。但如果把"仁"与"不仁"的事情混杂在一起，让这些君子来选择，他们就不能判断和选择了。所以说，天下的君子不知道"仁"，这并不是因为他们不知"仁"的名称，而是因为他们无法判断和选择。在墨子看来，孔子这些儒者到处宣扬"仁"，但都停留在口头上，他们并不知道如何区分具体事情中的"仁"与"不仁"。墨子对儒家特别是孔子名实观的批判，可以说十分有力。他通过上述事例表达了一个十分朴素的真理："名"即概念和名称只是客观实物的反映和称谓，所以概念应接受实践的检验。只知道事物的概念和名称，而不懂得在实际中对事物进行辨别并加以选择，就脱离了实际，就得不到真知。

孔子将"仁"作为"正名"的最高原则和标准，要求用实来服从名，只要实符合了名的要求，即符合了周礼的要求，就达到了"仁"的要求，在认识上也就是实现了对真理的把握。这实际上就把真理的标准主观化了，把判断是非的标准主观化了。墨子则认为，判断真理谬说、是非利害的标准是客观的。他说："必立仪。言而毋仪……是非利害之辨，不可得而明知也。"（《墨子·非命上》）意思是说话必须订立准则，说话如没有准则，……就不可能弄明白是非利害的区分了。那么，这个准则或标准又是什么？墨子提出了他的"三表法"，也就是判断是非利害的三个标准。第一是"上本之于古者圣王之事"，即要以历史上圣王的经验为依据。第二是"下原察百姓耳目之实"，即要考察老百姓的直接经验。第三是"废（发）以为刑政，观其中国家百姓人民之利"，即要把这种观点或学说付诸实行，看它的社会效果如何，是否真正符合国家、人民百姓的利益。墨子的这三条标准突出了实践经验的作用，强调了名必须符合实的要求，显然要比孔子的标准具体和实际得多了，鲜明地体现出了他平民思想家的特色。

墨子进一步强调要将"明于民之善非"作为治理国家的基本原则。他指出，君主管理政事，如掌握了下面的实情，国家就能得到治理；不了解和掌握下面的实情，就会引起国家的混乱。了解和掌握下面的实情，就是要了解和掌握民众的善恶是非。如做到这一点，就能遇到好人而加以奖赏提拔，遇到坏人则加以惩罚，如此国家就一定会得到治理。否则，就会奖罚不明，必然引起民众的混乱。可见，墨子是十分重视从实际出发来治理国家的，这与孔子的"正名"说通过"正名"来治国的观点正好是相反的。

孔子重"名"，墨子重"实"，这是在名实观上截然对立的观点，由此正式引发了"名实之辩"。

道家的开山鼻祖老子对孔子的"正名"说也进行了批判，但他与墨子不同，他既不强调"名"的作用，更不强调"实"的作用，而是提出了"无名"论来与孔子相对抗。

与孔子的"正名"说相反，老子认为，天下大乱的根本原因不在于"礼崩乐坏"，而正是孔子所强调到无以复加的高度的"礼"。"礼"这个东西正是忠信的不足、大乱的祸首，"夫礼者，忠信之薄而乱之首"。

那么，怎样才能使天下得到治理呢？老子认为，最根本的方法就是抛弃孔子所说的"仁义礼智信"，遵循"道"的要求，实现无为而治。他说，自古以来善于遵循"道"的原则的人，不是怎样用"道"来教人民聪明，而是用"道"来教人民愚昧。人民所以难治，是因为他们知道得太多，所以用"智"治国是国家的灾难，不用"智"治国则是国家的福分。这是两种不同的治国原则，认识到这一点就达到了"玄德"，也就与"道"的原则完全一致了，这样也就达到了大顺。只有顺应了"道"，才能做到"无为而治"。所以，老子进一步指出，圣人说过："我无为，人民自然顺化；我好静，人民自然端正；我无事，人民自然富足；我无欲，人民自然淳朴"。这种"无为而治"才体现了"道"的基本要求。

老子进而把这种"无为而治"的政治理想无限夸大，升华到本体论的高度来加从论证，提出了自己的"无名"论。

老子说："道可道，非常道；名可名，非常名。"可以用言词表达出来的"道"，就不是永恒的"道"；可以说出来的"名"，就不是永恒的"名"。所以，"道常无名"。在老子看来，"道"是无名的，任何语词、概念都无法把握它。人们可能会问：既然"道"是无名的，任何语词、概念都无法把握它，而你老子又要求人们遵循"道"的要求来达到"无为而治"，这不就自相矛盾了吗？对此类的问题，老子会这样回答：你这是从常人的思维来看问题的。"道"根本就不是靠通常的思维和认识方式来把握的。你必须通过刻苦的修炼，达到了"玄同"的精神境界之后，才能体认到那无形无象、玄而又玄的"道"。那么，什么是"玄同"？老子说，所谓"玄同"，就是：塞住感觉的穴窍，关闭知识的大门，泯灭智慧的光芒，混同于尘世。也就是，摈弃已往获得的一切感觉和知识（因为这些并不是真知识），把自己的心洗得像明亮的镜子一样一尘不染，这样你就会与"道"合为一体了，你自然就体认"道"了。所以，"道"是可以体认得到的，"无为而治"自然也是可以实现的。

由此看来，要达到老子的"无为而治"与孔子的"正名而治"一样，都不是一件容易办到的事。他们的要求都过于理想化了，甚至可以说高得有点离谱，凡夫俗子是很难做得到。孔子通过"正名"要恢复已崩坏了的周礼，老子通过"无名"和"无为而治"要恢复到鸡犬之声相闻、民至老死不相往来的原始状态。在复古这一点上，二者倒是异曲同工，但毕竟历史是要进步的，所以他们的理想只能是幻想而已，倒是墨子"予名取实"论来得实在一些。

脱颖而出

从孔子的"正名说"到墨子的"名实论"再到老子的"无名论"，是先秦"名实之辩"的初步展开，可以说是先秦名辩思潮的一个序曲而已。然而，可以说，没有这个序曲，就不可能有以名家为主角的名辩大潮主题曲的奏响。

继孔、墨、老之后，其他各家各派都从各自的立场出发参与了"名实之辩"。随着论辩的深入，各家学派为了辩胜论敌，逐渐开始重视对辩论的规则等问题的探讨，这也是百家论辩过程中必然会出现的一个问题。这是因为，如果没有一定的规则可以遵循，人们在辩论过程中尽可以各取所需，只及一点，不及其余，看似围绕一个论题争论得面红耳赤，不可开交，实则各吹各号、各唱各调，压根儿就没交锋。大概先秦各家正是意识到了这个问题，感到必须制定一些大家共同遵守的辩论法则，论战才可以顺利进行，因而开始了对论辩规则的探讨和制定。由此相关，人们对概念、判断、推理等逻辑问题也开始进行了探究。其中有些人不仅着重研究名实问题，更注意辩论规则和概念、名词的分析，这些人后来就形成一个与其他学派不同的学派，也就是所谓的名家。

此外，到战国中期之后，各国掀起变法改革的高潮。随着社会的进一步变革，"名实相怨""名实散乱"的状况随之加剧，各家学派之间的"名实之辩"更趋激烈，因而名辩之风更盛。其间，宋钘、尹文以及惠施、公孙龙等名家杰出人物相继出现，尤其是惠施和公孙龙，他俩与其他许多辩者一道提出了许多与当时人们的常识相违背的命题，彼此相互呼应，使得各家学派无法等闲视之，于是一时间各家与名家的争辩此起彼伏，蔚为大观。名家在争辩中昂然崛起，在诸子百家中独放异彩，成为当时最煊赫的学派之一。

控名责实

名家,顾名思义,就是专门研究"名"和相关问题的学者及其思想和学派。从前文中我们可以看到,它的兴起与先秦"名实之辩"有着不可分割的关联。

然而,"名家"这个名称却不是先秦时就产生的,这一学派的代表人物也从来没有将自己称为"名家","名家"这个名称是西汉史学家司马谈、班固等人在划分先秦学术思想流派时用来概括从邓析到公孙龙一派人的思想时取的,所以,对"名家"的理解自汉代以来就存在种种不同的见解。

我们在前文中已说过,对名家的理解可以从广义和狭义两个角度来理解,由于理解的不同,对名家流派的划分及对其特征的理解也就不同。

先说狭义的名家。西汉史学家司马谈在他的《论六家要旨》一文中第一次明确把名家与儒、道、墨、法、阴阳并列,称为先秦最重要的学术流派。他在谈到名家学派的基本特征时说:"名家苛察缴绕,使人不得反其意,专决于名而失人情,故曰'使人俭而善失真'。若夫控名责实,参伍不失,此不可不察也。"这里所谓的"苛察缴绕",就是指名家善于纠缠在某一个问题上,作过细的烦琐论证;"使人不得反其意",就是指名家的学说十分艰深难解,而且不容易被人反驳;"专决于名而失人情",是说名家专门对概念和名称进行分析,得出的结论往往是违背常识而使人从常理上无法理解；"使人俭而善失真"，这是对上述各个方面的概括，是说名家使人受名的制约而失去真实。以上是说名家的缺陷或局限，然而司马谈也肯定了名家的长处，就是它能"控名责实，参伍不失"，意思是说：名家一方面能通过对概念名词的分析，将其本来十分混乱的含义搞得清清楚楚，使它能真正反映现实的事物；另一方面，通过分析，使名词概念能对现实加以规范，纠正实不当名的状况。由此可见，名家的长处和优点，也就是它最大的特征，即"控名责实"。

大概正是根据司马谈对"名家"特征的概括，班固在《汉书·艺文志》中将邓析一派人列为名家，并将他们的著作也一一列举了出来："邓析二篇。尹文子一篇。公孙龙子十四篇。成公生五篇。惠子一篇。黄公四篇。毛公九篇。"共七家三十六篇。看来，在班固眼中的名家代表就是上述七人了，其代表作就是上述三十六篇。班固还对名家的特征作了如下评论："名家者流，盖出于礼官。古者名位不同，礼亦异数。孔子曰：'必也正名乎！名不正则言不顺，言不顺则事不成。'此其所长也。及警者为之，则苟鉤（鈲）[鈲]析乱而已。"在班固看来，名家之所以注重对"名"的研讨，是与他们的出身有关，即名家都出身于礼官，所以特别重视名位和名分。名家的长处就在于正名分、正名实，使社会中的名位不乱。然而名家中也有一些喜欢论辩驳难的人，这些人（警者）在分析名词概念时，则喜欢"苟鉤（鈲）[鈲]析乱"，即喜欢转弯抹角，将名词概念搞得支离破碎，使人难以理解。这个看法与司马谈大体相同。

司马谈与班固对名家的评论及班固对名家人物的规定，成为此后两千多年对名家理解的基本依据，这可以说是对名家作狭义理解的最具代表性的观点了。

对名家持广义理解的主要是现代的一些研究者。如汪奠基、伍非佰等先生就认为，班固对名家的规定可以作为研究名家的基本依据，但这种规定并没有能概括出名家的全貌。汪奠基说："先秦'名家'并不限于汉代人所说的惠、邓一派人，而应广泛地包括所有名辩学派的人在内。"①照这种广义的理解，名家就涵盖了先秦的所有名辩学派，大体上就与当时的名辩思潮相同了。也是基于这种广义的理解，伍非佰先生在他的《中国古名家言》一书中经过细致考订，认为下列人物及其著作为先秦名家代表：邓析子二篇；尹文子一篇；公孙龙子十四篇；成公生五篇；黄公四篇；毛公九篇；墨家辩经四篇；墨子大小取二篇；庄子齐物论一篇；荀子正名一篇。其中，现存有六家，共十五篇：尹文子一篇；公孙龙子六篇；墨家辩经四篇；墨子大小取二篇；庄子齐物论一篇；荀子止名一篇。②

对名家取广义的论者与班固等人的划分标准有所不同，因而取舍也有所不同。班固等主要是依据先秦固有的学派划分传统以及名家的基本特征（注重名实关系的研究，专决于名而失人情）来规定名家的人物及其著述。汪奠基、伍非佰则是将名家看成形名家，并打破了先秦固有的学派划分传统来规定名家的人物及其著述。既然名家就是形名家，那自然就不局限于哪门哪派了，因为有很多学派都讲形名。所以，广义上的名家既包括了班固《汉书·艺文志》所划定的人物及其著作，也包括了其他各家的人物及其著作。

实际上，打破《汉书·艺文志》对先秦学派的划分模式以及对名家规定的，在历史上也不乏其人，如晋代鲁胜在《墨辩注叙》中就说过："墨子著书，作《辩经》以立名本。惠施、公孙龙祖述其学，以正形名显于世。"这就是说，名家惠施、公孙龙的"正形名"学说只是墨子《辩经》的发挥而已，照此而言，墨子《辩经》自然也属于名家

---

① 汪奠基．中国逻辑思想史．北京：人民出版社，1979：55．
② 伍非佰．中国古名家言．北京：中国社会科学出版社，1983：26—27．

之言论了。

对《汉书·艺文志》名家人物的规定，历来也有异议。例如宋钘，班固就将他划入小说家，但事实上宋钘是尹文的老师，而且大多数学者都认为宋钘和尹文的思想是一致的，所以认为历史上有宋尹学派的存在。因此，宋钘的学派归属就成了疑问，各种说法都有。但也有很多人将他划入名家。如北齐刘昼在《刘子·九流》中就明确说过："名者，宋钘、尹文、惠施、公孙捷（龙）之类也。"此外，还有许多名家的重要人物，如田巴、兒说、桓团等，都是当时名气很大的辩者，属形名家之列，但由于没有著作传世，班固也没有把他们列为名家。

由此可见，班固对名家的规定的确有一定的根据，把握住了名家的一些基本特征，但也有不全面之处。但如从广义上来规定名家，即以是否形名家来划分名家的范围，则容易混淆名家和他家的区别。如商鞅、申不害、韩非子也都以"好形名"而著称于世，却从没人将他们划入名家。墨家《辩经》虽也讲形名，但形名只占其学说的一部分内容，据此将《辩经》划入名家似乎也有些牵强。

此外，也不能将"名家"等同于"名学"即逻辑学。许多学者包括伍非佰先生之所以将墨家《辩经》、庄子《天下》、荀子《正名》划入名家，恐怕就是从是否逻辑学家角度来衡量是否名家的。实际上，当时各家学派都在研究"名学"，而且都有自己的"名学"理论。谭戒甫先生正是依据"名家"即"名学"的逻辑，将公孙龙划归形名家，认为公孙龙不是名家，而将《辩经》划入了名家。胡适则因此而否认了名家的存在。

我们认为，名家学派的划分是相对的，不应作绝对的理解。我们应当尊重历史上名家学派存在的客观事实，并力求准确地把握名家学派的基本特征，以此来对名家作出科学的规定。

那么，名家的基本特征究竟有哪些？概括起来说，大致有以下几点：

第一，"控名责实"。

这是司马谈对名家特征的概括。应当说，这一概括是相当准确的，一般的名家代表人物基本上都具备这一特征。名家鼻祖邓析首先提出了"循名责实"，强调要根据变化了的客观现实来修订已有的旧名，再按经过修订的新名去规范现实，以此来达到名实相符。这实际上就是"控名责实"。所以，邓析所"循"之名不是孔子所讲的"正名"之名，孔子所讲的名是旧名，是用旧名去正新实。名家先驱宋钘、尹文不仅继承了邓析"循名责实"的思想，还继承了墨子"取实予名"的思想，提出了"名以检形，形以定名"的观点，认为：有形的东西一定有名，有名的东西却不一定有形。有形无名，不会失去客观事物的属性；有名无形，就必须通过其他的名来加以审查，看它是正确的还是错误的。所以，有时要用名来核查形，以形来确定名；有时则要用名来判定事（实际），用事来核查名。这里所说的"形"就是有形的实物，"名以检形"就是用名来规范有形的实物；"形以定名"就是要根据客观事物的变化来核定已有的名，使之符合变化了的实际。宋钘、尹文的这一思想与邓析"循名责实"的观点是完全一致的。

惠施是名家的杰出代表，但因他的著作已遗失，所以我们无法了解他在名实问题上的具体观点。但惠施之学出于邓析，则是大多数研究者所持的观点。同时，惠施曾出入过墨家，受到墨家思想的影响，这也是众所周知的。所以，我们可以推论：惠施在名实观上持有与邓析和墨家大致相同的观点，还是可以成立的。

公孙龙是先秦名家的集大成者。他与惠施一样继承和发展了邓析的学说。在《公孙龙子》一书中，公孙龙明确肯定了"名"是用来称谓"实"的，因而"名"必须符合"实"，这是一方面；另一方面，公孙龙也强调了"以名正实"的思想。他在《名实论》中指出:"其正者,正其所实也;正其所实者,正其名也。"这就充分肯定了"名"可以正"实"的作用。将上述两个方面结合起来,恰恰就是邓析"控名责实"之论的发展而已。

从以上可以看出:"控名责实"是名家代表人物思想最基本的特征。

第二,怀疑常识,敢于向传统挑战。

名家的代表人物一般说来都是常识和传统观念的怀疑论者。他们依据变化了的社会现实,对一切传统观念都要进行重新审视、重新评价;而且对于人们公认正确的东西,他们也都要提出异议、提出怀疑。如大家公认"白马是马",名家却偏要反其道而行之,硬要说"白马非马";大家都知道鸡只有两只脚,名家却偏要说"鸡三足";人们都看到天在上、地在下、山岗高于平湖,名家却偏要说"天与地卑,山与泽平"。如此等等,不一而足。所以,名家被其他家学派说成"好治怪说","玩琦辞"。韩非子把名家言论列为"五蠹"之一,而荀子进而认为名家一类的辩者属于非杀不可的社会危害分子,因为名家的言论蛊惑人心,使社会难以安定。韩非子和荀子未免对名家的偏见太大太深了一些。其实,名家怀疑传统、怀疑常识,正是人类思维进步的表现。因此可以说,名家的一个很重要的特征,就是其代表人物大都是我国最早的启蒙家,而不是韩非子、荀子认为的诡辩家。

第三,注重对概念和名词的分析。

司马谈说名家的一个基本特征就是"苛察缴绕""专决于名",班固则说名家喜欢"苛鉤(鈲)[鈲]析乱"。这都是说名家的很大特点就是注重对概念和名词的分析,而且这种分析非常烦琐、非常深入,以至于使人无法"反其意",并造成"失人情"的结果。其实,与司马谈、班固所评价的相反,名家之所以以"名"成家,其特长正在于对概念名词的深入分析，而这正是"控名责实"的需要，也是名家对古代逻辑学和语言分析学所做出的杰出贡献。

通过以上对名家特征的分析，不难看出，司马谈和班固对名家特征的概括是比较准确的，尽管他们对名家抱有偏见。所以，我们认为班固对名家人物和著作的划分也基本上可信和准确。因此，本书对名家人物和著作的介绍就以班固《汉书·艺文志》为基本依据。当然，正如我们在前文中所说，名家是在先秦名辩思潮中诞生和发展起来的，所以它必然与其他的名辩学派，特别是与后期的墨家有着不可分割的联系。从这个意义上说，对名家持广义理解的观点也有其根据。因而，本书在对名家人物及其思想进行阐述时，也密切联系当时其他名辩学派思想，以期对名家思想做出较全面的分析和概括。

大浪分流

与对名家有广义和狭义的理解相联系，对名家流派的划分也不同。对"名家"概念取广义理解的伍非佰认为，名家就是专门研究与"名"有关的学术问题，如名法、名理、名言、名辩、名分、名守、形名、正名等等学问的学派。而在当时最流行、最显著的是"名法"、"名理"、"名辩"三派。"名法"一派以申不害、商鞅等法家人物为代表。"名理"一派主要是辩论自然哲学问题的，如"天地之始终，风雨雷霆之故"，"万物之所生恶起"，以及"时所""宇宙"，等等。其代表人物，伍先生没明指，但就论题来说，似乎是后期墨家和惠施为代表的一派。"名辩"一派以研究"名""辞""说""辩"这四方面的原理及其应用为特征。这派以惠施、公孙龙为代表。班固《汉书·艺文志》所列名家以此派居多。伍先生在《中国古名家言》一书中进一步根据"形名家即名家"的观点，将持"形名"之说的人物具体划分为六派：（1）以韩非子、申不害为代表的"术"者；（2）以商鞅为代表的"法"者；（3）以尹文为代表的持"名分""名守"观点的一派；（4）以墨子、邹衍、荀子为代表的"正名""析辞""立说""明辩"一派；（5）以邓析、别墨（即后期墨家）、惠施、季真、公孙龙等为代表的持"坚白同异"之辩的一派；（6）从慎到到庄子持"齐物"之论的一派。以上六派涉及"法""道""墨""儒""阴阳""名"等先秦时所有的"显学"，这种划分打破了传统的学派划分。我们认为，这可以说是对先秦"名辩思潮"的派别划分，而不是对"名家"的划分。

还有一种也可以说是对广义上的名家的划分，但较之伍先生的划分要相对狭窄一些。如庞朴先生在其《白马非马中国名辩思潮》一书中，将名家一分为三：以惠施为首的"合同异"派、以公孙龙为首的"离坚白"派、墨家辩者派，认为这三派代表了先秦名家"正、反、合"发展的逻辑顺序。

对名家持狭义理解的观点，将名家流派划分为二：以惠施为代表的"合同异"派，以公孙龙为代表的"离坚白"派。持此说的以冯友兰、侯外庐等先生为代表。

但第二种划分和第三种划分有一个共同的疏漏：尹文等名家代表人物属于哪一流派？

我们认为，在上述三种对名家流派的划分中，第一种涵盖面过广，第二、三种则又偏狭窄了一点。将三种观点综合起来加以考虑，应该可以对名家流派做出较为合乎实际的划分。可以说，名家大致可以划分为这样三派：

一是以宋钘、尹文为代表的一派。从一定意义上说，这一派又是名家中的人文主义派。

二是以惠施为代表的"科学主义"派。从一定意义上说，这一派可看作名家中的自然哲学派。

三是以公孙龙为代表的"逻辑主义"派。从一定意义上说，这一派也可说是名家中的逻辑和语言分析派。

至于邓析，乃是名家学派共同的源渊，很难将他划入哪一具体流派。

庞朴先生将墨家辩者作为名家的一派，主要是根据墨家辩者对名家"合同异""离坚白"两派的综合。这是有道理的，然而墨家辩者毕竟属于墨家，将墨家辩者归为名家一派，似乎与历史上诸家学派存在的事实不大相合。故此，我们不将墨家辩者作为名家的一派，但并不妨碍我们承认名家与墨家辩者之间的内在联系。

班固在《汉书·艺文志》中还列举了成公生、黄公、毛公等名家人物，但因其著作已遗失，而诸子书中对他们的思想基本没作具体记载，所以很难对他们作出流派的划分。

名噪一时

名家由邓析开创，勃兴于战国中期，在当时产生了很大的影响。

首先从邓析学说的影响谈起。邓析是先秦最早提出"形名之辩"

的思想家。他提出的"循名责实"的思想不但为后起的名家人物所遵循，而且可以说对诸子百家之学都产生了不可低估的影响，正如伍非佰先生所说："形名之为学，'以形察名，以名察形'，其术实通于百家。自郑人邓析倡其学，流风被于三晋（韩、赵、魏），其后商鞅、申不害皆好之，遂成'法、术'二家。其流入东方者，与正名之儒、谈说之墨相摩荡，遂为'儒墨之辩'。其流入南方者，与道家之有名、无名及墨家之辩者相结合，遂为'杨墨之辩'。至是交光互映，前波后荡，在齐则有邹衍、慎到，在宋则有兒说，在赵则有毛公、公孙龙、荀卿，在魏则有惠施、季真，在楚则有庄周、桓团，在韩则有韩非子，皆有取资于'形名家'"①。伍先生对邓析学说在当时的影响之大、之广给予了全面的评述。可以说，邓析是先秦名辩思潮之肇始者和开启者。同时，从中我们也可以看到，作为名家创始人的邓析对先秦名辩学派的形成起了不可估量的推动作用。

其次，名家对先秦诸子思想的发展也起了很大的影响和推动作用。众所周知，先秦诸子百家学说得以繁荣和发展，最重要的原因之一，就是这些不同的甚至相互对立的学派之间的激烈论战，亦即"百家争鸣"。但这些不同的甚至相互对立的学派除了相互斗争、相互论战之外，还相互吸取对方的合理之处以丰富和发展自己的理论和学说，存在着相互影响、相互促进的一面。因此，名家学说的兴起和发展离不开他家学说的影响，如孔子的"正名"说、老子的"无名"论对名家的"控名"论的形成和发展无疑起了很大的促进作用。反过来，名家的"控名"论对他家的"名实"论也有巨大的影响，我们从儒、道、墨、法、阴阳等家的"名实"观中不难看到名家"控名"论的明显影响。

---

① 伍非佰.中国古名家言.北京：中国社会科学出版社，1983：9.

如战国著名的儒家代表荀子所倡导的"正名"说，就与孔子的"正名"说有着根本的差异。孔子的"正名"是要以旧名来正新实，荀子则认为既要"有循于旧名"，更要"有作于新名"，既要继承仍有用的旧名，更要创造适合于新时代要求的新名。孔子所讲的"名"主要是指周礼所规定的名分等级制度，并认为这是永恒不变的；荀子则认为"名"是人们为了认识事物而制定的，"制名以指实"。所以，必须根据变化的现实不断制定新名，以达到指明事实、明分贵贱、辨别同异的目的。显而易见，荀子的"正名"说吸取了名家"控名责实"的合理内核。再以名家与后期墨家的相互关系为例。名家对后期墨家逻辑学说的影响无疑是巨大的，甚至可以说，没有名家，尤其是公孙龙的逻辑思想，就不会有后期墨家科学的逻辑。后期墨家正是在继承和批判了名家学说的基础上创立"墨辩"逻辑的。正因为如此，以至于很多研究者都将后期墨家的逻辑学划入名家的范畴，或者将名家归之于所谓的"别墨"。至于法家，名家的影响更为显著。名家邓析的"形名"论以及"循名以责实"的学说就是法家思想的直接理论来源。邓析是法家的思想先驱，这已是公认的事实，这也是所有法家代表人物均以"好形名"著称于世的根本原因之所在。

再次，名家在当时的影响还表现在"辩者"队伍的壮大和煊赫的声势上。名家在先秦时被称为"辩者"或"察士"。在当时，这些辩者和察士的名声都很大，地位也很高。如战国时齐国的"稷下学宫"就聚集了大批的辩者和察士，名家的一些代表人物如宋钘、尹文、兒说、田巴等都曾在那里聚徒讲学或研习宣扬自己的学说。他们都非常受齐王的尊崇，有的还被封为上大夫。再如，在赵国平原君门下也曾聚集一大批辩者，著名的如公孙龙、毛公、桓团等，他们也受到平原君的厚待。这些辩者和察士大都是知识渊博、十分善辩的名士，他们或聚徒讲学，或著书立书，建立自己的学派，他们提出了许多在当时看来是惊世骇俗的奇谈怪论，彼此相互呼应，还积极与其他学派展开激烈的争论，如《韩非子·外储说左上》记载说："兒说，宋人，善辩者也，持'白马非马也'服齐稷下之辩者。"还有的文献中记载说："齐之辩士田巴，辩于狙丘，议于稷下，毁五帝，罪三王，訾五伯，离坚白，合同异，一日而服千人。"（清人马国翰辑《鲁连子》）可见，名家的理论还是很有说服人的力量的。虽然其他学派的代表人物指责名家学说只能"胜人之口"而不能"服人之心"，但承认其能"胜人之口"，实际上也就是不得不承认名家学说"其持之有故，其言之成理"。名家所提出的论题无一不为其他各家所重视，并在一定时期内成为诸家共同议论的话题，这也使得名家必然处于当时名辩思潮的中心地位。因此，名家也就成了与儒、道、墨、法、阴阳等学派相提并论的显学之一。

好景不长

名家虽然名噪一时，雄踞显学之列，但好景并不长久，在先秦诸子百家中它是最早衰落的一个学派，在诸子书中其得以流传后世的也最少。晋代鲁胜在《墨辩注叙》中说："自邓析至秦时名家者，世有篇籍，率颇难知，后学莫复传习，于今五百余岁，遂亡绝"。在鲁胜看来，名家衰落亡绝的基本原因在于其学说过于艰深难懂，所以后来的学者就不再研究和关注，以至于到他那个年代，名家著作就已不再传世，名家学说也就亡绝了。其实，鲁胜所说的这个原因虽有一定的道理，但并不是最根本的原因。

名家学说固然侧重思辨，而且有很多违反常识的理论，所以很难为一般人所理解和接受，这当然是造成其学说衰落的一个原因。然而还有下列几个方面的原因更为直接和根本。

首先，名家学说不符合统治者的需要。名家适应于新旧时代交替正名实之需要而兴起，但名家的后起代表人物如惠施、公孙龙等虽然也强调"控名责实"之重要，他们的学问却过于专门。如惠施的"历物十事"基本上是讲自然哲学的；公孙龙虽然自称要"正名实而化天下"，但他所研究的"白马非马"论、"离坚白"论均侧重思辨，其"正名实"的社会意义并不能直接表现出来。这些专门理论与当时统治者的政治需要相差太远。所以，荀子就曾指责名家"好治怪说，玩琦辞，甚察而不惠，辩而无用，多事而寡功，不可以为治纲纪"（《荀子·非十二子》），意思是：名家只会钻研一些奇谈怪说，玩弄奇辞；考察事物十分精细但不能应用，说得头头是道但没有实际效用；所以做了很多事但成效很少，这种学说是不可以作为治理国家的原则和纲领的。如从当时政治实用的角度来说，荀子的这种指责确实有一定的道理。名家学说在其现实理论形态上是很难直接运用到治理国家的实际中去的，因此，它就不可能为统治者所重视。在封建时代，离开了官方的重视和支持，一种学说要流传于世并持久是很困难的。

其次，名家学说不仅不符合当权者的现实政治需要，还有悖于这种需要。名家的很多政治主张与当时统治者的利益是相背的。如邓析对当时郑国的掌权者子产进行过许多非难，因而被统治者杀害；当时各国统治者都力图通过兼并战争来实现统一，但惠施和公孙龙却主张"偃兵"，即息兵、不要打仗，反对兼并战争，《韩非子·内储说上七术》记载："张仪欲以秦、韩与魏之势伐齐、荆，而惠施欲以齐、荆偃兵。"由于惠施坚持的主张被魏王否定，他因此而丢了相国之位并狼狈地逃离了魏国。再如，田巴"毁五帝，罪三王，訾五伯"，这是对统治者偶像崇拜的公然亵渎，自然难为统治者所容忍，也难为所谓的正统学者所容忍。所以，在政治力量和学术思想力量的合力夹击之下，名家学说的衰亡就成为必然的命运了。

第二章 邓析——开名辩思潮之先河

郑国多以文书张贴于通衢，子产命令禁止张贴，邓析便改为投递送致；子产命令禁止投递，邓析则改为依托他物混在一起寄送。子产的命令无穷，邓析应付的方法也无穷。

有人在洧水打捞起一具富人的尸体，其死者家属请求赎回尸体，但那人要价太高。富人的家属便来请教邓析，邓说："你安心等待吧，得到尸体的人只能将尸体卖给你，别人是不会买的。"这个家属果然迟迟不去赎尸，那人感到很为难，便来请教邓析，邓析说："你安心等待吧，富人家属除了向你买，再无别处去买尸体的。"

从以上两则故事中，我们可以粗略了解邓析其人。

邓析是先秦名家的创始人，是春秋末期一位杰出的辩者，他最早提出了"形名之辩"，开启了先秦名辩思潮之先河，所以班固在《汉书·艺文志》中将他列为名家第一人。

"竹刑"简法

邓析，生于公元前545年，约死于公元前501年，与老子、孔子属同时代的人。他曾做过郑国大夫，但在政治上与郑国的当政者子产、驷歂等人处于对立的地位，可以说是一个在朝的政治反对派。

邓析生活的郑国处于平原的商业区，在地理上居于晋楚两个大国之间，因而战争频频发生。在这种条件下，为使国家强盛、保持独立，郑国新兴的地主阶级最早开始了改革，因而，周礼在这里遭到了严重的破坏。郑国的改革最突出地表现在子产铸刑鼎这一重大的举措上。按照周代的礼治，刑书是不可以公开的，百姓无从知道刑书中对刑罚的具体规定，因而生杀大权完全掌握在统治者手里。子产将刑书铸在鼎上，公之于众，百姓知道了刑书中关于刑罚的具体规定，一旦触犯法律，就可以请律师（古时称为"讼师"）来为自己辩护了。这样一来，过去笼罩在法律上的神秘光环就被彻底打碎了。应当说，子产的这一重大举措是一项适应时代进步、符合民心的改革。正像任何改革都会遭到各种非议一样，子产的改革也受到了各方面的非议和反对。晋国的叔向便致书子产力谏，阻止公开刑书。他认为，古代先王之所以不公开刑书，是因为担心老百姓知道有关刑罚的规定之后就会对统治者无所顾忌，这就会造成民心不稳、酿成纷争，使天下大乱。所以，郑国公开刑书之后，就必然使百姓抛弃周礼，对一些小利都会尽力争夺，结果会是"乱狱滋丰，贿赂并行"，郑国自然会受其祸

（《左传·昭公六年》）。

　　与叔向相反，邓析则认为子产改革的步子迈得太小，改革得还不够彻底，所以他私造了"竹刑"，就是将刑书刻在竹简上，这样就可以四处流传，从而使更多的人了解刑书。邓析的"竹刑"不仅仅是在形式上有别于子产的"刑鼎"，更可能在内容上也有很大的不同。邓析所造"竹刑"早已遗失，其内容也不得而知了，但从一些历史资料的记载来看，上述说法大概是可以成立的。杜预在《左传注》中说，邓析打算改变郑国铸在刑鼎上的旧制，没有受国君之命就私造刑书，并将其刻写在竹简上，所以叫作"竹刑"。这里所说的"没受国君之命""私造刑书""改变郑国的旧制"，就是说邓析所造的"竹刑"与子产铸在刑鼎上的刑书有很大区别。邓析与子产在政治上的对立不仅表现在对铸刑鼎的不同看法上，还表现在邓析不断违抗子产的法令，给子产不断制造困难和麻烦上。《吕氏春秋·审应览·离谓》记载：邓析为反对子产的政策和法令，让郑国人用"悬书"（类似于揭贴）的方式议论政事，子产得知后就下令不许悬书，于是邓析就改用"致书"（将书简递送上门）的方式来批评朝政；子产又下令禁止"致书"，邓析又采用将书简夹在包裹里递送的方式。子产的禁令无穷，邓析应付的方法也无穷。

　　由于邓析处处与子产作对，所以很多历史典籍中都记载说是子产杀了邓析。如《荀子·宥坐》《吕氏春秋·审应览·离谓》《列子·力命》，等等。但实际上，杀邓析的不是子产，而是驷歂。《左传·定公九年》中明确说："郑驷歂杀邓析而用其竹刑。"因为邓析被杀于鲁定公九年（公元前501年），而子产死于鲁昭公二十年（公元前522年），邓析被杀时，子产已死了21年了。驷歂是在子产之后，继子太叔之位而掌郑国大权的，看来邓析不光是反对子产，而且是一贯反对当权者的。他不光是与子产为难，恐怕也给子产的后继者制造了不少麻烦，以至于最终被杀。邓析虽被杀害了，但他所造的"竹刑"却被驷歂所用。这说明，邓析的"竹刑"还是要比子产铸在刑鼎上的刑书更得民心、更适合时代的需要。邓析虽死，但其"竹刑"仍存并得其用，所以在邓析与子产的争斗中，最后的胜利者仍是邓析。

平民"讼师"

邓析作为郑国大夫，他是一个在朝的反对派，在野又是一个民间的"讼师"。《吕氏春秋·审应览·离谓》记载，子产治理郑国，邓析极力刁难他。据说邓析与老百姓约定，老百姓向他学习打官司，学打大官司的费用是一件上衣，学打小官司的费用是短衣和裤子，当年老百姓献衣裤向邓析学习打官司的人多得不可胜数。

民间学讼是子产改革法制的结果，邓析则更进一步，他不仅造"竹刑"，还努力普及法律，教老百姓学习如何打官司，可见邓析是改革中的一个激进派。

邓析不仅教平民百姓如何打官司，还是一名出色的律师。《吕氏春秋·审应览·离谓》说他想让人胜诉就可以让人胜诉、想让人有罪就可以让人有罪，结果造成"郑国大乱，民口喧哗"。子产对此十分忧虑，于是杀了邓析并陈尸示众，这才使得民心顺服、是非确定、法律施行。应当看到，《吕氏春秋》的作者对邓析是持诽毁态度的，其字里行间充满了对邓析的不满，因此其记载不可能准确而客观地反映邓析的实际，但从中不难看出邓析杰出的辩讼才能。

《吕氏春秋·审应览·离谓》还说邓析在辩讼过程中把错的说成对的，把对的说成错的，可与不可日变。这种说法恐怕是很不可信的。因为邓析虽然反对子产的"旧制"，利用辩讼来与他作对，但邓析毕竟还是讲法制的，否则他就不会去制订什么"竹刑"了。而且即便是在他被杀之后，其"竹刑"仍被国家所采用。这只能说明，邓析的"竹刑"要比子产铸的刑鼎上的旧刑书更胜一筹。一个是非无定、可与不可日变的人，怎么可能制订出比旧法更完善的新法呢？

当然，也有另一种可能，即邓析利用旧法中不完善的地方，帮人打赢了本不能赢的官司，充分显示出了自己在辩讼方面的才能，所以跟他学辩讼的人才多得不可胜数，但这并不意味着他不明是非，是一个想让人打赢就打赢、想让人打输就打输，一切以自己的意愿为转移的"讼棍"。邓析所做的一切都在法律允许的范围之内，从他与子产作对，采用悬书、致书、夹书等方式反对子产的法令这件事来看，邓析也没有违背法令，只不过十分机智地绕开了子产的禁令而已。《吕氏春秋·审应览·离谓》说邓析的辩讼活动造成"郑国大乱，民口喧哗"，恐怕是夸大其辞，无非是对邓析激进的改革态度表示一种反对罢了。但不论怎么说，邓析是中国历史早期一位杰出的民间大律师，这是肯定无疑的。

首倡"形名之辩"

班固《汉书·艺文志》将邓析列在名家之首，其原因就在于邓析最早提出了"形名之辩"和"循名责实"的理论，开启了先秦名辩思潮和逻辑思想之先河。邓析的"形名之辩"对后来的名家和法家产生了巨大影响。

西汉学者刘向在《邓析子校叙》中说："邓析者，郑人也。好刑名。"就是说，邓析是以喜好"刑名"理论而著称的。在古时，"刑"与"形"通用，"刑名"也就是"形名"。"形"主要是指实际事物的形状和情况，"名"就是指名称和概念。虽然庄子说过："故书曰有形有名，形名者古已有之。"但较为系统地阐述形名之说的，还要从邓析算起。

《汉书·艺文志》说邓析著有《邓析子》二篇，然而遗憾的是这部著名的名辩著作并没有保留下来。现在流传的《邓析子》虽然也有《无厚》和《转辞》两篇，但内容十分芜杂，据近代以来许多学者考证，认为是一本后人假托邓析之名编纂的伪书。如钱穆先生在《先秦诸子系年考辨》一书中提出："《邓析子》乃战国晚世桓团辩者之徒所伪托。邓析实仅有《竹刑》，未尝别自著书也。"伍非佰先生也曾对《邓析子》做过仔细考辨，认为《邓析子》作伪的时代距隋代不远。

但也另有一些学者并不认为《邓析子》完全是一本伪书。如汪奠基、温公颐等先生就认为，《邓析子》确有后人伪托的成分，但其中也包含着邓析关于名辩的一些基本主张，这可以从记载和评述邓析思想的一些典籍中得到旁证。

对汪、温二先生的见解，我们深表赞同。因为正如许多学者所指出的那样，在先秦诸子学说中，除了儒家的一些经典之外，其他诸子的书籍都存在着一个真伪的问题。如果不加仔细分析、考证，一概加以否定，那么对先秦诸子学说的研究就无从谈起，中国先秦文化的丰富多彩、博大精深也无从谈起。因此，对先秦诸子书的真伪，必须要从诸子思想的实质出发来加以科学地分析，并用较可靠的历史典籍中的有关记述加以印证。只有这样，才能比较准确地和全面地把握先秦诸子的思想。对《邓析子》也应采取这种科学的态度。

现存《邓析子》虽基本上是一本伪书，然而也确实有一些材料反映邓析的名辩思想。这主要表现在三个方面：无厚论、两可说、循名责实论。邓析这三方面的名辩思想对名家学派产生了十分重大的影响，也成为先秦逻辑思想之发轫。正是从这个意义上，我们说邓析是先秦名家第一人。

反对"无厚"之论

无厚论是先秦名家重大论题之一，这一点可以从荀子和韩非子对名家学说的批评和指责中得到印证。荀子在《荀子·修身》中说："夫坚白同异有厚无厚之察，非不察也，然而君子不辩，止之也。"韩非子也在《韩非子·问辩》中说："坚白无厚之辞章，而宪令之法息。"荀子对名家坚白同异、有厚无厚之辩持嗤之以鼻、不屑一顾的态度，认为这不是君子之辩，而是小人之辩。韩非子则指责名家坚白无厚之辩的盛行会导致对国家法令的忽视。对荀子和韩非子的指责，我们暂不讨论，我们只想由此来说明"无厚"之辩确实是名家极关注的问题。但应注意，《邓析子》中所讲的"无厚"与惠施所讲的"无厚，不可积也，其大千里"是有区别的。惠施讲的"无厚"主要讲的是自然哲学和几何学意义上的"无厚"。而《邓析子》所说的"无厚"重点则在于政治伦理方面。为什么会有这种差别？众人理解各不相同。

有人就据此来证明《邓析子》出自伪纂。但我们认为，邓析确有"无厚"之说，而且可能涉及自然、政治伦理各方面，《邓析子》的伪托者大概所注重的只是其中的后一方面，所以只编纂了邓析关于政治伦理方面的"无厚"观点。① 惠施则注重发挥了邓析关于自然方面的"无厚"论。正如汪奠基先生所说的那样："所谓'无厚不可积也，其大千里'与邓析《无厚》篇残存的'无厚论'或'天与人无厚'的说法固不同，但两者的结论则是逻辑的一致，都要证明'天地一体'的存在概念。"②

《邓析子》是这样论述邓析的"无厚"论的："天于人，无厚也；君于民，无厚也；父于子，无厚也；兄于弟，无厚也。何以言之？天不能屏勃厉之气，全夭折之人，使为善之民必寿，此于民无厚也。凡民有穿窬为盗者，有诈伪相迷者，此皆生于不足，起于贫穷，而君必执法诛之，此于民无厚也。尧、舜位为天子，而丹朱、商均为布衣，此于子无厚也。周公诛管、蔡，此于弟无厚也。"天不能除去勃厉之气（瘟疫），保全夭折（短命）之人，使一贯为善的人必然长寿，这就是对人不厚；老百姓中的偷盗、欺诈行为都是由于生活的贫穷，而国君必然依法而杀了他们，这是君对民不厚；尧、舜都是著名的古代帝王，他们的儿子却都是普通百姓，这就是父对子的不厚；周公杀了自己的兄弟管、蔡二人，这是兄对弟的不厚。"厚"与"薄"相对，这里的"厚"主要只指"宽厚"或"厚爱"。

在当时人们的观念中，天为万物主宰，是万物的创造者；天对人来说，上天的恩德是无限的，老百姓除了无限敬仰之外绝不能对天有任何怨言，一切都要顺从于"天命"。统治者更把帝王称为"天子"，将帝王说成上天在人间的代表，"天子"的一切行为都是天的意

---

① 汪奠基. 中国逻辑思想史. 北京：人民出版社. 1979：58-59.
② 同①59.

志的表现。邓析却认为天于人无厚、君于民无厚，就直接把批判的矛头指向了至高无上的"上天"及其在人间的代表者"天子"。邓析的这一批判彻底揭开了"天"的神秘面纱，揭露了君主对人民的残酷，从而否定了"天"与"天子"至高无上的权威，提高了人民的地位。邓析关于"父于子无厚，兄于弟无厚"的揭露，则是对传统的宗法伦理关系的否定。总之，邓析的"无厚"论在当时来说是极具革命性的言论，充分表现了他蔑视"天命""君权"的叛逆性格。看来，他一贯与郑国的统治者作对是有其深刻的思想根源的，他最终被统治者所杀这一人生的结局正是其叛逆性格使然。邓析的"无厚"论在当时是对传统宗法伦理的挑战，是极具启蒙意义的，所以他遭到正统思想家的种种非议是不可避免的。荀子指责邓析"不法先王，不事礼义"，大概主要就是针对邓析的"无厚"论而言的，这也明显地表现出儒家正统观念对邓析极具革命和叛逆精神的理论和思想的极度反对态度。

是非"两可"

《列子·力命》和现本《邓析子校叙》中都说邓析"操两可之说，设无穷之辞"。可见，"两可"说的确是邓析的一个重要思想。

那么，这个"两可"说究竟讲了什么？该怎样评价？长期以来，这是一个存在激烈争论的问题。按照占主导地位的正统观点，邓析的"两可"说就是一种"以非为是，以是为非，是非无度"的诡辩论。

对邓析"两可"说的这一指责，主要的根据可能是《吕氏春秋·审应览·离谓》中所记载的关于邓析的一则故事,这个故事从一定意义上也的确反映了邓析"两可"说的内容。

这则故事是这样的:洧水河发大水,郑国有一个富人被大水冲走淹死了。有人打捞起了富人的尸体,富人家属得知后就去赎买尸体,但打捞尸体的人要的价钱很高。于是,富人家属便将这情况告诉了邓析,并请他帮忙出主意。邓析对富人家属说:"你安心等待吧,打捞尸体的人只能将尸体卖给你,别人是不会买的。"所以,富人家属不再去找打捞者赎买尸体了。打捞尸体的人于是着急起来,也来请邓析出主意。邓析对打捞者说:"你安心等待吧,富人家属除了向你买,再无别处去买尸体的。"

从这个故事来看,邓析对买卖尸体双方所说的话确实有一点诡辩的"嫌疑"。所以有人说,这是"这里取一点,那里取一点"的折中主义诡辩论。但事实是否是这样呢?且不说《吕氏春秋》的这则故事是否真实、客观,就按这则故事本身来作一全面分析,这折中主义诡辩论的帽子也不一定能扣在邓析头上。

这里先要弄清什么是折中主义、什么是诡辩,只有这样,才能为正确分析邓析"两可"说奠定一个出发点。所谓折中主义,就是把不同的观点没有原则地、机械地拼凑在一起。所谓诡辩,简单地说,就是似是而非的谬论。其具体表现就是从主观想象出发,任意抓住事物的一面加以夸大而不及其余,或者用事物的表面相似来抹杀其本质的差异。在逻辑上,诡辩者往往表现为混淆概念、偷换论题、虚构论据,诡辩的基本特征就是貌似有理而其实根本无理。

弄清折中主义、诡辩论的定义并不是因为我们喜欢咬文嚼字,而是弄清问题的需要,这不但是弄清邓析"两可"说本质的需要,而且对正确评析整个名家思想也有重要的意义,因为整个名家学派都长期被人称为诡辩派。所以,我们有理由请大家注意折中主义、诡辩这两个概念的具体内涵，并以此来衡量邓析乃至整个名家是否信奉的是折中主义和诡辩论。

现在我们再回过头来分析邓析的"两可"说。按照《吕氏春秋》作者的逻辑，邓析既对急于赎买尸体的富人家属说了"安心等待"，那就不应对打捞者再说"安心等待"，因为邓析只应站在其中一方的立场说话。邓析为利益根本冲突的双方都出了符合其利益的主意，这简直就是一种"见人说人话，见鬼说鬼话"的诡辩伎俩。但这种逻辑并不能成立，因为邓析在这件事情中并没扮演其中一方讼师的角色，而只是一个中立者，并且双方也都没有请邓析充当调解人。作为一个局外人、一个中立者，邓析并没有一定要站在某一方立场上来说话的义务和责任。再从利益相互冲突的双方来看，打捞者和赎尸者也各有正当的理由，邓析也没有理由去偏袒其中任何一方。打捞者冒险从大水中捞取尸体，当然有理由获得一定的报酬；赎尸者作为死者的家属，当然也有理由以较低价格赎回死者的尸体。正因为如此，在双方向作为中立者和局外人的邓析咨询时，邓析就只能为对方提出有利于维护其权益的主意。所以，在这里是没有理由对邓析横加指责的。我们应该充分注意邓析在这件事情中所处的地位和身份，这是正确理解邓析观点的基本前提。

其次，在这则故事中，邓析的确对利益根本对立的双方都说了"安心等待"（安之），但这并不是像有人所说的那样是"这里取一点，那里取一点"的折中主义，因为邓析所说的两个"安心等待"所依据的条件和理由是根本不同的：富人家属可以"安心等待"，是因为打捞者只能卖给他，再无别人去买；打捞者可以"安心等待"，是因为富人家属必须到他这里来买尸体，别的地方是买不着的。所以，邓析用同一个断语"安之"回答利益对立的双方的咨询，只是出了一个对双方都有利的主意，并没有去扮演一个折中调和的角色，也没有混淆双方可以"安心等待"的原因和条件,这怎么能是"这里取一点,那里取一点"的折中主义呢?

再说,邓析所讲的两个"安之"是针对打捞者和赎尸者都"十分着急"的心理而言的。打捞者若不赶快将富人尸体卖出去,时间一久,尸体就会腐烂,这样他就只能将尸体交还富人家属,否则就必然会招致舆论的谴责。人们会说他为多得几个钱,竟将人家的尸体放坏,太无人性。富人家属之所以十分着急,也是因为担心如不及时赎回尸体,尸体会腐烂,这样也会招致舆论的谴责。人们会说他们为少花几个钱,竟然看着亲人尸体腐烂,太不忠不孝。邓析正是清楚地看到了双方"十分着急"的原因还有相同的一面,即都担心富人尸体会腐烂,所以才用了相同的"安之"这一断语来安慰双方。通过以上分析,我们不难看到,邓析既看到了得尸者和赎尸者双方可以"安心等待"的不同理由和条件,也看到了双方又都着急的共同原因,因而在对立中看到了同一,看到了"安心等待"与"十分着急"在一定条件下的相互转化,这样他就可以为双方找到对自己都有利的办法。至于双方最终如何解决问题,那是当事者的事,与邓析这个局外人是没有关系的。应当说,在这件事上,邓析作为一个被咨询者,他的回答是十分巧妙和机智的。无论最后问题怎样解决,邓析的回答都是正确的。但这并不意味着邓析在搞折中主义,而恰恰反映出邓析已具有了相反相成的朴素辩证观念。而且这种朴素的辩证观念在邓析那里还是相当完善的,《邓析子·转辞》中记载的邓析"正反相参"的思想,就足以证明这一点。"正反相参",就是要注意考察正反两方面的情况。

在邓析看来,无论是说话还是辩论,都必须根据实际情况,不能任意胡说,不该说的就不要说,否则就会带来祸患。特别是,辩论必须遵循一定的标准。所以,"两可"说虽然不失为一种辩说的方法,但不可滥用。操"两可"之说者先要掌握事物相反相成的道理，仔细考察正反两方面的情况，遵循"参以相平，转而相成"，即名实相互验证、对立双方相互转化的原则，正确判别是非的转化形式。这就是邓析"因之循理"辩察方法的根本要求。"理"就是客观存在的法则，即说话、辩论都必须依据客观法则来进行。可见，邓析的"两可"说并不是不要遵循客观的法则，是"这里取一点，那里取一点"，也不是夸大一点，不及其余，或用事物表面的相似来抹杀事物的本质差异。相反，邓析的"两可"说正是对客观实际中相反相成辩证因素的反映。

"两可"说在古代名辩方法中曾起过十分积极的作用。如和邓析同一时代的子产，同样也用"两可"的方式来反对郑国保守派"毁乡校、止议政"的建议。在当时的郑国，人们"游于乡校以议政"的风气很盛，一些保守派对此十分不满，因而建议毁去乡校、禁止议政。子产对此持反对意见。他说，人们在乡校议论政事并不是什么坏事。人们认为是善的，我就遵照施行；人们认为是恶的，我就加以改正。乡校可以说是我的老师，为什么要毁坏它呢？在这里，子产采取的正是"两可"说。他对于乡校议论的善和恶都给予肯定的评价，有力地回击了保守派对乡校议政的攻击。从这个事例不难看出，如果遵循客观的法则，"两可"说所产生的积极作用是不可低估的。

当然，邓析"两可"中相反相成的辩证因素还是十分朴素的，他的论证也是不十分严密的，结果他的"两可"说后来被庄子片面发挥，导致了是非无定的诡辩论。但我们决不可将邓析的"两可"说与庄子相对主义的"两可"说混同起来一样看待。邓析的"两可"说与庄子"两可"说的根本区别在于：前者是遵循客观法则之理的，后者则根本否定了客观法则；前者承认是非的标准是客观存在的，后者则根本否定了是非标准的存在。对于这种本质的区别，我们只要看看庄子是怎样论证"两可"说就一清二楚了。庄子在《寓言》篇中是这样论证自己的"两可"说的。他说：可有可的原因，不可有不可的原因；是有是的原因，不是有不是的原因。怎样算是？是有是的道理。怎样算不是？不是有不是的道理。一切事物都有其所是，一切事物都有其所可，没有什么东西不是，没有什么东西不可。庄子这段绕口令式的论述想要说明的道理，无非是是与不是、可与不可都是相对的，根本没有什么客观的标准，因而他说："方可方不可，方不可方可；因是因非，因非因是。"（《庄子·齐物论》）可与不可、是与非瞬息万变，在这个意义上，可也是不可，不可也是可；是也是非，非也是是。二者是无法严格区分开来的。庄子这种"两可"说才是真正意义上的诡辩，因为他片面夸大了可与不可、是与非之间相对性的一面，否定了二者之间具有质的差异，所以是与邓析的"两可"说具有本质区别的。即便是将上面那则故事中邓析所持的"两可"说与庄子的"两可"说作一比较，两者的差别也是泾渭分明的。邓析的"两可"说不是诡辩，而是具有朴素辩证因素的论辩方法，这就是我们所要证明的一个基本结论。

还有些学者从邓析的"两可"说是诡辩的前提推出《墨经》中关于"唱无过"的论述是邓析的学说，我们认为这也是缺乏根据的。

"唱无过"说的是在辩论过程中一种为主犯和从犯开脱罪责的诡辩手法。一个刑事案件有主犯（即唱的一方）和从犯（即和的一方）二人。律师在为这两个罪犯辩护时，将二犯的行为割裂开来，分别加以开脱。在论证主犯无罪时，该律师指出，主犯没有亲自去作案，所以无罪。在为从犯辩解时，该律师指出，从犯虽亲自作了案，但这是由主犯指使的，从犯作案是不得已，所以从犯是无罪的。这样，该律师在辩护时分别只取对主犯和从犯有利的方面为他们开脱。这种辩护方法的要害，是将主犯与从犯不可分割的联系割裂开来，只及一点、不及其余，是一种典型的诡辩手法。因此，《墨经》对这种诡辩手法给予了有力的驳斥，指出："唱和同患，说在功。"即是说，主犯和从犯都是有罪的，正是二犯的合谋引发了这个案件。主犯虽没有亲自作案，但作为主谋，有其不可推卸的罪责。从犯虽受主犯指使，但亲手作了案，所以也有其罪责。《墨经》的观点当然是对的，它旨在说明：辩论必须符合客观实际，推理必须合乎逻辑的规则，否则就会像这个律师那样导致诡辩。

这些学者将《墨经》所说的这个律师只取对罪犯有利的方面来为罪犯开脱罪责的手法同邓析"两可"说相比拟，从而推定这个律师实际上就是邓析，因其所用方法就是"两可"说。其目的就在于证明邓析的"两可"说是诡辩，这种推论的主要根据仍然是《吕氏春秋》中的那则故事。

从前面的分析中可以看出，将《墨经》关于"唱无过"的论述与邓析的"两可"说等同起来是不合适的，是缺乏根据的。

首先，邓析的"两可"说认为必须遵循客观的法则，必须仔细考察正反两方面的情况；"唱无过"中的律师则相反，他根本不顾客观法则，更谈不上仔细考察正反两方面的情况，而是只抓住对罪犯有利的方面来为罪犯开脱罪责。因此，邓析的"两可"说与律师只及一点不及其余的诡辩有着本质的不同。

其次，在《吕氏春秋》讲述的那则故事中，虽然邓析分别针对打捞者和赎尸者的情况用了"安心等待"这同一话语来进行安慰，并为双方提供了均为有利的咨询，但邓析在这里所使用的"两可"方法是基于对双方实际情况的分析所做出的判断。那个律师则根本不顾事实，公然割裂主犯和从犯之间不可分割的内在联系，利用主犯与从犯在作案过程中的不同作用为罪犯分别进行辩解。

再次，在《吕氏春秋》那则故事中，双方当事人都有一定的理由，不存在一个谁是谁非的问题，正因为如此，邓析才以中立者的身份出现，分别为双方出了对其有利的主意，这是客观情况使然。邓析完全持一种超然的客观态度来回答双方咨询，作为一个被咨询者来说是十分恰当的。与邓析不同，那个律师完全是从为罪犯开脱罪责的主观意愿出发的，只要能达到目的，就不惜颠倒黑白、混淆是非、歪曲事实，因而必然导致诡辩。

从以上三个方面的对比中，我们不难看出，邓析与那个律师毫无共同之处，以此证明邓析的"两可"说是诡辩很难成立。再说，子产对"两可"说的运用也充分证明了"两可"说的积极作用，绝不能将"两可"说与诡辩混为一谈。

总之，邓析的"两可"说从相反相成的朴素辩证观念出发，揭示了"可"与"不可"的相对性，揭示了对立命题在一定条件下的同一性和相互转化，这是邓析对先秦名辩理论和逻辑学说的一个重要贡献。将邓析的"两可"说说成诡辩，并不符合邓析的思想实际。

要正确理解邓析"两可"说的实质，还必须了解他"循名责实"的理论。邓析的"两可"说始终贯穿着他关于名实关系的基本观点，而"循名责实"论就是邓析在名实关系上的基本主张。

"循名责实"

名实问题，即名词、概念与客观实际的相互关系问题，是春秋末期一个十分重大的理论和现实问题。作为新兴地主阶级思想代表中的激进派的邓析更是十分重视对名实关系问题的研究，并提出了一系列十分重要的见解，这些见解最集中的表现就是他的"循名责实"论。

有人对邓析是否有"循名责实"论持强烈怀疑的态度，认为邓析的这一说法出自伪书《邓析子》，而其他各家的文献并没有反映和记载。但这种看法也只是一种缺乏根据的推论而已。"循名责实"的观点确实出自《邓析子》，但《邓析子》虽基本上是伪书，却也能反映邓析的一些基本观点和思想，这一点也是许多学者赞成的。就拿邓析"循名责实"论来说，《邓析子》的记载虽不可全信，但也不能说是全伪。我们有一定的根据说明这是邓析的基本思想。

首先，在邓析生活的时代，名实关系是一个十分突出的社会现实问题以及重大的理论问题。与邓析同时的孔子提出了"正名"说，反映了儒家对名实关系的基本主张。老子提出了"无名"论，反映了道家对名实关系的见解。这些见解都是对当时社会实际生活的思想反映。那么，作为尤其重视名实关系的名家先驱邓析，怎么可能不提出自己的基本主张？何况，邓析的"循名责实"论与孔子的"正名"说在许多方面也有相似或相近的见解，对此，我们将在下文分析。可见，《邓析子》中关于邓析"循名责实"论的记载并非空穴来风、凭空捏造。

其次，从看到《邓析子》原本的西汉学者对名家特征的评论中，也不难发现一些基本的线索。如司马谈就认为，名家的基本特征是"控名责实，参伍不失"。作为名家思想先驱的邓析怎么能不具备这一基本特征？邓析如没有自己的名实观，又怎能成为以解决名实关系问题为己任的名家学派的开山鼻祖？《邓析子》关于邓析"循名责实"论的记载确实在一定程度上反映了司马谈所说的"控名责实，参伍不失"这一名家的基本特征。

根据以上理由，我们认为，《邓析子》关于"循名责实"的理论基本出自邓析。

所谓"循名责实"，按《邓析子》的解释，主要包括两方面的内容：一方面，"循名责实，实之极也"。意思是说，要以名来正实，以名来规范实，这就是实的标准。"极"就是标准。在邓析看来，名词、概念由实而来，是对实的称谓。但名词、概念一旦确定下来，就对实亦即客观事物和客观实际具有规范的作用，即用已有的名词与概念去归纳和整理客观事物与实际情况，这就是"循名责实"。在这个意义上，名具有"正实"的作用，因而也可以作为实的标准。另一方面，"按实定名，名之极也"。即是说，名词、概念是由实决定的，人们是按照客观事物和客观实际制定名词和概念的。客观事物和客观实际发生了变化，名词和概念也应发生相应的改变，所以客观事物和客观实际是名词、概念的标准。

如何才能做到"循名责实"？邓析认为，必须遵循"参以相平，转而相成"的思维原则。"参以相平，转而相成"就是要求在考察名实关系时，既要看到名与实互为标准的相对性，又要看到客观事物和客观实际中相反相成的情形，以及由此决定的对立概念和命题之间的相互转化。比如《邓析子·转辞》记载："世间悲哀喜乐嗔怒忧愁，久惑于此。今转之，在己为哀，在他为悲；在己为乐，在他为喜；在己为嗔，在他为怒；在己为愁，在他为忧。"悲哀喜乐嗔怒忧愁等八种情感是人所固有的，其差异也是比较明显的，是客观存在的。但这种客观存在的差异和区别并不是绝对的，在一定条件下是可以相互转化的。在这里为哀，在那里就为悲。所以用来表示这些情感的名词和概念的差别也不是绝对的。无论是"循名责实"还是"按实定名"，都必须注意事物和实际中这种相互转化，了解名词、概念的相对性，即运用"参以相平，转而相成"的基本思维原则。邓析认为，这就是形名学所要研究的一些基本内容。在这里，很明显地表现了邓析朴素的辩证观念，"两可"说显然就是"参以相平，转而相成"基本思维原则的具体运用。

邓析的"循名责实"论，是他对名实关系最基本的看法，也是他"形名学"的基本内容。关于形名之辩，《邓析子》中也有一些基本上是邓析的主张。如《邓析子·转辞》中关于"言之术"的记述，就基本上反映了邓析关于名辩方法的观点。邓析说："夫言之术：与智者言，依于博；与博者言，依于辩；与辩者言，依于安；与贵者言，依于势；与富者言，依于豪；与贫者言，依于利；与勇者言，依于敢；与愚者言，依于说。此言之术也。"在邓析看来，与不同对象谈话或辩论，应采取不同的方式和方法。特别是在辩论过程中，要分析对方的劣势和优势所在，然后有针对性地与其辩论，这样就可以立于不败之地。如与智者（有智慧的人）进行辩论，就要靠论据的广博和正确；与知识广博的人辩论，就要靠论据的清楚明白；与善辩的人进行辩论，就要靠论据的简明扼要；……如此等等。总之，辩论或谈话必须要有灵活性，一定要考虑到不同对象的具体情况。邓析对名辩方法的论述，清楚地体现了他作为名家鼻祖和杰出辩者的本色。

更应注意的是，邓析还提出了形名之辩所必须遵循的基本原则，即"因之循理"的原则。"因之循理"就是要遵循客观法则。邓析认为，不论是"循名责实，按实定名"，还是操"两可之说"，最重要的就是要"因之循理"。只要遵循了客观的法则，就可以把握事物相反相成的辩证关系，懂得运用名词、概念的艺术；就可以"视昭昭，知冥冥，推未运，睹未然"（《邓析子·转辞》），即可以将一切看得清清楚楚明明白白，并根据客观情况的发展推测出未来。因而在社会关系和伦理关系方面，只要遵循了"因之循理"的原则，就可以明察是非，分辨善恶，慎重选择自己的去就，使自己进退自如。

有人批评邓析的形名思想是专在"名"上进行辨析，根据"名"

的不同意义，常常对"实"作出不同的解释，结果搞得名理不当、名实相离。如《吕氏春秋·审应览·离谓》就指责邓析"两可"说违背了"辩而当理"的论辩原则，即违背了客观法则和逻辑规则，所以是"伪诈"之说。其实，我们从对邓析的名辩思想，特别是"循名责实，按实定名"理论的分析中不难看出，邓析在解决名实矛盾时，并没有只在"名"上作文章，而是充分注意了"名"与"实"的相互作用，而且十分重视遵循客观法则的重要性。可见，邓析的形名思想根本不是什么"伪诈"之说。

但邓析的"循名责实"论也不是没有局限，这种局限主要表现在：他在强调事物差别的相对性，以及名词概念的灵活性时，往往忽视事物差别在一定范围内的固定性，忽视运用概念灵活性时的条件性，所以他朴素的辩证观念很容易导致相对主义，这也是造成人们批评他是诡辩论者的主要原因。

邓析的"循名责实"论从根本上来说，与孔子的"正名"说一样，主要是一种政治伦理方面的名实理论，所以他所讲的"名"，主要是法律上的一些规定和政治上的名分，还不完全是逻辑意义上的概念。这一点，与孔子所讲的"名"有共同之处。邓析所讲的"实"，不完全是逻辑概念所指称的对象，而是主要指官职或官位，这也是他所说的"形"的主要含义。正是由于这种理解，所以邓析将"循名责实"主要看成国君的职责。他在《邓析子·无厚》中说："循名责实，君之事也。"臣的职责则是"各务其形""各司其职"。他心目中的"治世"应当是"位不可越，职不可乱，百官有司，各务其形"。这一点从字面上来看，似乎与孔子的"正名"说也有相似之处。孔子"正名"说的一个重要方面，也是反对"犯上作乱"，即臣子在"名分"和职位上的"僭越"。但从本质上来说，邓析的"循名责实"论与孔子的"正名"说有着根本的差别。邓析所讲的"名"并不是孔子所说的以周礼为核心的旧名，并不是像孔子所要做的那样是以旧名来正"新实"。邓析的"名"是根据已经变化了的"新实"重新厘订了的"新名"；他的根本目的也不是像孔子那样要恢复周礼所规定的旧的名分等级制度，而是要确立新兴地主阶级的统治，实现在封建制度下的"治世"。正因为如此，邓析的"循名责实"论为后来的法家所继承和发挥，从这个意义上说，邓析也是法家的思想先驱。

法家先驱

邓析不但是先秦名家的鼻祖，而且也是法家的思想先驱。

邓析是我国历史上第一位民间大律师，对法律有十分精深的研究，并著有"刑书"。他之所以"好刑名"，主要也是由于他从事法律研究和辩讼活动的需要。前文中说过，法家也十分重视对"刑名"之学的研究，也是由于从事法律研究的需要。司马迁在《史记》中说，商鞅"少好刑名之学"。韩非子也非常"喜好刑名法术之学"。商鞅和韩非子都是法家的著名代表人物。而名家的一些代表人物，如惠施对法律也有十分精深的研究，并曾制订过法律。《吕氏春秋·审应览·淫辞》中记载："惠子为魏王为法。为法已成，以示诸民人，民人皆善之。献之惠王，惠王善之。"惠施制订的法律得到了魏国百姓的普遍赞同，而且魏惠王也深表赞同，如没有对法律的精深研究，是不可能制订出得到上下一致赞同的法律的，可见，名家与法家在重视对"刑名"之学研究这一点上是有其共同点的。因此，邓析的形名思想既对名家产生了十分重大的影响，也对法家产生了重大影响，从而使他成为名家和法家的共同鼻祖。

邓析的形名思想对法家产生的重大影响，最突出地表现在他的"循名责实"论上。几乎法家的所有重要代表人物都继承和发挥了邓析的"循名责实"理论。

如与商鞅同时的著名法家人物申不害，就是一个既好"刑名"之学，又系统阐述了"循名责实"理论的人。韩非子在《韩非子·定法》中评论申不害的思想特征时指出："今申不害言术……术者，因任而授官，循名而责实。"可见，"循名责实"是申不害最重要的理论之一。后来，有人竟据此认为，《汉书·艺文志》将申不害列为法家根本没有抓住他的思想要旨，申不害实在是一个名家人物。章学诚在《校雠通义·汉志诸子十四之十六》中就持这种见解："是则申子为名家者流，而《汉志》部于法家，失其旨矣。"可见"循名责实"不但是名家邓析的重要思想，而且对申不害这个法家人物产生了何其重大的影响。那么，申不害又是怎样阐述"循名责实"的呢？他在《申子·大体》中说："为人君者，操契以责其名。名者，天地之纲，圣人之符。张天地之纲，用圣人之符，则万物之情无所逃之矣。"在申不害看来，国君的职责就是要用操掌符契（注：国君权力的象征）的权力，按照官职名分来责求其实际的功效。名分是天地之网上的总绳，是圣人的符，抓住了名分这个关键，就如撒开了天地之网、祭起了圣人的符，天下万物都会在情理之中了。这里，申不害强调国君"循名责实"的极端重要性，这一点与邓析"循名责实，君之事也"，"位不可越，职不可乱，百官有司，各务其形"的思想是完全一致的。

再看法家最杰出的人物韩非子。韩非子也非常重视对"刑名"之学的研究，他比申不害更为深入和系统地阐发了法家"循名责实"的理论。韩非子对形名的理解与邓析也十分相近。如他将官位称为

"名",将当官的人称为"形";将法理解为"名",将依法做的事看成"形"。所以他强调,做什么官,必须与他的职责相称,臣子所做之事必须以法律为准绳,否则就是名实不符。他在《韩非子·功名》中说,君主得到天下人的拥戴,地位才能稳固。而臣子应充分发挥自己的特长,尽自己的能力,以使君主尊贵。君主使用了这种忠臣,长期安定的局面才能形成,这就叫做"名实相持而成,形影相应而立"。所以臣子和君主在治理国家时虽有共同的愿望,却有不同的职司。这与邓析"百官有司,各务其形"的思想也是一致的。当然,韩非子"循名责实"的理论要比邓析更为丰富和系统,而且更加深入,但受邓析思想的影响这一点是十分明显的。尽管这种影响可能不是直接来自邓析,而是来自其他的法家人物,如申不害,等等。

仅从以上两个例证中,我们不难发现,邓析的刑名理论对法家思想的影响是十分重大而且是长久的。韩非子虽然对邓析和名家持否定和批评的态度,但自己仍不可避免地接受了其影响。这从一个侧面说明了邓析的"刑名"理论在先秦百家学说中的重要地位和影响。

第三章 宋尹学派——唯物认识的哲学先驱

宋尹学派在先秦名学中是一个内容极为丰富的学派，以宋钘和尹文为代表。

宋钘主张，人的本性是要少不要多，享用太多，有害无益，明白此理即能适可而止。他还认为，人的认识有局限性，存在偏见，强调破除偏见才能明知事物真相。

尹文曾与齐王辩论，说："见侮不辱"并不丧失"士"的品德。

本章对宋尹学派作了较为详尽的记述，其中有许多耐人寻味的东西，亦有值得察辨之处。

班固在《汉书·艺文志》中将尹文列在邓析之后、名家第二人的位置上，可见尹文是战国时期名家学派的先驱人物。但根据现有的文献和史料,大多数学者都认为尹文与其老师宋钘的思想基本一致,因而认为宋钘、尹文属同一学派,即宋尹学派。虽然学术界对宋尹学派的性质及学术流派的归属问题仍有各种不同的看法,但在承认宋尹学派的存在这一事实上基本没有异议。由于宋钘所著《宋子》已失传,学者们对班固在《汉书·艺文志》中将宋钘划入小说家的根据和理由均感疑惑和不解。基于上述原因,对宋尹学派的归属问题历来存在着巨大的意见分歧。更由于宋尹学派的思想渊源十分多样,内容兼杂名、法、道、墨、儒诸家学说,更使得其流派归属问题极为复杂。因而在学术界,说宋钘、尹文属道家者有之,属墨家者有之,属名家者亦有之。我们认为,在宋钘、尹文流派归属问题上的各种见解虽都有一定的根据,但就其思想实质来说,宋钘、尹文仍属战国时期名家的行列。他们是从邓析到惠施、公孙龙等名家学派兴起过程中一个十分重要的过渡环节。

道、墨、名三家兼杂

宋钘、尹文一派的思想内容十分庞杂，兼杂各派学说，以至于有人将其称为折中调和色彩十分浓厚的学派。其实，如果了解宋钘、尹文学派思想形成的学术环境和战国时期各家学说发展的基本特点，我们就会理解宋尹学派思想中兼杂各派学说是一种十分自然的现象。

我们知道，宋、尹二人的思想主要是在齐国的稷下学宫形成的。稷下学宫中汇集了战国时期各家学说的代表人物，思想倾向各不相同。但他们都汇集在稷下学宫这一当时具有十分良好的学术环境的地方，自由地展开学术争论和研讨。通过自由的学术争论和研讨，各家学说必然会相互影响、相互渗透、相互吸取对方合理的观点，久而久之，各家学说的特征就自然会被淡化。宋钘、尹文一派的思想在这种学术环境中形成，就难免受到各家学说的影响和渗透，因此，他们的思想兼杂各派学说是十分自然的现象。再从战国时期各家学说发展的特点来看，各派学说在相互争论、相互斗争的过程中，都不同程度地吸取了其他各家学说的观点，这在当时可以说是一个普遍现象。正是这种既相互斗争、相互争论，又相互影响、相互渗透、相互吸取的模式，极大地推动了战国时期各家学说的深化和发展。

由此可以看到，战国时期各家学说中都程度不同地兼杂着其他各家的观点，并在此基础上有所创新、有所前进。如后期儒家最著名的代表荀子，其思想与其先驱者孔子、子思、孟子等相比就有许多本质上的差异，他虽然没有离开儒家的基本立场，但深受各家学说的影响，尤其是受到法家思想的巨大影响，这种影响使得他成为先秦思想发展的集大成者。宋、尹的思想和学术成就虽不能与荀子相比，但各派思想的相互渗透、相互影响在他们的思想中得到了充分的体现，这应说是战国学术思想发展的一个良好开端吧。

由于宋、尹思想的渊源和内容十分复杂，学派性不十分明显和突出，所以在他们的学术流派的归属上有着各种不同的说法。概括起来说，主要有以下几种不同的见解：

道家说。郭沫若、侯外庐等持此说。郭先生在《十批判书》中认为，宋钘、尹文是稷下黄老学派的主要一支，即认为宋、尹属道家。侯先生赞同郭说，认为："宋钘、尹文学派，就其思想本身而言，是稷下学宫中道家的一个支流。"[1]

墨家说。冯友兰先生持此说。他认为宋钘、尹文"是后期墨家的支流"[2]。

名家说。《刘子·九流》载："名者，宋钘、尹文、惠施、公孙捷（龙）之类也。"可见早在齐时，就有人不同意《汉书·艺文志》中将宋钘划入小说家，而认为他与尹文以及惠施、公孙龙等人一样均属名家。此说历来有人主张，我们也赞成此说。

首先，宋钘、尹文不属于道家。宋、尹的确深受道家思想的影响，这是不争的事实。班固虽将宋钘列为小说家，但在《汉书·艺文志》中也明确说宋钘"其言黄老意"，即是说宋钘有着明显的道家倾向。从现存《尹文子》一书中，我们也可以清楚地看到，尹文同样也有明显的道家倾向。《尹文子》两篇的篇名就叫作《大道上》和《大道下》。宋、尹二人的哲学学说和名辩思想是以道家提出的根本范畴

---

[1] 侯外庐. 中国思想通史：第1卷. 北京：人民出版社，2011：351.
[2] 冯友兰. 中国哲学史新编：第2册. 北京：人民出版社，1984：95.

"道"作为其本体论基础的。这个"道"本体论的确体现在宋尹学说的方方面面。但正如汪奠基先生所讲，宋钘在稷下主要是讲形名因应之学，他同尹文既承受道家传统，亦接受儒、墨思想，两人同为道、儒、墨影响下的讲形名的新生力量。[①]这就是说，宋、尹虽承受了道家传统，同时也接受儒家和墨家的思想，但从其思想的主要方面来说主要是讲形名理论的，所以是名家的代表人物。汪先生的这一见解是十分有道理的。因为先秦主要学派都有自己的本体论，即关于世界本原的看法，但在各派内部不同时期的代表人物对世界本原的理解也并不一致，名家学派也同样如此。我们不能因为宋、尹以道为本体来建立自己的理论体系和阐述自己的名辩思想，就将其归为道家。而且宋、尹对"道"的理解与《老子》也有着本质的区别。《老子》讲的"道"是一种超时空的、作为一种神秘的客观精神而存在的"无"；而在宋、尹看来，"道"则主要指客观事物产生和发展的根本规律，是一种物质性的"气"的存在形式。从这一点来说，宋、尹的思想既不同于老子，也不同于后来的庄子。因此，我们认为，宋、尹不属于道家。但这并不意味着否定宋、尹与道家有着深刻的渊源关系。

其次，宋钘、尹文不属于墨家。冯友兰先生将宋、尹说成后期墨家的一个重要分支，其主要根据就是，荀子在其《非十二子》中将墨子和宋钘放在一起加以批评，这说明墨和宋的思想是一致的。这是冯先生在其《中国哲学史新编》中对墨子和宋钘、尹文思想的一致之处做了十分详尽的分析以后得出的基本结论。应当说，冯先生的看法的确有一定根据和理由。宋、尹二人受墨家学说的影响，如同他们受道家思想的影响一样也是十分明显的。荀子在其《非十二子》中将墨子和宋钘并列在一起并加以批评，指责他们不懂得统一天下、建设国家

---

① 汪奠基. 中国逻辑思想史. 北京：人民出版社，1979：61-69.

的轻重，只知道崇尚功利、注重节俭，而且抹杀上下、尊卑的差别，等等。从荀子的批评来看，宋钘受墨子学说的影响并与之有共同点的方面主要是社会政治思想，而不是全部学说都完全一致。实际上，就社会政治思想来说，宋、尹与墨子也有很大的差异。所以，仅据荀子的说法就将宋、尹一派划入墨家是根据不足的。因此，宋、尹并不属于墨家，而只是吸收了墨子的一些社会政治主张而已。

再次，宋、尹与稷下学派的关系。宋、尹二人与稷下学派的关系是十分密切的，他们曾游学于稷下学宫，这是不争的事实。但人们对宋、尹是否属于稷下学派却有两种截然不同的意见。一种认为，宋、尹不但属于稷下学派，而且是其中主要的一个支派。如郭沫若、温公颐等先生就持此说。不过，郭沫若先生认为"宋钘、尹文是稷下黄老学派的主要的一支"[1]。温公颐先生则认为宋、尹属于稷下学派中"搞正名逻辑的唯物派"[2]。就是说，二位先生在认为宋尹学派属于稷下学派这一点上是一致的，但对这一学派的性质则有不同的看法。另一种观点则根本否认宋、尹属于稷下学派。金德建先生就持此说。金先生的理由是：第一，司马迁在《史记》中记录过稷下学派的许多人物，但唯独不提宋钘、尹文，这一定不是司马迁的记载偶然遗漏。第二，宋钘、尹文二人与稷下学派的总的政治倾向不同。稷下学派总体趋于保守，宋、尹则不然。第三，庄子说宋、尹二人周行天下，奔走四处八方，所以不是稷下一个地方可以限制他们的活动，当然更难以指定他们一定属于稷下了。[3]

我们认为，宋、尹二人与稷下学派虽有密切的关系，甚至可以算作稷下学派的一个重要支派，但稷下学派本身并不是一个十分统一的

---

[1] 郭沫若. 十批判书. 北京：科学出版社，1956：251.
[2] 温公颐. 先秦逻辑史. 上海：上海人民出版社，1983：238.
[3] 金德建. 先秦诸子杂考. 郑州：中州书画社，1982：121-122.

学术派别，其中包括了法、儒、道、阴阳、名等各家的代表，在严格的意义上，稷下学派的概念并不能成立。所以，宋、尹即便属于稷下学派，也只能算是名家的代表。不能因为他们属于稷下学派，就抹杀其名家的性质。郭沫若先生就承认了这一点。他说："《汉书·艺文志》有《尹文子》一篇，属于名家，尹乃宋之弟子，可知宋亦有辩者倾向。"[①]对于这一见解，我们深表赞同。但郭沫若先生又说宋尹学派属于稷下黄老之学，这样就将他们划入了道家。但这样就产生了一个问题：宋、尹二人究意是名家还是道家？如认为他们既属名家又属道家，那就会在宋、尹二人的学派划分上产生混乱。

最后，关于尹文与宋钘思想的相互关系问题。《汉书·艺文志》将尹文划归名家，而将宋钘划归小说家。对这种划分，历来存在不同的看法。如《刘子·九流》就认为，宋钘属于名家，而不是小说家。宋钘究竟属名家或是属小说家，主要应从其思想的本质特征角度来加以分析。我们认为，宋钘在思想本质上与尹文是一致的，而且宋尹学派的存在是一个历史事实，那么宋钘应当说属于名家。

救世之士

《庄子·天下》中将宋钘、尹文并提，并概括地揭示了宋、尹社会政治思想的基本内容和特征。

《天下》篇说："不累于俗，不饰于物，不苟于人，不忮于众，

---

① 郭沫若. 十批判书. 北京：科学出版社，1956：251.

愿天下之安宁以活民命，人我之养，毕足而止，以此白心。古之道术有在于是者，宋钘、尹文闻其风而悦之。作为华山之冠以自表，接万物以别宥为始。语心之容，命之曰'心之行'。以聏合欢，以调海内。请欲置之以为主。见侮不辱，救民之斗，禁攻寝兵，救世之战。以此周行天下，上说下教。虽天下不取，强聒而不舍者也。故曰：上下见厌而强见也。虽然，其为人太多，其自为太少，曰：'请欲固置五升之饭足矣。'先生恐不得饱，弟子虽饥，不忘天下，日夜不休。曰：'我必得活哉！'图傲乎救世之士哉！曰：'君子不为苛察，不以身假物。'以为无益于天下者，明之不如已也。以禁攻寝兵为外，以情欲寡浅为内。其小大精粗，其行适至是而止。"这就是说，在庄子看来，宋、尹一派的基本观点或主张以及主要特点就是（以下为译文）："不为世俗所牵累，不以外物来矫饰，不苛求于人，不违逆众人的心愿。希望天下安宁太平以保全人民的身家性命。人民的生活资料只要满足就可以了，以上述观点来表白自己的心意，自古以来的道术就有这样的。宋钘、尹文十分喜欢这种风尚。他们制作并戴着一种像华山那样的上下均平的帽子，以此来表达自己提倡人们生活平等的主张。他们认为，认识事物首先要抛弃已有的主观成见。他们强调心的宽容，并将这种宽容称为'心的自然趋势'。以温和的态度合他人之欢心，用此来调和海内，请求人们以心容万物为行为之主。受到侮辱不以为辱，解除人民的争斗，禁止攻打已平息干戈之兵，解除世间的战争。他们本着这种宗旨周行于天下，上说诸侯，下教百姓。虽然天下人不接受，但他们依然喋喋不休说个不停。所以说：上下对他们十分厌烦，与之见面不过是勉强而已。虽然如此，他们还是为别人所做太多，而为自己做得很少。他们说：'我们只要有五升米的饭就满足了。'不仅宋钘、尹文这些先生恐怕很少吃饱，他们的弟子也常饿肚皮，可他们仍然不忘天下之人。他们日夜不休地为民做事，说：'如天下人民能按照我们的主张行事，人民的生命必有保障。'真是自命不凡的救世之士啊！他们说：'君子不做苛刻计较之事，不能使自己为外物所役使。'他们认为，对天下无益的事，就干脆别做。他们对外主张禁止攻伐、停息干戈之兵，对内主张情欲寡浅。这就是其学说的梗概以及其所做所为的大致情形。"

荀子也对宋、尹学说进行了评论。他说：在宋钘看来，如果明白受到欺侮并不是耻辱的道理，人们就不会发生争斗了。又说：宋钘认为人的本性是少欲的，而人们都说自己的本性是多欲的，这是根本错误的。因此，宋钘率领着他的门徒，四处为他的学说辩论，阐明他的比喻和引证，想使别人接受他关于人的本性是少欲的观点。

从庄子和荀子的评论中，我们可以大概了解宋尹学派在社会政治方面的一些基本主张。概括起来，大致有这样几点：

第一，"接万物以别宥为始"。"宥"就是"囿"，就是成见、偏见。"别宥"就是"去宥"。"接万物以别宥为始"就是认为，考察万事万物，必须首先去掉自己的主观成见和偏见，才能认识事物的真相。对宋尹学派的这一见解，《吕氏春秋·先识览·去宥》做了极好的阐释。冯友兰先生认为，《去宥》篇可能就是从宋钘的著作《宋子》抄下来的。[1]既然如此，那就让我们看看《去宥》篇是如何讲"去宥"或"别宥"的。《去宥》篇并没有讲多少"去宥"的理论，而是用了好几则故事生动地说明了"去宥"的极端重要性。其中有这样一则故事：东方墨家学派的谢子将要西去拜见秦惠王，惠王就向秦国墨家学派的唐姑果打听谢子的情况。唐担心惠王亲近谢子超过自己，于是就向惠王进谗言说："谢子是东方能言善辩之人，他为人十分狡诈，他来这里的目的就是尽力游说以讨太子的欢心。"秦王听了唐的谗

---

[1] 冯友兰.中国哲学史新编：第2册.北京：人民出版社，1984：98.

言，于是怀着愤怒的心情等待谢子的到来。谢子来后向秦王提出了许多中肯的建议，而秦王根本不听，谢子很生气地走了。秦惠王由于听信了谗言，心里产生了对谢子的成见和偏见，所以没能听取谢子的建议，失去了一次很好的听取意见的机会。秦王听信谗言对谢子产生了偏见，就是"宥"，可见只有去了"宥"，才能正确对待事物。《去宥》篇最后得出的结论是：有"宥"之人把白天当成黑夜，把黑看成白，把贤君尧当作暴君桀，所以"宥"的害处太大了。亡国之君基本都是偏见很深之人，可见人们只有"去宥"，才能知道事物的全貌；如能区分什么是成见和偏见，就自然能保全自身了。

《去宥》篇的这个结论与宋钘、尹文的"接万物以别宥为始"的观点是基本一致的。宋钘、尹文认为，人们的心中普遍存在着"宥"，影响着人们对人或物的认识。例如，人们都认为人的本性是多欲的，而实际上人的本性是寡欲的，这就是一种"宥"、一种成见和偏见。人们都认为，被人欺侮是一种耻辱，其实这也是一种"宥"，是一种成见和偏见。在这些成见和偏见的支配下，人们才喜好争斗，搞得天下不宁。如去掉这些"宥"，消除这些成见和偏见的影响，人们就可以真正认识到自己的本性是情欲寡浅的，这样也就可以免除争斗，天下自然也就太平了。以上就是宋尹学派"接万物以别宥为始"的基本含义。

第二，"禁攻寝兵，救世之战"。宋钘、尹文深受墨子思想的影响，同墨子一样主张"非攻"，认为不应攻打已停息干戈之兵，要解除世间的战争。《孟子·告子章句下》记述了宋钘去楚国劝楚王息兵，在途中遇见孟子后二人的一段对话，其中反映了宋钘对战争的反对态度。这段对话的大意是这样的：宋荣（即宋钘）在去楚国的途中，在石丘遇见了孟子。孟子问他："先生要到哪里去？"宋钘答道："我听说秦国和楚国正在交战，我准备去楚国见楚王劝他罢兵。如楚王不愿罢兵，我就打算去见秦王劝他罢兵。在这两个国君中，我想总会有一个与我的意见相一致。"孟子说："我不打算打听详细的情况，但想听听你的见解，你将如何劝说他们呢？"宋钘回答说："我准备讲一讲交兵打仗的不利。"孟子不同意宋钘的想法，认为不应用"利"去劝说秦楚两国的国君，而应用"仁义"的观点去劝说。宋钘用交战之"不利"去劝说秦楚两国国君，与孟子主张用"仁义"去劝说的儒家见解是有很大区别的，但与墨家的观点颇为一致。墨家不仅主张"非攻"，反对战争，还主张"禁攻寝兵"，即反对攻打已停息干戈之兵，这也与宋钘、尹文完全一致。可见，宋尹学派在反对战争的问题上持有与墨家相一致的见解。

第三，"见侮不辱，救民之斗"。宋钘、尹文不仅极力反对战争，还反对民众之间的争斗。在他们看来，天下不太平的原因不仅在于国与国之间的战争，还在于民众之间的争斗。而民众之间争斗的根本原因就在于大家都以为侮辱是很耻辱的事，所以要进行报复，结果被报复者反过来再进行报复，从而使得争斗不息。其实，受到欺侮并不是什么耻辱的事，如果人们明白了这个道理，争斗也就不会发生了。宋、尹的用心是极好的，极善良的，但恐怕将问题看得过于简单了一些。既然他们已看到了国家之间发生的战争在一定程度上是由"利"所引起的，所以他们准备用战争的"不利"为理由去说服交战的国君罢兵；但在民众之间争斗的根源问题上，他们却没有看到这仍是一个"利"的问题。正因为如此，荀子对宋钘的"见侮不辱，救民之斗"的主张提出了非议。他在《荀子·正论》中举了一个例子来批评宋钘：如有人发现别人钻进他家的出水洞偷了他的猪，他就会马上拿着剑或戟去追偷猪之人，而且根本不避死伤，这根本不是因为他因自家的猪被偷而感到耻辱；他之所以不惧怕争斗，是因为他对偷猪者感到憎恶。在荀子看来，人之所以产生憎恶，并不仅是在心里感到耻辱，还在于客观上的利益关系。可见，荀子看到了民众争斗产生的一个重要根源在于利益的冲突。荀子这个见解无疑要比宋钘深刻了许多。宋钘"见侮不辱，救民之斗"主张的主观愿望虽是良好的，但由于没有看到民众争斗的客观根源，所以只能是一种不可能实现的空想而已。

第四，"情欲固寡"、节用尚俭。节用尚俭是墨子十分重要的一个主张。他极力反对贵族铺张浪费、极端奢侈的生活方式，提倡崇尚节俭，反映了他作为一个平民思想家的本色。宋钘、尹文与墨子一样，也极力提倡崇尚简朴、节约用度的生活方式。为了论证这种生活方式的合理性，宋钘、尹文提出了人的情欲本来就是寡浅的理论，即认为人的情欲本来就很少，而不是人们普遍认为的很多。他们不但从理论上提倡"情欲固寡"、节用尚俭的生活方式，而且自己也身体力行，具体落实在自己的行动上，《庄子·天下》就具体记叙了这个事实。对于宋、尹的"情欲固寡"论，荀子进行了十分深入的分析和批判，认为宋、尹的这个理论是很难成立的。他在《正论》篇里指出：宋子认为，人的情欲本来很少，但人们认为很多，这是错的。但实际并非像宋钘认为的那样。比如，人的五官都有自己的追求，眼睛愿看美丽的色彩，耳朵愿听美妙动听的声音，嘴巴愿尝可口的滋味，鼻子愿闻香的气味，再者，人的身体也愿安逸舒服，难道这些不都是人本性中所固有的情欲吗？宋钘对此无法否认，所以他又认为，人的情欲仅限于这些。但这样一来，他的学说就陷入了自相矛盾之中。宋钘他们承认身体五官的欲望是合理的，但并不多。这就好比人们都有富贵的欲望却不愿意有财产、人们都有爱美的欲望却厌恶美女西施一样。可见宋钘的"情欲固寡"论是站不住脚的。荀子的批判无疑是正确和深刻的。

第五，"语心之容，命之曰心之行"。宋钘、尹文从"禁攻寝兵，救世之战"，"见侮不辱，救民之斗"等基本主张出发，认为要实现上述主张，除了要明白人的本性"情欲固寡"的道理之外，还应有一颗能够宽容万物的心灵。他们要求人们以温和宽容的态度对待别人，并努力取得别人的欢心。这就是所谓"语心之容"的基本含义。在宋、尹看来，人们的行为都是由心所主宰的，所以人们在行为上要表现出对人和事的宽容，首先就要有一颗宽容之心。反过来，人们只有都有一颗宽容之心，才能在行为上表现出对人对事的宽容，这是互为里表的关系。因此，他们认为，争强好胜并不是人心的自然趋向，宽容之心才是人的本性，才是人心的自然趋向，这就是"心之行"的基本含义。所以，人们应当认识到人心的"宽容"这种自然趋势，抛弃争强好胜这种人心之"宥"，自然就可以化干戈为玉帛了。荀子在其《正论》篇里，对宋钘、尹文的这种观点也进行了深刻的批判。他指出，宋钘主张"见侮不辱"这种宽容之心，不仅自己甘心受辱，还想使人们改变关于荣辱的看法，他的这种学说是根本行不通的。究其根源，仍在于脱离了社会的实际。所以，宋钘的观点就如同用砖泥杜塞江海、让矮小的人背负泰山一样，是根本不现实的。荀子的批判可谓一语中的。

第六，"愿天下安宁，以活民命；人我之养，毕足而止"。这是宋、尹社会政治学说的一个总结论，也是他们所要实现的根本理想。无论是提倡"禁攻寝兵，救世之战"，还是鼓吹"情欲固寡""心之容""去宥"的学说，宋钘、尹文的根本目的就是要实现"天下安宁，以活民命；人我之养，毕足而止"的社会理想。宋、尹的这种社会理想，实质上就是墨子的"兼爱天下"，反映了战国时期饱受兼并战争之苦的广大民众的强烈愿望。尽管当时社会发展的总趋势是通过兼并战争实现中国的统一，但广大民众是战争带来的苦难和不幸的主要承受者，所以他们强烈反对战争，要求实现天下安宁，过上富足的生活。墨子和宋、尹的学说正是广大民众的呼声和强烈要求的理论表现。

　　从以上六点宋尹学派的社会政治主张中，我们可以清楚地看到宋尹学派的墨家渊源及其平民理论的性质，而且从中我们也很难看出宋钘、尹文的名家特质。难怪冯友兰先生将宋尹学派说成墨家的支流。其实，就像宋钘、尹文将道家的根本范畴"道"经过改造作为自己的本体论基础一样，宋、尹也接受了墨家的社会政治主张，但这也是其学说的一个组成部分而已，因而不能由此将他们看成墨家或道家的支流。宋钘、尹文的名家特质充分表现在他们的名实观和形名学说上。不过，我们应看到，宋、尹的名实论和形名学说都是为他们的社会政治主张服务的，虽然他们的学说也涉及世界的本原和自然观，但从其主体方面来说仍属于一种社会政治学说，体现了一种对社会的终极关怀和人文精神，这一点与后来的名家惠施和公孙龙两派有着明显的不同，所以我们将宋尹学派视为名家三派中的人文主义派。

"道"与"气"

　　宋钘，在先秦文献中又被称作宋牼、宋荣。《汉书·艺文志》说宋钘著有《宋子》十八篇，属小说家，但可惜《宋子》一书久已散佚，因此现在很难全面了解宋钘的思想全貌。先秦诸子文献对宋钘的评论和记叙也只有我们在前面所引叙的那些，这些评论基本都集中在他的社会政治观点方面，从中不仅难以发现宋钘的名家特质，甚至很难看出班固所说的"其言近黄老意"的根据之所在，更难说明班固将其划入小说家的原由。

所幸的是，经刘节、郭沫若等学者的研究和考证，可知现存《管子》一书中的《心术上》《心术下》《内业》《白心》等四篇文献乃是宋钘、尹文学派的遗作。郭沫若更进一步指出，《白心》篇与《心术上》《心术下》《内业》虽属同一思想体系，但就思想而言，其成书较晚，所以《心术上》《心术下》《内业》是宋钘的著述或遗教，《白心》则是尹文的手笔。郭先生此说提出之后，普遍为学术界所接受，当然也有一些学者提出异议，但郭先生此说的根据似乎比较充足。我们同意郭先生关于上述四篇文献是宋尹学派遗作的观点，但他将《白心》篇说成尹文的手笔似乎根据不足。所以我们认为，上述四篇文献基本上应属于宋、尹二人共同的遗作，很难再分哪些属宋钘、哪些属尹文。在这里，我们不妨将这四篇统统看作宋钘的遗作，当然这也仅仅是为了行文的方便。至于尹文的思想，我们将依据现有的《尹文子》来加以阐述。

宋钘学说的本体论是其形名学说的基本理论前提，这个本体论就是他关于"道"与"气"的理论。在宋钘看来，所谓"道"，就是指"气"以及万物运行的根本规律。这是他对老子的"道"这一道家学说最根本的范畴进行了改造的结果。老子的"道"是一种先天地而生、创造万事万物的"绝对精神"。而在宋钘那里，"道"与"气"往往没有区别。"道在天地之间也，其大无外，其小无内。"（《管子·心术上》）是说"道"处在天地之间，无限大又无限小。在宋钘看来，气细小无内，其大无外，与"道"一样也是充满于天地之间，无限大又无限小。宋钘把"气"或"精气"看成天地万物得以产生的本原，认为：物质性的精气相互结合，就产生出万事万物，地面上生长出五谷，天空中生长出众多的星星。人的生命也是气的运行的结果，"天出其精，地出其形"（《管子·内业》）。天上的精气和地产的形体相结合，就形成了生命。既有了生命，也就有了精神和智慧，"气，道乃生，生乃思，思乃知"（《管子·内业》）。宋钘同样也把"道"看作万事万物的本原，认为万物由于得到了"道"才得以产生、得以生长，"道"又是万事万物的根本规律。他认为，尽管万物的形态千差万别，但从不违背万物自身的规律即"道纪"，所以"道"能成为天下万物的始祖（《管子·心术上》）。

宋钘所理解的"道"与老子的"道"显然不同，尽管他有时也在形式上保留了一些老子对"道"表述的痕迹，如"虚无无形谓之道，化育万物谓之德"——这与老子所说的"道生之，德畜之"的说法基本一致，但在本质上，宋钘所说的"道"已非老子那种神秘的、精神性的"道"了。

但宋钘对"道"和"气"的改造并不彻底。他对"道"和"气"仍赋予了伦理道德的意义。如他说："大心而敢，宽气而广，其形安而不移，能守一而弃万苛，见利不诱，见害不惧，宽舒而仁，独乐其身，是谓云气"（《管子·内业》）。什么是云气？所谓云气，就是心胸宽广，形体安宁而不游移，能保持心意专一而排除各种干扰，不为利诱，见害不惧，心胸宽舒而且仁厚，自身能独得其乐。这种灵气显然不是作为万物本原的"气"，而是非物质性的"气"了。所以，宋钘说"云气"是存于心里的气。再看他对"道"的这种解释："凡道，必周必密，必宽必舒，必坚必固，守善勿舍，逐淫泽薄，既知其极，反于道德。"这就是说，"道"必定周到和细密、宽大而舒放、坚定而强固。如能守善而不舍，驱逐淫邪，去掉浮薄，知道以"道"的要求为标准，那就返回到道德上来了。这样，"道"就成了一种伦理的本体和根本的道德要求了。宋钘将老子的"道"这种自然的本体改造成了伦理的本体。

经过上述的"道"的改造，宋钘不仅将"道"变成了万物运行的根本法则、一种政治伦理准则，同时更重要的，他又将"道"变成了一种形名之辩的根本认识标准和理论基础。宋钘对"道"赋予的客观和主观的双重性质，使他一方面主张在名实或形名问题上应坚持"以物为法"，另一方面又强调心的作用，即所谓"修心正形"，这就使得他常常脱离客观法则来谈名辩问题。

心术

宋钘十分重视名辩的思维方式和方法的研究，他将思维方式和方法称为"心术"。在宋钘看来，心是思维的主体，它在人的身体中与其他感官相比处在统摄和主宰的地位，其他感官都受心的支配。因此，他在《管子·心术上》的开篇就说道："心之在体，君之位也。九窍之有职，官之分也。心处其道，九窍循理。嗜欲充益，目不见色，耳不闻声。"心在人体中处于君的位置；九窍各有功能，就像百官职守的分工一样。心的活动合乎于道，九窍就遵循着其法则从事正常的工作；心若充满了各种嗜欲，眼睛就看不见颜色，耳朵就听不到声音。与这种见解相对应，宋钘十分重视理性的作用，认为人的感性是受理性支配的。宋钘对心和理性作用的看法的确有其一定的道理。用他的话来说，这是因为：心是智慧亦即理性的居所，而耳目虽是用于听、看外部事物的，是了解外部世界的门窗，但只有心和理性才能认识和把握事物的本质和规律，亦即把握住"道"。"道也者，口之所不能言也，目之所不能视也，耳之所不能听也。"（《管子·内业》）。感官和感性只能把握事物的表面现象，这正是其局限；宋钘看到了这种局限，因而特别强调了心和理性的作用。但宋钘讲的这个道理也只是具有片面的真理性。这是因为，"道"亦即事物的本质和规律存在于现象之中，并通过现象来表现出自己；心的作用就在于通过对感性材料的加工整理，才能形成对"道"即事物规律性的理性把握。宋钘片面强调了心和理性的作用，忽视了感官和感性的作用，所以他是一个唯理主义者，他的心术之论是一种唯理主义的思维方式和思维方法。

宋钘认为，正确的思维方式和方法应当是让心和理性处于无为地位，用无为的心和理性来支配感官和感性。《管子·心术上》称："耳目者，视听之官也，心而无与于视听之事，则官得守其分矣。夫心有欲者，物过而目不见，声至而耳不闻也。故曰：上离其道，下失其事。故曰：心术者，无为而制窍者也。"耳目是主管视听的器官，心不应去干预视听的职守，则器官就可以尽到它们的本分。心中有了过多的欲念，就会有东西从眼前过却看不见、有声音传来而听不见。所以说，上离其道，下失其事，因此，心的功能就是通过虚静无为来支配感官的，这也就是心叫做君的原因。

什么是"虚静无为"？宋钘是这样来回答这个问题的：虚静就是心意专一，清除一切欲念。清除了欲念，心就可以疏通畅达，心疏通畅达了就会虚静。心达到了虚静的状态，自然就会心意专一。心意专一就能独立于万物之上，独立就能明察一切，明察一切就达到了神的境界。神是非常高贵的，心若不干净，它就不会停留在那里，所以必须使心处于虚静的状态。如何使心得以虚静呢？所谓虚，就是无所保留。因此，如能做到连智慧都彻底抛弃，就没有什么可追求的了。能做到无所保留，也就没有什么可做的了。没有追求，又没有什么可做，就达到了"无虑"的状态，"无虑"也就是"虚静无为"。

宋钘对"虚静无为"的解释从字面上看，与老子所鼓吹的"玄同"的体道论十分一致。但如果这样来看宋钘的"虚静无为"，那就大错特错了。原因就在于：老子的"玄同"虽与宋钘一样，也有注重内心休养，去除一切欲望，把内心打扫得一尘不染，这样才能体认到"道"的含义，但老子的"玄同"的本质要求是"塞其兑，闭其门；挫其锐，解其纷；和其光，同其尘，是谓玄同"。在老子看来，所谓"玄同"，就是堵塞耳目等感官，关闭知识的大门，泯灭智慧的光芒，混同行为的痕迹，挫其锋锐，解除其纷争，与"道"合为一体。老子的这种"玄同"说是一种超感性、超理性的神秘主义认识论。

宋钘则不同，他与老子刚好相反，认为要达到对万事万物基本规律"道"的认识，虽然要做到"虚静无为"，但"虚静无为"的目的是要"无为而制窍"，是要用无为的心和理性来支配感官和感性，从而达到对事物及其本质和规律的认识。所以，与老子"塞其兑，闭其门""和其光，同其尘"的主张相反，宋钘主张"洁其宫，开其门，去私毋言，神明若存"（《管子·心术上》）。就是说，使心灵之宫或理性保持清明，打开感官之门，排除私欲和杂念，智慧自然就会得以产生。

由此可见，宋钘是一个理性主义者，老子则是一个非理性主义者，二者有着本质的不同。但不可否认的是，宋钘的"洁其宫"与老子的"玄同"也存在某种承继的关系，有着不可分割的内在联系，这也是人们往往将他看成道家人物的一个重要原因。正是这种与道家的内在联系，使宋钘关于名辩思维方式的理论打上了深深的道家烙印。也正是这种道家的烙印，使他主张一种消极无为的认识理论，反对用积极的行为去认识和掌握客观事物，甚至主张去除一切掌握知识、改造外物的欲望。他认为，心或理性不应干预感官或感官的活动，这样就可以使感官尽到它的职守。这种将心与感官、理性与感性截然割裂开来，否定心对感官、理性对感性的指导作用，在本质上是一种消极无为的认识论观点。人的感官的活动无疑要受到心（用现代语言来说是大脑，古人认为是心而不是大脑才是思维的器官）的干预和支配，感性必然要受理性的渗透和指导，人的认识的能动性最主要地就体现在这一方面。宋钘否定这一点，就根本否定了人的认识的能动性。而且他将感性和理性截然分割开来，就使理性成为无源之水、无本之木了。

宋钘在道家无为思想的影响下，还极力主张节欲，认为"节欲之道，万物不害"。人们不去积极地改造和认识万物，节制一切物质和精神的欲望，就自然不会受到外界万物的伤害。这种消极无为的思维方式显然是老子对宋钘所起的消极影响的反映。

宋钘理性主义的思维方式和方法的理论，还表现在他关于"思"和"心"的学说上。宋钘强调"心"和理性的作用，故而认为知识乃是心"思"的产物。他在《管子·内业》篇中是这样来形容和说明心的形体及其作用的："凡心之刑（形），自充自盈，自生自成。"这就是说，心的形体，它本身就是自己充实、自然生成的。它之所以往往遭到损伤，失去本性，根本的原因就在于人们往往在心中存有各种各样的嗜好和欲望。心的本性最需要的是安定和宁静，只要去除各种嗜好和欲望，心就可以保持和谐。心的最根本的作用就是认识"道"。而要使心发挥其根本作用，就得保持其安定、宁静与和谐。所以应当努力做到"耳目不淫""心无他图"，如果这样，那就可以"正心在中，万物得度"了。这就是说：不要让外物扰乱耳目等五官九窍，不要让五官九窍来扰乱内心的宁静与和谐，摒弃一切杂念和欲望，这样就认识到了"道"；认识了"道"，就获得了正确对待万物的标准和尺度。宋钘"正心在中，万物得度"的观点，不能不让人联想到古希腊的著名智者普罗泰哥拉"人是万物的尺度"的名言。普罗泰哥拉的基本哲学原则就是："人是万物的尺度，是存在者存在的尺度，也是不存在者不存在的尺度。"在他看来，人高于动物和自然万物，就是因为人有智慧，所以能支配和安排万物，因而人处于世界的中心。宋钘"正心在中，万物得度"的观点也包含着"人是万物的尺度"的思想。他与普罗泰哥拉所不同的是，他突出强调了"心"的作用，是一个理性主义者，普罗泰哥拉则强调了感官的作用，是一个感觉主义者。但他们都主张突出人的主体地位，反映了人的主体意识的觉醒，这在当时都是具有积极意义的。

宋钘强调"心"和理性的作用，因而十分重视"思"即思维的意义。他认为，思维或思索活动是人智慧的泉源。《管子·内业》称："思之，思之，又重思之……思索生知"。人对"道"即对万事万物基本规律的把握，乃是人心思维或思索的结果。把握了"道"，就可以"上察于天，下极于地，蟠满九州"。即能够全面正确地认识天地、普察四海。

"心"的作用的确很重要，然而在宋钘看来，真正的"心"并不是心的形体，而在于心的形体之中内藏的那个"心"，即思维活动本身。他在《管子·内业》中说："心以藏心，心之中又有心焉。彼心之心，音以先言，音然后形，形然后言，言然后使，使然后治。"这个心中之心先产生意识，有了意识才有语言，因为：有了意识和语言，才有对事物形体的形象的把握；有了对这种具体形象的把握，人们才给予事物名称；有了名称，人们就可掌握和利用事物；既然可以掌握和利用事物，也就可以治理事物了。显然，宋钘将"心"和思维的作用抬到了至高的地位，以至于使他认为国家的安宁、国家的治理关键在于实现"心治"。"心安，是国安也；心治，是国治也。治也者，心也。安也者，心也。"这是宋钘通过考察心的作用所得出的一个基本结论。这个结论与他关于"心之行"的思想主旨是完全一致的，也是他考察思维方式亦即"心术"所要达到的基本目的。宋钘名辩理论的宗旨就是要为实现非斗、反战、天下安宁作论证,这在他关于形名的理论中也得到了鲜明的体现。

"以物为法"

宋钘从"道"的本体论和"心术"的思维方式理论出发,提出了一整套关于名实观和形名论的思想观点。如果说,宋钘的"道"的本体论和关于"心术"的理论是对道家思想改造的结果,那么他的名实观和形名论从其思想渊源上来说,又与邓析的名辩理论是一脉相承的。不论宋钘还是其弟子尹文,都继承了邓析关于"循名责实""因之循理"等名辩理论的基本原则。他们提出的"以物为法""正形名""因之术"等名辩观点可以说均是对邓析上述思想的进一步深化和发展。正是从这个意义上,我们说宋钘、尹文是战国时期名家学派的思想先驱,他们的名辩思想对后来的名家代表人物如惠施、公孙龙等产生了极大的影响。

宋钘虽然在其"心术"的理论中特别强调了"心"以及思维和理性的作用,但在名实观和形名论中又对这种作用做了某种程度的限制,强调了客观事物及其法则和规律对思维的制约作用,认为必须坚持"以物为法"的基本原则。但这并不意味着宋钘在名实观上放弃了其唯理主义的立场。虽然他认为要"以物为法",但他认为对"物"的认识,特别是对"物"的根本法则和规律,亦即"道"的认识仍在于"心"的作用，在于理性或思维的作用。这一根本性的认识自始至终贯穿在他的名实观之中，并没有发生实质性的变化。所以，宋钘的名实观与他的"道"本体学说以及"心术"的思维方式理论有着不可分割的内在联系。忽视了这一点，我们就无法正确理解和把握宋钘的名实观和形名论。

1. 实是名的客观基础

宋钘在名实相互关系问题上，汲取了墨子"取实予名"的观点，坚持了物或实是名的客观基础的正确原则，对孔子"以名正实"的理论进行了纠正和改造。在宋钘看来，名是人用来表述客观万物的。但在他的心目中，关于万物的名称或概念只有圣人才能制定，因为只有圣人才能实现对万物的根本规律——"道"的把握，因而只有圣人才能察天知地，明万物之理。所以，宋钘认为，名的作用就是圣人用来表述和区分万物的工具，"名者，圣人之所以纪万物也"。宋钘所讲的"名"，仍与邓析一样，包含着一定的政治伦理方面的意义，但更重要的是指对客观事物的称谓，更接近于逻辑意义上的概念。

在宋钘看来，名有普遍与个别的区分；一般的概念就其内涵来说，是客观万物共同的本质和其根本规律"道"的体现，以及作为人们行为共同规范的"礼""义""法"，等等。因为"道"是虚无无形的，所以"道"这个普遍概念是没有具体的"道"的形象与其相对应的；再如"义"的概念，其内涵就是指摆正君臣、父子这种人们的基本关系；所谓"礼"，就是指尊卑揖让、贵贱有别的体统；所谓"法"，就是使大小、简单和繁杂的事务都遵守统一的规范，以及关于禁止杀戮的规定。宋钘对"道""义""礼""法"等概念的内涵显然是从普遍的意义上加以规定的。但就客观事物的一个个体存在来说，既有其实，又有其形，其内容和形体是十分具体的，作为表述具体事物实和形的概念就是个别概念。宋钘认为，就个别的意义来说，名与物的关系可以区分为名与实或名与形的关系。实或形代表着事物的具体存在及其形式，名则是对事物的实或形的主观把握，也就是概念。所以，名以实有，名由形生，这就是"物固有形，形固有名"的道理。

从这种对名与实、名与形相互关系的理解出发，宋钘进一步指出，名虽然以客观事物的实和形为基础，是圣人用来表述和区分万物的东西，但仅有实与形的客观基础，名仍不能得以产生，还必须有人的"心"和思维的作用，名就是人对事物的实和形进行思考的产物。宋钘初步看到了名，亦即概念是主体与客体相互作用的结果，这是十分正确的。然而他却认为名只能由"圣人"来制定，"名当，谓之圣人"。所谓"圣人"，在宋钘看来就是能够正确地按照客观事物的实和形适当地制定"名"的人。反过来说，只有圣人才能做到立名符合实际。宋钘显然过分夸大了圣人在制定名或概念过程中的作用，这是不符合名或概念形成的实际过程的。实际上，名或概念的形成虽然离不开少数知识丰富和才能出众的杰出人物的作用，但更重要的是离不开历史过程中无数劳动群众的实践经验，离不开劳动群众的创造作用，没有后者是谈不上名或概念的形成和产生的。名或概念也不仅是供圣人来区分万物和表述万物的，更重要的是广大劳动群众用来认识和改造客观事物的工具。宋钘对名的形成及其作用的认识显然是有失偏颇的。这种偏颇是与他过分夸大"心"或思维在名形成过程中的作用相联系的。应当看到，宋钘的这种偏颇在当时的历史条件下是不可避免的，所以不应过份苛责于他。我们指出这一点，主要是为了总结古人认识和思维过程中的经验教训，为我们今天正确认识名实关系提供必要的借鉴。但宋钘对普遍概念和个别概念的区分，以及概念是主客观相统一的思想是十分合理的，应当给予充分肯定。

2. 名实一致的原则

宋钘认为，正当的名必须与客观事物的实和形相符合，从逻辑的意义上来说，名的内涵和外延必须与相应事物的实或形相一致。他在《管子·心术上》中明确地说："言不得过实，实不得延名"。只有与客观事物的实或形相一致的名才是正当的名，宋钘将这种名叫做"正名"。名与实或形不相一致，名实不相符或与实不相应的名，宋钘叫做"奇名"。正名的内涵与外延都正确地反映了客观事物的实或形，所以是正当或正确的概念；奇名则与事物的实或形不相符，所以是不当的概念或错误的概念。宋钘区分正名和奇名的根本目的，就是要说明"循名责实"的原则。他说："正名自治之，奇身名废。"（《管子·白心》）这句话的意思就是，人们只要运用正名去规范和治理事物，自然就会达到目的；如果运用奇名去规范和治理事物，不仅难以达到目的，还会导致混乱，所以必须废弃奇名。可见，只有循着正名去责实，才能达到治理天下万物的目的。其根本原因就在于，正名是名实相符、主观思维与客观实际相互一致的正确概念。圣人之所以是圣人，就在于他能依据正名来裁定事物，治理事物，从而使天下实现大治——"凡物载名而来，圣人因而财之，而天下治。实不伤，不乱于天下，而天下治。"（《管子·心术下》）"循名责实"不仅要循"正名"，更重要的是"循名责实"的过程中要做到"实不伤"，即不能违背客观实际，用主观臆想去代替客观事物的实际状况，这样才可以"不乱于天下"，实现天下大治。实际上，宋钘提出了治理万物、治理天下的实践准则，即不能违背客观实际和客观规律。宋钘进一步提出了"应""因"之术，也就是"以物为法"的原则，这是他对名实一致原则的进一步发挥。

3. "以物为法"的"应""因"之术

宋钘坚持客观事物的实与形是名或概念的基础，认为必须做到名实一致和名实相符。那么，怎样才能做到这一点呢？宋钘具体回答了这个问题。他认为，要做到名实一致和名实相符，就应该在处理名与实、名与形的相互关系时，运用"应""因"的方法。对于"应"的方法，宋钘是这样加以说明的：在为事物确定名称或制定概念时，应当从事物的实际情形出发，使事物的名称或概念能如实地反映事物的本来面貌。"姑形以形，以形务名"（《管子·心术上》），宋钘的这一思想鲜明地体现了古代朴素唯物主义的观点，是对邓析名辩思想的进一步深化和发展。

宋钘将"应"视为名得以形成的首要条件，把"应"的方法称为"应之道"。他说："执其名，务其应，所以成之，应之道也。"（《管子·心术上》）这就是说，要正确地解决名与实、名与形的矛盾，必须紧紧把握名或概念是事物的实或形的反映这个本质，坚持从事物的实际情形角度来说明和把握它，而不应将人们自己的主观臆想和愿望强加于它。所以"不言之言，应也"（《管子·心术上》）。"不言之言"，就是"应"。唐代学者房玄龄认为，宋钘这句话的意思就是："言则言彼形耳，于我无言。"（《管子补注》卷十三）房玄龄的这个解释，确实抓住了宋钘关于"应"的方法的实质。

简言之，所谓"应"的方法，就是不能将自己的主观臆想或愿望强加于客观事物，力求客观准确地用名或概念来反映和把握事物。所以，如果贯彻了"应"的方法，就能实现名实相符、名实一致。"应"的实质就是所谓的"以物为法"。这一点，在宋钘关于"因之术"的论述中得到了进一步的阐释和发挥。

宋钘对于"因之术"的论述，主要有以下四个方面的内容：

第一，"因也者，无益无损也"（《管子·心术上》）。"因"就是人作为认识主体，在反映客观事物时，要从客观事物本来的实际情形出发，既不增加什么，也不减少什么，而应原原本本地把握它。

第二，"因也者，舍己而以物为法者也""因也者，非吾所顾，故无顾也"（《管子·心术上》）。"因"也就是要遵循客观事物的根本法则，以事物的实际情形作为检验名或概念是否妥当和正确的准则。名当，则为"正名"；名不当，则为"奇名"。所以，要做到"名当"，首先就应摒弃一切主观成见，不要将自己的主观臆想或愿望强加于客观事物，这样才能把握和正确反映事物的实际情形和根本法则。反对以自己的主观愿望来取舍事物，这就是"无顾"的含义。

第三，"因者，因其能者，言所用也"（《管子·心术上》）。"因"就是根据事物自身的功能并结合其他实际情况来说明和发挥它的作用。所以，君子在治理万物时，似乎只起一种配合事物的作用，这种配合就是适应，就好像影子与形体相似、回响与发声相随一样。宋钘强调要适应事物，一方面是受了道家"无为"的思想影响，"无为之道，因也"（《管子·心术上》）；另一方面则是为了说明客观事物有其自身内在的规律，人们的行为不能违背这个客观规律。显然，宋钘的这种观点忽视了人的主观能动作用，带有消极被动的机械论的色彩。

第四，"以其形，因为之名，此因之术也"（《管子·心术上》）。"因"的方法，从根本上来说，就是根据事物的实际情形来为其确定名称和制定概念。事物是什么样，就给它定个什么名。客观事物是多种多样的，因而它的名称或概念也就各不相同、多种多样。

宋钘关于"因之术"的思想，是对邓析"因用"观点的发展，极大地推进了名家的名辩思想，对后来的公孙龙等名家代表人物产生了很大的影响。

宋钘以"道"为本体的形名思想，是名家在战国时期的第一个较完整的理论体系。从名家思想发展的过程来说，它是从邓析到惠施、公孙龙思想发展的一个中间环节。具体说来，宋钘对名家思想的发展作出了以下几个方面的贡献：

首先，深化了对事物之名亦即概念的分析，对普遍概念和个别概念作出了初步的区分，并对概念的内涵和外延问题作了较深刻的研究。

其次，深入地阐述了"心之术"即思维方式和思维方法的问题，具体分析了心或思维的作用，提出了较系统的唯理主义的思维方式理论，这对后来的各家学说都产生了十分重大的影响。

再次，深入阐发了"以物为法"的形名论和名实观。宋钘提出的"舍己以为法"的根本原则以及坚持客观法则的"应""因"之术，不但是对战国名辩思潮的重要理论贡献，而且对后来的名、法、儒、道等各家思想流派都产生了相当大的影响。

最后，通过对道家的最根本范畴"道"的改造，自觉地为自己的名辩理论奠定了本体论基础，这在战国名家思想的发展中是一个重要的创举，对后来整个战国时期的名辩思潮以及名家思想的发展产生了重大的影响。

当然，宋钘的名辩思想也有其重大的缺陷。这种缺陷最主要的表现就是他过分地强调了心或理性的作用，忽视了感性经验的作用；他深受道家"无为"思想的影响，显示出一种忽视人的主观能动作用的消极被动的倾向。

形名法术

尹文的名辩思想与其老师宋钘基本一致，但同时也在名辩理论的许多重大问题上进一步发展和深化了宋钘的思想。从现存《尹文子》一书来看，尹文的名家特质表现得比宋钘更为鲜明和突出。大概正是因为这一点，《汉书·艺文志》将尹文列为先秦名家第二人的位置，将其看作战国时期名家的重要代表人物和思想先驱。

关于现存《尹文子》一书，如同其他先秦名家著作一样，也存在着一个有关真伪问题的争论。说其真者有之，说其伪者有之，说其真伪掺杂的亦有之。我们与多数学者一样，认为《尹文子》可以作为研究尹文名辩思想的原始资料。这一点，可以从《尹文子》中阐发的名辩思想与宋钘《心术》等四篇的理论实质基本一致得到证明：《尹文子》的名辩思想与《心术》等四篇一样，也是将"道"作为其本体论基础，此其一；《尹文子》同《心术》等四篇一样，也坚持了"以物为法"的客观原则，主张"以形定名"和"以名正形"，此其二；《尹文子》与《心术》等四篇一样，在名实的相互关系上坚持了名实必须相符与一致的原则，此其三；从思想渊源上来说，《尹文子》的名辩思想和《心术》等四篇一样，与邓析的名辩学说的内在的承继关系是十分明显的，此其四；从基本概念的理解与运用上来说，《尹文子》与《心术》等四篇也基本一致，此其五；就思维方式和方法来说，《尹文子》与《心术》等四篇一样，也表现出唯理主义的特点，此其六；还有，《尹文子》与《心术》等四篇一样，突出地表现出了兼容名、道、儒、法诸家思想的特点，而且其名辩思想的根本目的与《心术》等四篇一样都是为了其社会政治理想服务，表现了鲜明的人文主义倾向，此其七。从上述七个方面的共同点可以看出《尹文子》与《心术》等四篇之间存在着明确的师承关系。由此，我们也可以进一步断定《管子》中《心术》等四篇以及《尹文子》同属宋尹学派的思想文献。

当然，《尹文子》与宋钘《心术》等四篇著作也有不同之处，这主要表现在《尹文子》更注重对名辩理论的阐发，在名辩理论的一系列重要问题的研究上要比《心术》等四篇更深入、更具体、更细致；而且受孔子"正名"思想的影响更大一些。但从思想实质上来说，《尹文子》与《心术》等四篇基本是一致的，这是无可否认的。下面，我们就对《尹文子》中的名辩思想作一具体分析和评价。

"大道无形，称器有名"

同宋钘一样，尹文也深受道家思想的影响，他将"道"看作名辩理论的最高范畴，区分了抽象的范畴"道"与具体概念"名"，同时还认为至上的"道"是治理国家的最重要的方法。

尹文认为，"大道无形，称器有名"（《尹文子·大道上》）。至上的"道"是万物遵循的根本规律，所以作为表述这个规律的范畴"道"，与表述具体事物的"名"是不同的。从本质上说，"道"是形而上的，"名"则是表述形而下的具体器物的。这也就是人们所说的"形而上者谓之道，形而下者谓之器"（《易经·系辞上传》）的道理。形而上的"道"是无形的，所以不可用"名"来表述；形而下的器物则有具体的形体，所以可以用"名"来加以表述。"大道不称，众有必名，生于不称，则群形自得其方圆。名生于方圆，则众名得其所称也。"（《尹文子·大道上》）"道"是万事万物得以产生的总根源，又是万事万物的总规律，所以"道"这个范畴并不是有形的器物所产生的，也不能用来表述具体的器物。万物则生于无形的"道"，它们各具其形象，各具其特有的形体，由此也就产生了各自的名称。从上述尹文关于道、形、名三者相互关系的论述可以清楚地看到，他的形名理论与宋钘的一样，不但将"道"作为本体论基础，而且也贯彻了以物为法的基本原则。

尹文不仅将"道"视为名辩理论的最高范畴，还进一步将它看作治理国家的根本法则。他说："大道治者，则名、法、儒、墨自废；以名、法、儒、墨治者，则不得离道。"（《尹文子·大道上》）尹文虽属名家，但其整个学说是建立在"道"这个本体论基础之上的，可见他与宋钘一样，深受道家思想影响。所以在他看来，名、法、儒、墨等诸家思想均缺乏"道"这个本体论基础，都没有认识到"道"是治理国家的根本法则，所以它们都不足以用来治理国家。如果要用它们来治理国家的话，也不得离开、更不能违背"道"的根本法则。

由尹文的这种说法来看，似乎他将道家思想抬高到了无以复加的地位，是一个不折不扣的道家信徒，因而有人据此认为尹文是道家人物，而非名家人物。其实，尹文和宋钘对"道"的理解与道家是不同的，二者有着本质的差异，这一点，我们已在论述宋钘思想时多次说过。在这里，我们也可以清楚地看到，尹文所说的"道"与老子那种神秘的、精神性的"道"有着本质的差别。他说的"道"，是作为万物基本规律和法则的道；他强调治理国家要遵循"道"，就是要遵循客观的法则。另外，老子的道论在本质上是"无名论"，尹文则在"道"的基础上建立起了自己完整的"形名论"，这与老子以及整个道家的思想是有原则差异的。所以，不能仅凭尹文强调"道"的作用，就将其划入道家的范畴，否认其名家的特质。

尹文同宋钘一样，其学说综合了道、儒、墨、法等诸家思想，所以他的名辩理论既汲取了道家关于"道"的学说、墨家"取实予名"的思想，又汲取了儒家的"正名"思想以及法家"法、术、势"的理论。但尹文名辩思想的实质，就是要通过名实之辩，达到治理国家这一根本目的，而这正是名家学说的本质之所在。不过，尹文上述思想，更体现出了其名家学派中人文主义一派的基本特征。所以，我们不能因为尹文强调了"道"的重要，就说他是道家，也不能因为他强调了"以形定名"，而这与墨家"取实予名"的观点相一致，就说他是墨家，如此等等。

"国色，实也；丑恶，名也"

尹文从宋钘"以物为法"的思想出发，认为事物的实和形是客观存在的东西，名则是对事物的实和形的称谓，所以客观事物的实和形要比名更根本，是决定名的东西，名则取决于实与形，并受实与形的制约。"名也者，正形者也。"（《尹文子·大道上》）这就是"名"的实质。

尹文认为，名既是对实与形的称谓，就必须同实与形相符合，而不能因名而失实，使名实相背离。他用齐宣王好射的故事对这个道理做了形象生动的说明：齐宣王非常喜好射箭，爱听别人奉承自己能拉强弓，其实他使用的弓不过三石。齐宣王为了证明自己力量大，就让他的大臣也试着拉一拉，大臣们个个都拉到一半就放下了。他们奉承齐宣王说："这弓至少有九石，除了大王还有谁能拉得动呢？"宣王听了非常高兴和得意，以为自己能拉得动九石的弓，而事实上他使用的弓不过三石而已。尹文通过这个故事说明："三石，实也。九石，名也。宣王悦其名而丧其实。"（《尹文子·大道上》）这就是名实不相符，名实相背离。因此，决不应像齐宣王那样只图虚名，脱离实际。

尹文认为，名作为对客观事物的称谓，作为一种逻辑概念，是主观的东西。所以，事物的实和形并不以人定的名称为转移。正因为如此，除了像齐宣王那样因名而丧实的情形之外，还有违名而得实的情形存在。尹文用另外一个故事说明了这个道理：

齐国有个姓黄的老头，为人十分谦卑，甚至谦卑得过了头。他有两个女儿，都是倾国倾城的绝色佳人。虽然两个女儿长得太美，但黄老头经常在别人的面前说自己的女儿长得很丑，以表示自己的谦卑。结果使女儿的丑名远播，以至于她们过了出嫁的年龄也没有人敢来聘娶。

卫国有个死了老婆的人急于续娶，于是十分冒昧地娶了黄老头女儿中的一个，结果发现她的容貌十分出众。这人便对别人说："黄老头好谦虚，所以丑化了自己的女儿，实际上她们长得很美。"这话一经传出，人们纷纷上门求亲，果然发现黄老头另一个女儿也是绝色佳人。

尹文通过这则故事得出了结论："国色，实也；丑恶，名也。此违名而得实矣。"(《尹文子·大道上》)这就是说，实并不以名为转移。黄老头的女儿长得很美，这个客观事实并不因为黄老头说她们长得丑而改变。卫国的鳏夫没有害怕黄老头的女儿丑名远播，而冒昧地娶了其中的一个，结果得了一个绝色美人，这就是违名而得实的典型事例。实际上，这也是名实不相符的一种情形。黄老头以丑之名来表述美人之实，就是使名违背了实，从而使自己的女儿差点儿嫁不出去。这说明，名实如不相符，必然会导致不好的后果。

总之，尹文关于名的实质的观点，体现了朴素的唯物主义的基本原则，表明了墨家"取实予名"思想对他名辩理论的深刻影响。

"好牛""好人""好马"

在先秦诸家名实学说中，是名家尹文首先对名进行了分类，这是他对先秦逻辑思想的重大贡献。

尹文在《尹文子·大道上》中将名分为三类：第一类是"命物之名"，如方、圆、黑、白等称谓有形之物的概念；第二类是"毁誉之名"，如善、恶、贵、贱等政治、伦理方面的概念；第三类是"况谓之名"，如愚、贤、爱、憎等心理情感方面的概念。严格说来，尹文对名的分类并没有依据严格的逻辑分类标准，因此并不完全合理。但他大致地将名亦即概念分成抽象概念和具体概念两大类，是具有合理因素的。尹文所说的"命物之名"大致相当于具体概念，"毁誉之名"和"况谓之名"大致相当于抽象概念。在尹文看来，"有形者必有名，有名者未必有形"（《尹文子·大道上》）。也就是说，具体概念即"命物之名"是用来表述有具体形体存在的客观事物的，如黑、白、方、圆等就是对具体事物的颜色和形体的称谓。而抽象概念，也就是尹文所谓的"毁誉之名"和"况谓之名"，则不是对有具体形体存在的客观事物的称谓，也就是说抽象概念并没有具体的客观事物与之相对应。如善、恶、贵、贱、贤、愚、爱、憎等只是对人们的行为或心理情感的评价性称谓，所以具有抽象性质。尹文对名的分类与宋钘在《心术》篇中关于名的分类是一致的。

尹文还通过对"好牛""好人""好马"等概念的深入分析，进一步对名的分类作了阐述，说明了"形名相离"的道理。他说："语曰：'好牛'，又曰：'不可不察也'。好则物之通称，牛则物之定形，以通称随定形，不可穷极者也。设复言'好马'，则复连于马矣，则'好'所通无方也。设复言'好人'，则彼属于人矣。则'好'非'人'，'人'非'好'也。则'好牛''好马''好人'之名自离矣。"（《尹文子·大道上》）这段话的意思是：人们说"好牛"，"好"是通称，"牛"则是确定的物体，用通称来说明确定的物体是不可穷尽的。再如，人们说"好马"，"好"又与"马"相互联系在了一起，可见，"好"所通用的范围是无法限定的。假如人们又说"好人"，"人"也不等于"好"。可见，"好牛""好马""好人"这些名本身就是由相互分离的"通称"和"定形"这两部分组成的。

以现代逻辑学的观点来看，尹文所谓的"通称"是普遍概念。普遍概念可以用来说明同类事物中任何一个个体，其原因就在于普遍概念的内涵是该类事物中每一个个体都具有的。所谓"定形"，就是指表述具体事物的单一概念，也就是具体概念。普遍概念也可说是抽象概念。如这里所说的"好"，就是具体概念"牛"的一个属性。同样，它也可以是"马""人"等具体概念的属性，所以它是一个抽象概念。

尹文天才地看到了普遍概念与单一概念、抽象概念与具体概念的联系与区别。一方面，"通称"亦即普遍概念或抽象概念与"物之定形"亦即单一概念或具体概念是密切联系着的。如"好"这个"通称"是用来表述"牛""马""人"这些"物之定形"的，是"牛""马""人"这些"物之定形"的一个属性，它们具有内在的统一性。另一方面，抽象与具体、普遍与单一又是相互对立的。作为抽象概念和普遍概念的"好"可以存在于不同的单一和具体的对象之中，例如"牛""马""人"等"物之定形"都可以具有"好"的属性，这些具体对象因为具有"好"这个抽象概念而似乎具有独立自在的性质，可以与具体对象相脱离而单独存在了。

实际上，任何一个具体对象或"物之定形"，都是一个由多种属性组成的复杂统一体，如"人"除了可具有"好"的属性之外，还可具有"善"的属性、"胖"的属性、"健康"的属性等。所以，具体对象的一个属性并不能代表其整体，而只能代表这个整体的一部分。从这个意义上说，"人"并不等于"好"，"好"也不等于"人"。由此也可推出："好"不等于"牛"，"牛"也不等于"好"。这样，作为"通称"的"好"就与作为"物之定形"的"牛""马""人"相互分离了。

尹文从名的分类入手，进而导出了"名形相离"的观点，是对宋钘关于名的分类思想的进一步深化和发展。他对概念的分析较之邓析、墨子更为深入和具体，将先秦名辩理论推进了一大步。尹文的这一理论贡献是应给予充分肯定的。

尹文的"形名相离"的观点，对后来名家公孙龙一派的思想产生了十分重大的影响。尹文这种"形名相离"的观点，后来就被公孙龙发展成为"形非色，色非形"以及"白马非马""坚白石离"的系统名辩理论了。班固正是据此揭示了尹文与公孙龙之间的内在联系。他在《汉书·艺文志》中说，尹文"先公孙龙"。可见，正是尹文为战国中期以后"白马非马""坚白石离"等名家重要名辩理论提供了直接的思想来源。

长子名"盗"，次子名"殴"

虽然尹文认为，名是由实所决定的，是受实所制约的，但他也看到了名对人们的实践具有巨大的影响作用，也看到了名对实所具有的能动的反作用。

尹文认为，名的根本作用就是人们用来区分彼此、核查虚实。"名称者，别彼此而检虚实。"从古至今，对名运用得当的人都获得了成功，运用不当的人则都遭到了失败。所以，对名的运用一定要得当，否则就会因名的混乱导致对实的认识的混乱，进而导致实践活动的失败。但在实际生活中，人们往往认识不到这一点。尹文讲了这样两个故事：有一个庄里老丈不懂命名道理。他给自己的大儿子起名"盗"，给二儿子起名"殴"。有一天，盗出门办事，老丈突然想起有些事忘了交待，于是跟着追了出去，一面追、一面喊："盗！盗！"道旁的官吏听到后，以为老丈遭劫，就追上去将盗捆了起来。老丈急了，就想让二儿子殴来向官吏解释，但由于心里着急，嘴里只喊着："殴！殴！"官吏以为是老丈要他们殴打强盗，便痛打起盗来，差点儿将他打昏过去。这就是由起名不慎导致名实混乱所造成的恶果。

还有一个老头，生性好客，喜欢与人交际，所以平日里来他家的客人很多。有一天，他突发奇想，给家的侍僮起名叫"善搏"，又给自家的狗起名叫"善噬"。这"善搏"和"善噬"的名字一传开，三年竟然没有一个客人敢来登老头的家门。老头觉得很奇怪，但百思不得其解。他就向别人打听究竟是什么原因使得客人不敢登门。别人就将原因告诉了他。原来，因为他的侍僮叫"善搏"，人们就以为他家的侍僮好打架；他家的狗叫"善噬"，人们就以为他家的狗好咬人。这样一来，还有谁再敢来登门呢？老头知道原因之后，赶快给自家的侍僮和狗改了名字，于是他家的客人又多了起来。这个故事也说明名在实际生活中的重要作用。名是人们在社会生活实践中约定俗成的产物，是社会交往的重要手段，什么名就应指什么实，是不能随意更换的，否则就会造成实际生活的混乱。上述故事中的好客老头一时突发奇想，随意更换侍僮和狗的名称，就给正常的社会交往造成了很大的障碍。

上述两则故事说明的都是名在日常生活中所起的重要作用。尹文认为，在政治和伦理范围中，名的作用就更为重要了，因为这关系到国家的法律是否确当、赏罚是否严明，而这是关系到国家能否得到有效治理的大问题。在日常生活中，名是否确当产生的影响只涉及某些个人或局部，但在政治和伦理范围中，名是否确当所产生的则是全局性的效应。因此，名是不能不加以明辨的。尹文在《大道上》篇中指出："善名命善，恶名命恶。故善有善名，恶有恶名。圣贤仁智，命善者也；顽嚚（yin）凶愚，命恶者也。"善名指善之实，恶名指恶之实，这是万万不可混淆的。善恶明晰，人们尤其是君主就可以亲近贤能的人而疏远不肖之徒，国家就可以奖励善行而惩罚罪恶。

但在实际的政治和伦理生活中，善名与善之实、恶名与恶之实并不是简单地相互对应着的，它们之间既可以一致，也可以不一致，即名实不相符的情况是普遍存在着的，这充分说明了政治和伦理生活的复杂性。尹文说："今即圣贤仁智之名，以求圣贤仁智之实，未之或尽也。即顽嚚凶愚之名，以求顽嚚凶愚之实，亦未或尽也。使善恶尽然有分，虽未能尽物之实，犹不患其差也。故曰：名不可不辨也。"（《尹文子·大道上》）这就是说，虽然善恶之名应当与善恶之实严格地一致，但如按圣贤仁智等善名去求其实，往往并不能完全吻合；按顽嚚凶愚等恶名去求其实，也往往名不符实。但是，使善名与恶名严格区别开来，即使不能充分反映实际情形，也不会导致太大的误差。所以说，名是一定明辨的。

实际情形确实如此。名与实相符只能是大致的、近似的相符，二者完全相符、完全一致的情况是根本不存在的。我们说孔子是一个大圣人、大贤人，是从他的主要方面来说的，但是细究起来，孔子也未必与圣人、贤人之名的要求完全相符。如他当上鲁国宰相的第七天，就诛杀了少正卯，这件事就充满了争议。再如，我们说某人是一个坏人，这主要是指他确实干了许多坏事，但这并不一定说明这个人就一点好事也没做过。所以"盛名之下，其实难符"的状况是普遍存在的。

尹文认为，名实不完全相符之所以是普遍现象，其根本原因就在于名作为主观对客观反映的结果，很大程度上取决于人的能动作用。名与实相符或不相符主要是由人所决定的，造成名实混乱也是由人的活动所引起的。这说明名对实，或概念对实际的反作用主要是由人的思维和人的活动来实现的。简单地说，名对实的反作用，主要是通过人对名的运用来实现的。明白了这个道理，人们就不会因为善恶之名与善恶之实不能完全相符而随意地混淆善恶的本质区别，更不会背善而向恶。更重要的是，人们明白了这个道理，就会更加了解明辨名词概念的重要性，在生活和行动中正确地使用名词概念。例如，人们特别是君主等执掌国家大权的人明确地理解和掌握了善名和恶名各自的含义，那么在行动上也就会向善而恶恶、惩恶而扬善，这样国家自然就会实现大治了。

尹文之所以强调名的重要作用，目的在于说明"正名"的必要性。"正名"的理论可以说是尹文名辩思想的一个核心内容。

"不论饥饱，不忘天下"

我们在前文说过，"控名责实"是名家的一个重要特征。作为名家重要代表人物的尹文也不例外，他的"控名责实"理论主要是通过他的"正名"学说来体现的。不过，尹文的"正名"学说除受到邓析"循名责实"思想的深刻影响之外，也深受孔子"正名"说的巨大影响。尹文正是在深入总结前人有关学说的基础上，根据社会发展的现实提出了自己的"正名"理论，进一步深化了人们对名实关系的认识。

尹文承继了邓析"循名责实"的思想，他和邓析一样认为，名是由事物的实和形所决定的。邓析讲"按实定名"，尹文则说"以形定名"；邓析讲"循名责实"，尹文则说"以名正形"。所以，邓析和尹文在名实关系问题上都主张名来自实和形，实和形是名的客观基础；另外，名又具有规范实与形的作用，亦即有正实和正形的作用。由此可以看出，尹文虽受孔子"正名"说的巨大影响，但在名实关系问题上，并不像孔子那样否定了名的客观基础，从而将名看成先定的东西。孔子只强调了以名正实这一个方面，而否定了以实定名这个最重要的方面。另外，尹文所说的"名"，与孔子所讲的"名"也有很大的区别。孔子所讲的"名"主要是指"周礼"所规定的名分等级制度的内容，而尹文主要指的是逻辑意义上的概念。从这两个方面来看，尹文的正名学说更接近于邓析而不是孔子。他在综合前人见解的基础上超过了前人，所以不仅超过了孔子，也超过了邓析。

尹文认为，名的最重要的作用就是它能正形。他在《大道上》中说："有名，故名以正形。今万物俱存，不以名正之，则乱。万名俱列，不以形应之，则乖。故形名者，不可不正也。"以名正形，就是用名来规范事物。世上存在着各种各样形态复杂的事物，如果人们不用名去规范它们，就一定造成混乱。反过来说，如果复杂多样的名没有一定的形与它们相对应的话，也会导致谬误。所以，形与名都是不可不正的。以名正形，用名来规范事物，主要的含义就是指名亦即概念对客观事物的实与形具有认识、规定和区分的作用。"名称者，别彼此而检虚实者也。"（《尹文子·大道上》）名或概念是对实和形的表述和称谓，所以一旦人们认识和把握了事物的实和形，万事万物也就得到了相应的规定或区分。同样，万事万物如果有万名与之一一对应，那么万事万物就得到了规范，就会井然有序，不会互相侵杂。从逻辑的意义上来说，"正名"就是要明确概念的内涵和外延，使之与相对应的实或形达到一致。尹文说："名也者，正形者也。形正由名，则名不可差。故仲尼云：'必也正名乎！名不正，则言不顺'也。"（《尹文子·大道上》）既然名有正形的作用，那么名就不可出差错，这也就是"正名"的重要意义之所在。

尹文的"正名"学说除了上述认识论和逻辑学的内容之外，其基本的含义和内容是属于政治伦理方面的，是为维护封建等级秩序服务的。他说：庆赏刑罚，是君主的事；守职尽责，是臣子的事。君主按臣子所建功劳的大小多寡来升迁他们，或按臣子所犯错误的大小来贬黜惩罚他们，所以有庆赏刑罚。臣子慎守其职，尽到自己的职责，这就是守职效能。君主不可参与属于臣子的事务，臣子不能侵犯君主的权限；上下职权分明，不相侵越，就叫作"名正"。这里既可看到邓析"循名"论的影响，也可看到孔子"正名"说的影响。这与春秋以及战国时期许多思想家的观点都有一致之处，没有什么特殊之点。但应当注意的是尹文从这种"正名"说出发所阐述的自己关于政治伦理的一些看法和观点。

尹文说：正名的重要意义就在于能使法律顺畅，应接万物时能使它们相互区分，条理诸事而不使它们相互混杂；受到欺侮而不认为是耻辱，受到推崇而不生骄矜，禁暴息兵，救世之斗；这就是仁君的德政，做到这些就可以做一个好的君主。恪守自己的职责而不发生混乱，谨慎行事而毫无私心，无论饥饱，不变其心，不论毁誉，不改念头，受赏不忘乎所以，受罚也毫不抱怨，这些是臣子的节操，做到这些就是一个合格的臣子。尹文在这里不仅阐述了"正名"这一当时人们普遍关注的问题，同时也将自己的政治伦理主张作为衡量是否"名正"的重要标准，而他所主张的正是《庄子·天下》里所说的"见侮不辱，救民之斗，禁攻寝兵，救世之战"这一宋尹学派的基本观点。尹文将这些主张看作一个好的君主必须实行的德政。同时，他还把"情欲寡浅""不论饥饱，不忘天下"等主张看作一个好的臣子必须具备的节操。这样，尹文的"正名"学说就具有了鲜明的宋尹学派的特色。

鼠肉名"璞"

尹文十分重视概念与语言的相互关系问题。名或概念是通过语言这种物质的外壳表达出来的，所以名或概念与语言是内容和形式的辩证关系。内容决定形式，形式也会反作用于内容。概念与语言的关系也是如此。概念具有普遍性，语言却具有明显的特殊性。同一个概念，在不同的民族、不同的地区往往用不同的语言来表达，有时也会出现语言相同，但表达的概念却大不相同的情况。前一种情况，我们通过尹文所举的一个例子就可以明白了：郑国人把没有经过加工雕琢的玉叫作璞，周国人则把没有经过风干的老鼠肉也叫作璞。有一次，一个周国人怀里揣着鼠肉之璞问一个郑国商人："你想买璞吗？"郑国的商人还以为是玉璞，就回答说："想买。"周国人就掏出鼠肉之璞，郑国商人一看，并不是自己想买的玉璞，而是未风干的老鼠肉，于是就赶快摆手说："不要，不要。"未雕琢的玉和未风干的老鼠肉虽然都叫璞，却相差着十万八千里，这就是由于语言上的差别所造成的概念歧义，概念的歧义又将导致对事物之实的背离。在这个故事里，老鼠肉与玉虽然都叫璞，但含义却并不相同，这就是名同而实异。由此可见，概念与语言虽然密不可分，但在一定条件下，二者也会出现相当大的差异。

尹文提出名与言的相互关系，这在当时是具有十分重要的实际意义的。尹文不仅说明了概念与语词之间并不相同，更重要的是，他说明了同样的名或概念还可以被赋予不同的内涵，所以必须注重对名或概念的语义分析。当然，尹文在这方面并没有更深入地分析，但他这种思想对后来的公孙龙产生了极大的影响，公孙龙名辩思想的一个核心内容就是对名或概念进行语义分析。

"名正则法顺"

在先秦诸子学说中，名与法是密切地联系在一起的。邓析提出的"循名责实"说，就包含着名法统一的思想。《邓析子》中就明确地将名与法紧密地联系在了一起："循名责实，君之事也；奉法宣令，臣之职也。""循名责实，察法立威，是明王也。"孔子的"正名"说，实际上也是一种名法统一论。他说："名不正，则言不顺；言不顺，则事不成；事不成，则礼乐不兴；礼乐不兴，则刑罚不中；刑罚不中，则民无所措手足。"（《论语·子路》）在这里，孔子也明确地揭示了名不正的直接后果之一就是"刑罚不中"。名不正就意味着周礼所规定的名分等级被破坏，就意味着国家的刑罚制度的破坏。刑罚属于法的范畴。宋钘的名辩思想中，也包含着不少关于名与法相互关系的观点。如他在《管子·白心》篇中就认为："名正法备，则圣人无事。"意思就是说，只要国家的名分不乱（名正），法制完备，即使是圣人也没有什么事可做了。宋钘在这里强调的是名正法备的极端重要，并不是说当时的社会已实现了名正法备。相反，正是由于名不正、法不备，才要去努力争取实现名正法备的理想。

尹文直接继承了其师宋钘的思想，提出了"名正则法顺"的理论，具体分析了名与法的相互关系。尹文的名法统一论是他形名思想的落脚点。他的整个名辩理论就是为他的如何治理国家社会，实现天下大治的政治理想服务的。正是由于这个原因，《尹文子》上篇多形名之言，下篇多法术之语。

首先，尹文从名法统一的观念出发，对法也进行了分类。《尹文子·大道上》载："名有三科，法有四呈。一曰命物之名，方圆白黑是也；二曰毁誉之名，善恶贵贱是也；三曰况谓之名，贤愚爱憎是也。一曰不变之法，君臣上下是也；二曰齐俗之法，能鄙同异是也；三曰治众之法，庆赏刑罚是也；四曰平准之法，律度权量是也。"有关名的分类问题，我们在前文中已讨论过，不再赘述。尹文认为法可分为四类：第一类是保持君臣上下这一永远不能移易的名分的法律，这类法是国家社会最根本的法律，是永远不能更改的，所以尹文称之为"不变之法"。第二类是作为能够使全社会的人遵循统一的行为规范的法律。它使人们遵守各自的名分，尽到自己的义务和责任，从而保持社会的正常秩序和社会稳定。由于这类法律要求全社会行为的统一性，因而尹文称之为"齐俗之法"。第三类是有关庆赏刑罚的法律，这类法律就是要使有功者得到奖赏、有罪者得到惩罚，这样就可以将人们的行为纳入国家的规范之中。这类法律是治理天下所有臣民的，所以尹文称之为"治众之法"。第四类是平准之法，是规定律、度、权、量的法律。尹文对律、度、权、量的作用做了这样的说明："人以'度'审长短，以'量'受多少，以'衡'平轻重，以'律'均清浊。"这里所说的"衡"就是上文中的"度"。简单地说，所谓"平准之法"就是关于度量衡的法律，它的根本作用就在于保证国家社会经济生活的正常进行。

尹文从名法统一的观念出发对名与法的分类，在先秦诸家学说中具有很大的独创性，是对中国古代刑名学说的巨大发展。

其次，尹文论证了名与法在社会生活中的互补作用。他说："以'名'稽虚实，以'法'定治乱。"这是尹文对名和法在社会生活中的互补作用的一个概要说明。以名法统一的观念来看，"以'名'稽虚实"就是要用社会的等级名分来核查君臣以及各色人等是否各安其分、各尽其职；"以'法'定治乱"就是要运用法律来治理国家、规范人们的行为，以是否遵纪守法作为衡量国家治乱的一个基本标准。简单地说，名的作用就在于使人们各安其分、各尽其责，法的作用就在于使人们得到明确的行为规范。所以，在治理国家时要努力实现"名正法顺"。如果做到了这一点，国家就达到了大治或"圣人之治"的要求。

"名"确定之后，人们就不会为物而竞争；"分"明确之后，人们就不能循私了。尹文认为：没有竞争，并不是说人们无心竞争，而是因为"名"确定之后，人们就无法去竞争了；不能循私，并不是说人们就没有私欲了，而是由于"分"明确之后，人们的私欲就无法满足了。虽然竞物之心、自私的欲望是人人都有的，但如能使人们达到无竞物之心、无自私之欲，那就是统治者治理有方了。要达到这种治理，尹文认为主要应发挥"正名分"的作用。他引用田骈的话说：天下的男人恐怕没有谁甘愿成天待在家里和妻子厮守在一起，他们都想去各国朝廷游历，这是由于受到利的诱惑，但他们虽游历于各国朝廷，立志想成为卿大夫，却无人敢妄想成为君主，这就是由于受到了名分的限制。彭蒙也说过：野兔在田里，人人都可以去追逐它，抓住它，使它归己所有，这是因为它的名分不定；街市上的鸡和猪虽然很多，但从没有人想得到它们，这是因为它们的名分已定。这些都说明，物多而名分未定的，即便是仁人和智士也会竭力相争；但事物的名分一旦确定，即便是再贪婪、再卑鄙的人也不会去竞争的。可见，"正名分"也就是确定名分，是建

立正常有序的社会秩序所不可缺少的重要环节和手段。"定此名分，则万事不乱也。"（《尹文子·大道上》）

在尹文看来，要达到国家大治，仅仅依靠"正名"这一点还不够，还必须依靠法律的力量。"正名"的作用在于使人明确名分，遵守名分。但实际上明确名分之后，还必须依靠法来规定这种名分，并用法的力量强制人们来遵守这种名分。这是因为名分的确定掺杂了人的主观成分，有人的能动性在起作用。尹文认为，"名"和"分"是有区别的。"名"一方面与实和形相联系，另一方面又与人对"名"的主观态度相关联，这后一方面就是所谓的"分"。他说："名"是属于事物的，即"名"是对事物的实和形的反映，是对事物的称谓；"分"则是属于我的，即是说，"分"是我对"名"的一种主观态度。例如，我爱白而憎黑，喜欢商音而厌恶徵调，喜好膻味而讨厌焦气，嗜好甜味而厌弃苦味。这里所说的黑白、商徵、膻焦、甜苦都是事物的"名"，而爱憎、好恶等都是我的"分"。"名"与"分"的这种区别说明，要确定名分，就必须确定一定的客观标准来作为人们的行为规范，这就是法。所以，人们需要用"度"之法来确定长短，用"量"之法来判断多少，用"衡"之法来决定轻重，用"律"之法来均清浊。概括地说，人们需要用"名"来检验虚实，用"法"来规定治乱，以简单的方法来治理繁杂而使人感到困惑的事情，用容易的方法来治理危险而又困难的事情。总之，"万事皆归于一，百度皆准于法。归一者，简之至；准法者，易之极。如此，则顽嚚聋瞽，可以察慧聪明同其治也"（《尹文子·大道上》）。用法作为判断事物和衡量人们行为的唯一客观准绳，是治理国家最简单易行的方法。如果真正做到了以法为准绳，那么国家自然就得到了治理。这样，尹文就从"正名"学说自然过渡到了他的"法术"学说，揭示了二者内在的统一性，以及它们在社会生活中的互补作用，他的"正名"学说归根到底是为他的"法术"思想服务的。

再次，尹文认为，名法统一的基础是至上的"道"。尹文总结了历代帝王治国之术，认为仁、义、礼、乐、名、法、刑、赏等是五帝三王治理天下所采用的最重要的方法。仁的作用在于引导人们去博爱万物，义的作用在于使人们树立良好的行为准则，礼的作用在于让人们懂得谦恭谨慎，乐的作用在于调和人们的情志，名的作用在于正尊卑，法的作用在于统一人们的言行，刑的作用在于使人们明白帝王的权威并服从这种权威，赏的作用在于鼓励忠臣和贤能之人。可见，这八种治国之术对帝王来说是非采用不可的，而且也得到了人们的普遍称誉，只要按照这八种方法来治理天下，就必定会实现天下大治。如儒、墨、名、法诸家都是从不同的方面和角度来宣扬上述治国之术的。但他们的主张都有片面性，因为他们只看到了这八种治国之术的正面作用，而没有看到它们同时还会起反面的消极作用。对此，尹文作了十分深刻的分析。

他指出：仁虽可以使人们去博爱万物，但也可以使人们产生偏私之心；义虽可以使人们树立良好的行为准则，但同时也可使人变得虚伪；礼虽可以使人们懂得谦恭谨慎，但也可以使人产生惰慢；乐虽可以调和人们的情志，但同时也会使人行为放荡；名虽可以正尊卑、守名分，但也可以引发骄横和犯上的行为；法虽可以统一人们的行为，但同时也会使人破坏名分；刑虽可以使人明白帝王的权威，并服从这种权威，但也可以导致暴虐；赏虽可以鼓励忠臣和贤能之人，但也可能由此而产生纷争。

尹文通过这种辩证的分析，深刻地揭示了人们所普遍推崇的治国之术所包含的矛盾。这说明，再好的治国之术也不是完美无缺的，都会产生正反两个方面的作用。所以，统治者在采用这些方法时必须注意正确地运用，真正懂得这些治国之术的内在道理。"用得其道，则天下治；用失其道，则天下乱。"（《尹文子·大道下》）儒、墨、名、法诸家只看到这些治国之术正面的、好的作用，而看不到其反面的、消极的作用，或只片面强调其中某一种方法的作用，所以他们的学说都不足以用来治理国家，都偏离了治国的根本。

在尹文看来，上述八种重要的治国方法中，最重要的就是名与法，因为仁、义、礼、乐虽不失为重要的治国之术，但这些方法主要属于伦理道德的范畴，在当时诸侯纷争、战乱不止的条件下是很难主要依靠它们来治理国家的。因此，尹文特别重视和强调的是形名法术的作用和意义。

但同时尹文还认为，"道"才是最根本的治国之术。所以他说，用至上的"道"来治理国家，就不再需要儒、墨、名、法诸家的学说，即便是采用上述诸家的学说来治国，也绝不能背弃至上的"道"。名与法虽是最重要的治国之术，但同样不能背离至上的"道"。这是因为，不论是反映事物的实和形的名，还是反映社会名位等级的名，从根本上来说都必须遵循"道"这一根本法则；名与实从根本上来说都产生于至上的"道"，因而"正名"的实质和核心就在于实现"道"的根本要求。

在诸种治国之术中，法的作用与名的作用是密切相联系着的，二者是统一的，运用"正名"的方法来治理国家必须要用法来加以保障。但法的运用同样也要遵循"道"的法则，法同名一样都是为实现以"道"治国服务的。只有以"道"治国的人，才可称为"善人"，也只有以"道"来治国，才能达到"无为而治"。在尹文的心目中，用"道"来治国，实现"无为而治"，才是真正的天下大治，因为这才是"道"的根本要求。

由此可见，尹文的整个刑名法术之学都是以"道"为本体论基础的，他的名法统一观的基础自然也是"道"这一最高范畴了。

第四章 惠施——名家一代宗师

惠施曾做过魏惠王的宰相，主张合纵抗秦。他善于利用敌人之间的矛盾来维护本国的政治安定。

惠施是一位十分博学的学者，当时就有"惠施多方，其书五车"的赞誉。

惠施还是一位杰出的自然科学家，有"遍为万物说"的才能和学识。

本章把惠施放在名家宗师的地位上重点研究，也许对我们全面了解惠施其人更有好处。

惠施是战国中期名家的著名代表人物之一，是先秦名家中科学主义一派的创始者。惠施不仅是一位哲学家、逻辑学家、科学家，还是一位十分著名的政治家。

惠施是一位十分博学的思想家。据庄子说，惠施曾著书五车，但遗憾的是，这些书已全部散佚了。现留存于世的惠施学说只有《庄子·天下》所记述的"历物十事"以及辩者"二十一事"中的某些论题。其中，"历物十事"可以说是惠施哲学思想的一个简要的纲领，记述了他关于自然界的一些基本看法和观点，从中也反映了惠施的逻辑和科学思想。此外，《荀子》《韩非子》《吕氏春秋》《说苑》等重要典籍中也记载了惠施的一些思想和观点。上述材料虽说可以反映惠施生平、事业、思想等各方面的大概，但这些材料毕竟不是惠施本人所著，所以要想完整准确地了解惠施其人及其思想基本上是不可能的。因而根据上述材料对惠施的研究和评论历来众说纷纭，存在着许多重大的意见分歧。因此，对惠施的研究可以说是先秦名家研究中最困难的一个环节。惠施学说的遭遇是先秦名家多舛命运的一个典型例证。

一代名相

与其他名家代表人物相比，惠施的政治地位最高，做过长时间的魏国宰相，而且他还是历史上著名的战国时期"合纵政策"的组织者和实施者之一。鉴于惠施的这种特殊的地位，研究者们历来都十分重视对惠施的生平和政治活动的考察，因为这是直接关系到能否正确理解和评价惠施的社会政治思想以及名辩思想的重要问题。所以，我们在这里也打算对惠施的生平和主要的政治活动情况作一简要的叙述。

惠施生卒年代不详。据许多学者的考证，他生活于公元前370年至公元前310年前后，活了大约60岁。至于他的乡里，说法也颇不一致，主要有宋人说、魏人说两种，这主要是由于惠施一生的主要活动地点在宋国和魏国吧，我们在这里没有必要细究。

惠施的社会出身也是一个颇有争议的问题。大致也有两种截然不同的说法：一种认为惠施出身于平民阶层，另一种则认为惠施出身于"士"阶层。

实际上，关于惠施的社会出身并没有直接的记述材料，人们大都是依据一些间接的材料来进行推测而已。不过，惠施的确曾说过自己是一个"布衣"，认为惠施出身于平民阶层的观点大多是以这话为依据的。持反对意见的则主要依据的是这样两条材料：一是《说苑·杂言》中关于惠施在去魏国谋求相位的路上与船夫的一段对话；二是惠施针对匡章攻击他同吃粮食的蝗虫一样是祸害老百姓的害虫所作的反驳（见《吕氏春秋·审应览·不屈》）。从这些材料来看，能证明惠施出身于"士"阶层的恐怕要算是第一个材料了。

这段话是这样的："梁相死，惠子欲之梁，渡河而遽堕水中，船人救之。船人曰：'子欲何之而遽也？'曰：'梁无相，吾欲往相之。'船人曰：'子居船楫之间而困，无我则子死矣，子何能相梁乎？'惠子曰：'子居船楫之间，则吾不如子，至于安国家，全社稷，子之比我，蒙蒙如未视之狗耳。'"《说苑·杂言》这段话的意思很明确，是说惠施因梁国（即魏国）宰相去世，打算去梁国谋求相位，渡河时不慎落入水中。船夫救起了他，问他打算去哪里。惠施回答说：因梁国现在没有宰相，我打算去那里去当宰相。船夫听后笑话他说：你落在河里都无法解救自己，如没有我救你，你早已淹死了，你还有什么能耐去当梁国的宰相呢？惠施回答说：驾舟行船我不如你，至于说到治国安邦，你与我比起来，只是一只刚出生还没有睁开眼睛的小狗而已。有人据此认为，惠施对船夫这样的劳动人民是十分鄙视的，这说明惠施根本不是出身于平民阶层或劳动人民。其实，这种分析是十分牵强的。从上述那个材料中，我们不难看出，惠施所发的议论是针对船夫笑话他没有能力担任梁国的宰相。船夫的讥讽极大地损害了惠施的自尊，所以他才反唇相讥，同时也力图说明自己具有治国安邦的才能。这并不能说明惠施的社会出身是什么。

至于第二个材料，原文是这样的："匡章谓惠子于魏王之前曰：'蝗螟，农夫得而杀之，奚故？为其害稼也。今公行，多者数百乘，步者数百人；少者数十乘，步者数十人。此无耕而食者，其害稼亦甚矣。'……惠子曰：'今之城者，或者操大筑乎城上，或负畚而赴乎城下，或操表掇以善晞望；若施者，其操表掇者也。使工女化而为丝，不能治丝；使大匠化而为木，不能治木；使圣人化而为农夫，不能治农夫。施而治农夫者也，公何事比施于蝗螟乎？'"（《吕氏春秋·审应览·不屈》），意思是，匡章在魏王面前攻击惠施，说：农夫之所以要杀死蝗虫，是因为它损害庄稼。现在你（指惠施）出行时排场很大，随行者多时有数百乘车辆、数百人步行护卫，少的时候也有数十乘车辆、数十人步行护卫，你不耕作庄稼还这样铺张，这与损害庄稼的蝗虫有什么区别？惠施回答说：在修筑城墙时，人们或者使用大杵在城上捣土，或者背负着畚箕在城下运土，也有人使用标杆来进行计算和测量。像我这样的人就是使用标杆的人。让织丝的女工变成丝，就不能织丝了；让木匠变成木材，就不能加工木材了；如果让圣人变成农夫，也就不能管理农夫了。我是管理农夫的人，你凭什么要把我比作蝗虫呢？

　　对这段话有两种截然不同的解释，关键在于人们对"施而治农夫者也"这句话有着不同的理解。一种意见认为：这句话的意思是"惠施我是管理农夫的人"，可见惠施是出身于以"治农夫"为己任的"士"阶层。另一种意见则认为："治农夫者也"的意思应是"做农夫手里耕作的事"，这表明惠施是在说明自己十分懂得农夫的耕作劳动，因此可以推断出惠施本人的社会出身应该是农民。这两种看法似乎都比较牵强：这里并没有涉及惠施的出身问题。匡章攻击惠施的铺张行为就像害稼的蝗虫，惠施在自我辩护中只表示了对匡章将他比作蝗虫的不满。他说自己是"治农夫者"的意思就是：我惠施本来就是治理农夫的人，你凭什么将我比作残害庄稼的蝗虫？应当看到，他认为自己位居高官，出行讲究一些排场并不是什么过分的事，匡章对此小题大做，并将自己比作损害庄稼的蝗虫，显然是对自己的侮辱。所以，惠施用筑城等事例来证明自己行为的合理性，同时也举例说明了匡章的比喻极不恰当。可见，这段材料说的是惠施已成为魏相后的事，并不能说明他的社会出身，能说明的只是他当时已属于统治者阶层了。

其实，能说明惠施出身的材料，恐怕还得是他自己的陈述。《吕氏春秋·审应览·不屈》记载，魏惠王想将自己的王位传于惠施，惠施力辞不就，并自称："施，布衣也"，怎能称王？"布衣"在古时就是"平民百姓"的意思，但也不一定是指劳动群众，凡是没有当官的都可称作"布衣"。但惠施出身于平民似乎是可以成立的，惠施是从平民一步步登上魏国相位的。

逃离魏国

惠施的政治生涯主要是在魏国度过的，而且主要是在惠王（公元前369—前319年在位）时期。惠施到魏国后，逐渐赢得了惠王的信任，积极参与了魏国一系列重大的军事、政治和外事活动，是魏国统治集团中参与重大决策的核心人物之一。

惠施在魏国政治舞台上十分活跃而且地位十分煊赫的时期，正是魏国由盛到衰的转折时期。春秋后期，晋国分裂为魏、赵、韩三国，史称"三家分晋"。魏国统治者积极进行变法，重用李悝、吴起、西门豹等著名的法家人物，使魏国日益强盛了起来。魏惠王执政以后，魏国还曾在一个时期内称霸于各诸侯国。《战国策》记载，公元前353年，魏军攻占了赵国都城邯郸；公元前344年，魏王还成为逢泽之会的盟主。此后，魏国就开始由盛转衰。魏惠王二十八年（公元前342年），魏再次伐赵，赵与韩联合抗魏，韩向齐国求救，齐国派田忌、田婴为将，孙膑为帅，去救韩、赵二国。在马陵之战中，齐国大败魏国，魏国名将庞涓被杀，太子申也被齐俘虏，十几万军队被消灭，使魏国元气大伤，由此开始衰落。由于魏国由盛到衰的转折正出现于惠施在魏担任宰相之职期间，所以对惠施治魏之成败历来就有不同的评论，而且认为惠施治魏"多事而寡功"的否定性评价一直占据着主导地位。

如《吕氏春秋·审应览·不屈》就对惠施治魏做出了否定性评价："惠子之治魏为本，其治不治。当惠王之时，五十战而二十败，所杀者不可胜数，大将爱子有禽者。大术之愚，为天下笑，得举其讳。乃请令周太史更著其名。"这就是说，惠施治理魏国并没有治理好。因为在魏惠王在位期间，也就是惠施治魏之时，魏国与别国发生战争五十次，其中二十次遭到了失败，惠王的大将和爱子都被别国捉走了。可见，惠施治理魏国的方法是十分愚蠢的，遭到了天下人的耻笑。惠王因此也不得不请求周天子的太史改变了惠施"仲父"的名号。《不屈》篇还继续说道：魏国围困赵国都城邯郸三年都没能攻下来，使士兵和百姓十分疲惫，国家也被搞得很空虚。天下之兵都来解救邯郸之围。老百姓都责难惠施，诸侯也都诋毁惠施。惠王只好向翟翦道歉，放弃了惠施的政策，重新采取了翟翦的谋略，魏国社稷才得以保存了下来。但魏国名贵的宝物都散失于国外，土地也被邻国割去了不少，魏国从此衰落了。显然，《吕氏春秋》将魏国由盛转衰的责任统统加在了惠施的头上。荀子也认为，惠施治魏是"多事而寡功"，所以惠施学说"不可以为治纲纪"。

应当说，上述否定性的评价对惠施是不太公正的。魏国的衰落的确发生在惠施治魏期间，但这并不意味着发生这种情况的主要原因是惠施的治国方略不当。

首先，在惠施担任魏国宰相期间，没有什么证据说明他是魏国发动战争的主谋。特别是作为导致魏国衰落直接原因的伐赵之战,更没有证据说明是出于惠施的谋划。相反,倒有不少证据说明惠施是反对对外发动战争的。如《庄子·则阳》中记载的惠施推荐戴晋人去说服魏惠王中止伐齐,《吕氏春秋·开春论·爱类》记载的惠施所主谋的齐魏徐州之会,等等,都证明了惠施对外政策的主旨是防止战争,与各国友好相处。许多典籍都承认,惠施的基本政治主张是"非攻"和"偃兵"。"偃兵"就是"息兵"的意思。可见,惠施并非魏国发动对外战争的主谋,既非主谋,当然也就不应为战争的失败负主要责任。

其次,魏国的战败和衰落也有其客观的原因。魏国于公元前354年和前342年两次发动对赵国的战争,两次均因齐国出兵救赵而遭到了重大失败,特别是后一次失败更为惨重。其原因就在于赵与韩、齐存在着事实上的反魏同盟。如就魏、赵二国的力量对比来看,是魏强赵弱,但如和赵、韩、齐三国,特别是和齐国这个大国相比,魏国的力量就较弱了,所以一旦齐国参战,魏国的失败就是不可避免的了。尤其是在魏国兵败马陵之后,秦国也参加了齐、赵、韩等国对魏国的征伐,占领了魏地七百余里。在这么多国家的讨伐下,魏国岂有不败和衰落之理?可见,即便是惠施治魏再有方,其失败和衰落都是不可避免的,将魏国的战败乃至衰落的原因统统归于惠施一人,显然是不公正的。

至于《吕氏春秋》所说是由于魏惠王放弃了惠施的政策而采用了翟翦的谋略才使得魏国社稷保存了下来,这话并不可信,因为它无据可考。实际上,倒不如说是魏惠王听取了惠施的劝说和建议,才使得魏国避免了更大的失败和亡国之灾。

《战国策·魏二》记载:魏国在马陵遭到惨败后,惠王召见惠施并告诉他,准备亲率全国之兵去攻齐,以报马陵兵败之仇。惠施当即予以劝阻,认为这样做是极大的错误,因为当时新败,国家元气大伤，既不能守，更无法战。惠施认为，要报齐国之仇，最好的办法就是假意向齐国低头认输，并朝奉齐国，这样必然会引起楚国的愤怒；同时再派人到楚国去游说，挑拨楚齐两国之间的关系，这样就会使养精蓄锐已久的楚去征伐刚刚在战争中受到重创的齐，齐必定会被楚打败。惠施这个计谋的实质就是从魏国新败、元气大伤的实际出发，假意朝齐，以此激起楚怒，利用楚国之手打败劲敌齐国，以此来报马陵兵败之仇，同时也为魏国争得医治战争创伤、休养生息的时间，可以说是当时魏国所能采取的最佳计谋了。所以，惠王听了惠施之计后连连称善，并依计施行。

结果正如惠施所料的那样，楚王看到魏不朝楚而去朝齐，认为这是魏被齐威逼的结果，于是亲率大军伐齐，并在徐州之战中大败齐国。可以设想，如按魏惠王的意愿，在遭受重大失败的情况下，不顾国家元气已大伤的实际，再起举国之兵去伐齐报仇，其后果将会是怎样？很可能就是遭受更惨重的失败，甚至亡国。幸亏惠王听取了惠施的计谋，才避免了这一大灾难，同时还达到了通过新的战争所达不到的目的。可见，事实并不是《吕氏春秋》所说的那样，而是恰恰相反，正是惠施的谋略挽救了魏国。

惠施在魏国政治舞台上活跃了三十年左右，深得惠王的信任和重用，地位十分煊赫，可谓一人之下、万人之上。为了表示对惠施的尊重，惠王将他尊为"仲父"，甚至还一再要将王位让给他。

《吕氏春秋·审应览·不屈》中有这样一段关于惠王向惠施禅让王位的记叙：

惠王对惠施说：前代享有国家的，都是贤德之人。而现在我确实不如先生您，所以我希望能把国家传给先生。惠施表示了谢绝之意。

惠王又坚决请求说：假如我自愿放弃王位，将它传于贤德之人，这样就可以制止人们的贪争之心，所以先生一定要同意我的请求。惠施听了惠王的话后说：如像您所说的那样，那我更不能听从您的话了。您是一个大国的君主，自愿把国家让给别人，尚且可以制止人们的贪争之心，如今我是个平民，虽可享有大国的王位却谢绝了，这样不就更能制止人们的贪争之心了吗？

从这段记叙中，我们可以看到，惠施在惠王的心目中不但是个最有贤德的人，而且是最值得他信任的人。虽然惠王向惠施禅让王位是否出于真心还很难说，但惠王此举表明惠施在他心目中的重要地位是不言而喻的。

关于惠施在魏国任相期间的具体政绩及其所推行的政策，史书中没有详细的记载，但从一些零星的记载中大致可以看出，他基本上继续保持了李悝、西门豹等著名法家人物为魏国确定的治国方针，坚持推行变法政策，进行政治变革。其突出的表现，就是为魏国制定了新的法律，而且这部新法受到了人民的普遍欢迎。惠施将新法献给惠王，也得到了首肯，但由于遭到以翟翦为代表的守旧势力的强烈反对，这部新法没有得以施行（参见《吕氏春秋·审应览·淫辞》），但由此可以看出惠施属于顺应社会发展潮流的革新派。

由于惠施的显赫地位及其所推行的革新政策，惠施必然会引起政治上的保守势力和一部分政见不同者的反对和不满。他们纷纷对惠施发难，攻击他的治国方针和政策。到了惠王的晚年，惠施的地位开始发生动摇。特别是张仪到魏国游说惠王之后，惠施的地位被彻底动摇，以至于被迫逃离魏国。《韩非子·内储说上七术》记载，张仪入魏游说惠王采取联合秦国和韩国去攻伐齐国和楚国的外交方针，惠施则极力主张魏国联合齐国和楚国实现息兵停战，二人产生尖锐的对立和争执。但魏国的群臣都赞同张仪的主张，认为攻打齐国和楚国对魏国有利，没有人为惠施说话。魏惠王果然听信了张仪的游说，认为惠施的意见不对。在联合秦、韩攻伐齐、楚的方针已确定之后，惠施仍竭力劝说惠王改变方针，惠王对惠施说："先生您别再说了，攻打齐、楚对魏有利，这是举国上下一致的看法。"惠施说道："这件事大王您可不能不仔细考察啊。攻打齐、楚这件事如果确实有利，而且现在举国上下都一致认为有利，那么为什么聪明的人这么多呢？如果攻打齐、楚这件事对魏国确实不利，举国上下都以为有利，那么为什么愚蠢的人这么多呢？凡是需要谋划商量的事，都是其中还存在着疑惑的事。疑惑，就是疑虑不定。如果的确存在着疑惑，那么必定会有一半人认为此事可行，另一半人则认为此事不可行。现在举国上下的人们都认为可行，这说明大王您失去了认为不可行的那一半人。劫持君主的人正是要使大王您失去那一半认为不可行的人啊！"惠施力图用"兼听则明，偏听则暗"的道理来说服惠王，但终究没能奏效，结果不得不"易衣变冠，乘舆而走，几不出乎魏境"（《吕氏春秋·审应览·不屈》）。惠施逃离魏国到了楚国，受到了楚王的礼遇，但冯郝向楚王进言，劝说楚王不要接纳惠施，因为这会得罪张仪，建议将惠施送去宋国，楚王于是将惠施送去了宋国。

惠施离魏没几年，惠王就死了，张仪在魏国无法待下去，就返回了秦国。惠施重新回到了魏国。这时惠施仍享有很高的威望，被尊称为惠公，说话仍很有分量。如在劝说太子改变惠王葬期的问题上，群臣的谏说均无效，只有惠施才使得太子心悦诚服地改变了主意。这件事记载于《吕氏春秋·开春论·开春》之中，原文的大意是这样的：

惠王死后，预定的葬期临近时，天降大雪，地上的雪深得几乎能埋住牛的眼睛。群臣们都劝谏太子改变一下葬期，他们说："雪下得这么大，如果一定要举行葬礼，不仅百姓们会感到十分困苦，而且国家的费用也恐怕不够，所以请求您把日期推迟，改日安葬。"

太子说："做子女的，如果因为百姓劳苦和国家费用不足的原因就不举行先王的葬礼，这是不义的。你们不要再说了。"群臣们都不敢劝说，就把这件事告诉了当时任宰相的犀首。

犀首说："我也无法去劝说，能做这件事的恐怕只有惠公了，我去告诉惠公。"惠施听了后，答应去劝说太子改变葬期。

惠施见了太子，说："前王季历葬在涡山脚下，积水浸塌了他的坟墓，露出了棺木的前端。周文王知道后说道：'啊！先王一定是想看一看臣下和百姓吧，所以才让积水把棺木露出来。'于是就让人将棺木挖出来，设置了祭坛让百姓前来谒见，三天之后才重新安葬。这是文王的义呀！现在安葬先王的日期已经临近，但雪下得这样大，都快埋住牛的眼睛，道路难以行走，太子您坚持按预定的日期安葬先王，恐怕有想早点安葬了事之嫌吧。希望您改个日子。先王一定是想稍做停留以便安抚国家和百姓，所以才使雪下得这样大。推迟葬期另选日子，这正是文王的义呀！像现在这种情况还不改日安葬，岂不是把效法文王当作羞耻了？"

太子听后说道："您说得太好了，我谨奉命缓期，另选安葬的日期。"

这段材料不但说明了惠施的善辩才能，而且也显示出惠施在太子和群臣心目中仍是一个具有重要地位的人物。

魏襄王即位后，魏国与韩、赵、楚、燕等国共同征伐秦国，没有取胜。魏国不想再打下去，就派惠施出使楚国。襄王五年（公元前314年），齐国进攻并大败燕国，襄王又派惠施出使赵国，以便联合赵国共同伐齐而保存燕国。

后来，田需任魏国宰相时，惠施还向他谈了自己一生为政的经验，告诫他一定处理好上下左右人等的关系，否则必将危及自身。《战国策·魏二》记叙了惠施的这段经验之谈。

惠施这段话用今天的话是这样说的："你一定要注意搞好上下右人等的关系，你看那杨树，横栽能活，倒栽能活，折断后栽上仍能活。然而，让十人栽树，一人去拔，就不会有活的杨树了。可见，用十个人去栽种容易成活的杨树却敌不过拔树的一个人，其原因就在于栽树难而拔树易。现在你虽然很得宠于魏王，但如果想除去你的人很多，那么你就一定很危险了。"这是在历史文献中可以见到的关于惠施言行的最后记载，时间在公元前317—前310年间。

杰出的雄辩家

从前文对惠施事迹的叙述中，不难看到他在政治活动中是十分擅长辩说的，这是因为他高居相位，始终处于魏国政治斗争的中心，为了克服来自各方面的阻力以推行自己的政策，为了维护自己在魏王心目中的地位，反击来自反对派的攻击，不但需要相当高超的政治智慧，而且也需要高超的论辩技巧。从现有史料反映出的有关情况来看，惠施不愧为一位杰出的雄辩家，惠施的政治智慧和雄辩才能都是以他十分渊博的知识为基础的。

关于惠施的政治智慧，我们在他劝说魏惠王在马陵兵败后假楚国之手打败齐国的谋略中已有所了解。还有一件事也充分体现出他高超的政治手腕。

有一次，魏王命令惠施和犀首分别出使楚国和齐国，魏王给二人配置了相同的车乘，即让他们以相同的礼仪去上述两国，以便根据两国对使节的礼遇程度来判断它们对魏国态度的好坏。对使节的礼遇程度越高，就表明该国对魏国关系的重视程度和友好程度越高。惠施十分清楚魏王的用意，于是在出使楚国前，就先派人去楚国将魏王的用意告知了楚王。结果，当惠施到楚国都城时，楚王亲往郊外以最隆重的礼节欢迎惠施。惠施这样做的目的，一方面是为了加强魏楚两国的关系；另一方面也是为了显示自己在楚国的影响，以此来加强自己在魏国的地位。这一招，犀首是万万没有想到的。惠施可谓棋高一着。

惠施的雄辩才能突出地表现在他与白圭等人的论辩之中。

白圭是当时的一位名士，他刚来到魏国，惠施前来拜访时就给他大讲了一通如何使国家强大的道理，说得白圭无话应对，对此白圭十分不满。等惠施走了以后，白圭就对别人说道："有人新娶了一个媳妇。按理，新媳妇刚到夫家应当安稳持重、遵守妇规。但这个新媳妇见童仆拿的火把燃烧得太旺，就责怪说：'火把太旺了。'进了门，见到门里有一个土坑，新媳妇就说：'快填上它，它会损伤人的脚。'这些话对她夫家来说虽然都是有利的，但刚进门就这样就太过分了。如今惠子与我新见面，就对我大讲一通，这也太过分了。"

惠施听到这话以后说道："不是这样，《诗》上说：'恺悌君子，民之父母。''恺'就是'大'，'悌'就是'长'。君子的德性既长又大，就可以成为民之父母。父母教育孩子，岂有久等的道理？凭什么要把我比作新媳妇呢？《诗》上难道说过具有恺悌德性的新媳妇吗？"《吕氏春秋》对此评论说：用污秽责难污秽，用邪僻责难邪僻，这样就使责难者与被责难者等同了。

白圭说，惠子刚见到他，就对他大讲一通道理，这太过分了。惠子听到这话后就立刻责难白圭，并自认为可以成为白圭的父母，惠子的错误比白圭所说的太过分还要严重得多。应当说，这么说是不恰当的，它曲解了惠施的原意，因为惠施并没有认为自己可以成为白圭的父母，而是为表示对白圭将自己比作不懂妇道的新媳妇的不满，他将自己比做《诗》中所说的"恺悌君子"而不是"新妇"。他认为，作为"恺悌君子",他完全有理由不必等很久以后再对白圭谈论强国的道理。这里,惠施大概有故意贬低白圭的意思,所以才将自己与白圭比作"恺悌君子"与"民"的关系。此外,恐怕惠施也有让白圭这位名士领教自己才识的用意,所以不等白圭站稳脚跟,就给他上了一课,以免以后白圭危及自己的地位。这也暴露出了惠施还是有其心胸狭窄的一面。所以当听说庄子来魏打算取代自己的相位时,惠施也曾派兵连搜三天,企图抓住庄子以免其危及自己的相位。但从惠施对白圭的反驳来看,他所用的比喻显然要比白圭来得有力:惠施通过引经据典加强了自己反驳的力量,同时也显示了自己要比白圭的知识渊博。惠施将自己比作可以做"民之父母"的"恺悌君子",而将白圭比作"民",还有一种可能就是:白圭在年龄上可能要比惠施小许多,在从政经验上也要比惠施少得多,所以惠施自认为可以在白圭面前以长辈或长者自居,当他听到白圭对自己的不敬之言时,也难免有些生气,因而马上进行了反驳。当然,惠施的目的仍在于告诫白圭,这是十分清楚的。

　　白圭刚到魏国就与惠施的关系不好,上述的争辩就表明了这一点,所以白圭后来没少诋毁惠施。例如,白圭曾在魏惠王面前这样诋毁惠施:"用帝丘出产的大鼎来煮鸡,多加水就会淡得没法吃,少加水就会烧焦而不熟,这大鼎看起来十分漂亮和高大,然而什么用处都没有。惠子的话,就与这大鼎相似。"言下之意,就是说惠施的话虽说得漂亮但没有用处。

　　惠施反驳道:"不然,假如三军将士饥饿了停留在鼎的旁边,恰好找到了蒸饭用的大甑(音zeng,古代做饭用的一种陶器),那么就再没有比这个大鼎更适合需要的了。"惠施这话的意思就是,自己的言论正是有大用而不是无用。惠施巧妙地利用了白圭的比喻反驳了白圭。然而,白圭听后并没有理解惠施的意思,还以为抓住了惠施的漏洞，接着说道："没有什么用处的东西，想来只能在上面放上甑蒸饭用啦！"

白圭这席议论的本意是想挖苦惠施，但恰恰使自己陷入了自相矛盾之中，因为他原本说大鼎一点用处也没有，这时却又承认大鼎还有蒸饭的作用。如再从惠施所说的前提出发，即在三军将士饥饿之时，恰遇大鼎，这样大鼎不但是有小用，而且起了大作用，这岂不是又承认了惠施的言论有大用？

对这个故事，《吕氏春秋·审应览·应言》作了这样的评论：白圭对惠施的评论是错误的，因为他太小瞧魏王了。他说惠子的话只是说得漂亮，但没有什么用处，这实际上就是说魏王把说话没什么用处的人当成了仲父，并当作完美的人了。《吕氏春秋》的这个评论是恰当的，如果惠施的言论真是大而漂亮但毫无用处的话，那么重用惠施的魏王岂不是糊涂之极！

匡章也是魏国的一位重臣，他也曾多次对惠施进行攻击，我们在前文曾引述过他攻击惠施是损害庄稼的蝗虫的言论及惠施的有关辩解。在马陵兵败之后，惠施竭力劝阻惠王起举国之兵以报齐仇，建议惠王假意朝奉齐国，以此来激起楚怒，达到借楚毁齐的目的。惠王听取了惠施的建议。匡章却极力反对惠施这项建议，认为这是"王齐王"，即尊奉齐王为王，是与惠施一贯主张的"去尊"思想相违背的。《吕氏春秋·开春论·爱类》记载，由此引发了惠施与匡章之间的一场激烈争辩。匡章对惠施说："您的学说主张废弃尊位（去尊），而现在您却建议尊齐王为王（王齐王），为什么您的言行如此自相矛盾呢？"惠施答道："假如有这样一个人，在迫不得已的情况下不得不去击打其爱子的头，而爱子的头又可以用石头代替……"匡章插言道："您是拿石头代替爱子之头呢，还是不这样做呢？"惠施答道："我是要拿石头来代替爱子之头的。爱子之头为重，石头为轻，击轻可以使重不受损害，为什么不这样做呢？"匡章又问："齐王用兵不休，攻战不止，目的是什么呢？"惠施答道："齐王这样做的目的，从大处说可以称王，其次可以称霸，现在采用王齐王的政策可以使齐王罢兵，使老百姓延长寿命，避免死亡，这正是用石头代替爱子之头呀！为什么不去做呢？"

这里再次充分体现了惠施善辩的才能。匡章想用"王齐王"与"去尊"的自相矛盾来证明惠施"王齐王"政策的错误，但惠施巧妙地用"石代子头"的比喻说明了采取"王齐王"政策的目的是避免百姓遭受战争涂炭——"寿黔首之命，免民之死"。惠施通过上述论证还得出了国家制定任何政策都必须看它是否对民有利、是否从实际出发的重要结论："利民岂一道哉！当其时而已矣。"从爱民利民的高度来论证自己主张的正确，匡章想来是无法给予反驳的。后来的事实也充分证明了惠施"王齐王"的政策是合乎魏国的最大利益的。

通过以上事例，我们不难发现惠施辩论中的一个重要特点，即他十分善于恰当而巧妙地运用一些比喻来论证自己的观点。这种方法在当时称为"譬"，用现代逻辑的语言来说，叫做"类比"。

惠施善于运用"譬"的方法来进行辩论，这一特点在当时就被人们发现了。于是，就有人就对魏王说："惠子谈论事情十分善譬，大王您如果让他谈论时不要用譬的方法，则他就不能谈论什么了。"魏王第二天见到惠施后就对他说："希望先生谈论事情的时候直截了当，不要再用譬的方法。"惠施对答道："现在有人不知'弹'是什么，于是问道：'弹的形状是怎样的？'如果我们这样回答：'弹的形状就和弹一样。'这样回答问题能使提问的人明白'弹'是什么吗？"魏王说："确实不明白。"于是惠施进一步指出："如果我们这样回答：'弹的形状像弓，以竹为弦'，提问者是否就可以明白了？"魏王说："这样就明白了。"惠施对魏王说道："论证本身就是用对方已知的比喻说明对方所不知的，从而使对方由不知变为知。现在大王让我不要用譬，这是不可以的。"魏王听了惠施论证"譬"的理由后，十分信服，连连说："你说得对，你说的有道理。"（《说苑·善说》）在这里，魏王本来叫惠施谈论事情时不要用"譬"，惠施则巧妙地用"譬"的方法论证了谈论事情不能不用"譬"，说明了"譬"对论证的重大作用和意义。这充分显示了惠施高超的论辩技巧和对类比这一逻辑方法的熟练运用。

值得一提的是，惠施在论证"譬"对谈论事情的重要性时，给"譬"下了一个准确的定义："以其所知，谕其所不知，而使人知之"（《说苑·善说》）。这与《墨子·小取》中对"譬"下的定义："辟（譬）也者，举他物而明之也"是完全一致的。这也说明惠施之所以雄辩、善辩，一个重要的原因就在于他还是一位杰出的逻辑学家。

说到惠施的"善譬"，不能不提到《韩非子·说林上》中记载的惠施的一项事迹。田驷由于欺骗了邹国的国君，使邹君十分恼怒，打算派人杀掉他。田驷对此十分害怕，于是前去请求惠施帮助。惠施马上赶到邹国求见了邹君。惠施问邹君："假如现在有人在拜见国君您时却闭着一只眼睛，您将如何？"邹君答道："我一定要杀掉他！"惠施又问："瞎子两只眼睛都是闭着的，国君为什么不杀他呢？"邹君回答："因为他眼瞎了，不能不闭着眼睛呀。"惠施接着说道："田驷东欺齐侯，南欺楚王。田驷的欺人，就已像是瞎子的闭眼睛了。国君您为何还要恼恨他呢？"邹君听了惠施的话后，就打消了杀田驷的念头。惠施的"善譬"和雄辩救了田驷一命。

惠施的善辩还表现在他与庄子所进行的一系列学术和思想的争论中，这一点将在下文叙述。

非墨非道

惠施被张仪驱逐，由楚到宋后，由于脱离了政界，就使他得以专心致力于学术研究。从《庄子》中记载的有关惠施学术研究的情况来看，他的主要兴趣和研究的重点是在自然科学和自然哲学方面，其中还包括了对逻辑学的高度关注。惠施在名家中一代宗师的地位就是在这一时期的学术研究中奠定的。惠施的学术研究之所以偏重自然而与政治无涉，恐怕是由于自己政治结局悲惨而对政治极度失望吧。

《庄子·天下》可以说是我国最早的一篇关于先秦学术史的论文，它对当时各家各派的主要学术活动和观点都作了概要的介绍，并从道家的观点出发给予了评价。由于惠施和庄子的关系十分密切，所以《庄子·天下》对惠施晚年的学术活动及其主要观点作了较为详细的记述和评论，从这些记述和评论中我们可以基本了解惠施的主要学术活动情况。

《庄子·天下》对惠施晚年的学术活动作了如下意思的记述和评论："惠施的学术活动涉及了许多方面，他所著的书有五车之多。他讲的道理很杂乱，言辞也不确当。惠施仔细研究和分析了万物之理……""惠施天天都运用他的知识与他人辩论，并凭借着这些知识与天下的辩者创立怪说、提出怪论，……南方有个名叫黄缭的奇人，他问惠施天地为什么不坠不陷，以及形成风雨雷霆的原因。惠施不加推辞就给予回应，不加考虑就进行对答。他遍说万物，说个不停，话多得不得了，还自以为说得少，更加上了一些奇谈怪论。他将违反人们普通常识的道理当作事物的实际情形，并想以此来战胜辩论的对手从而求得名誉，因此与众多的人合不来。惠施弱于对德性的追求而强于对事物的研究分析，所以他走的道路是曲折和不对头的。如果用天地之道来看惠施的才能，他所从事的学术活动就像是一只蚊蝇或一只牛虻的劳作，是不值一提的，对于万物根本无用！……惠施将自己的才能和精力分散于对万物的研究而且毫不厌倦，最终只以善辩而闻名。可惜呀！惠施的才能放荡而无所得，追逐万物而不回头，这好比是用提高声调来止住声音在山中的回响，用自己的形体来与自己形体的影子竞走，真是可悲呀！"

《庄子·天下》对惠施思想活动及其成果采取的是轻视和否定的态度，这反映了作为道家一代宗师的庄子与作为名家著名代表的惠施之间在学术观点上存在着巨大的分歧。但这些记述明确地反映出了惠施学术活动的大致情形及其所研究的内容。首先，它说明惠施是一个知识广博、勤于学问的人，他著书也很多。"惠施多方，其书五车"。其次，它说明惠施所研究的是关于自然界客观事物及其现象的道理。他"遍为万物说""逐万物而不反"。再次，它说明惠施以善辩著名，提出了许多超出人们日常生活常识而又十分深刻的科学和哲学道理，具有十分鲜明的名家特质。"以反人为实，而欲以胜人为名，是以与众不适也。""卒以善辩为名。"《庄子·天下》提供的这些关于惠施学术活动的内容对我们深入正确地了解惠施的思想是十分有帮助的。至于它基于道家立场对惠施所作的否定性评价，我们在分析了惠施的思想后再作评论，这样可能会更客观一些。

鉴于全面理解和正确评价惠施思想的需要，我们还必须对惠施的思想渊源作一追溯，因为这一问题直接关系到对惠施学派归属的划分问题。

对惠施思想渊源的看法，历来存在着重大分歧，大致可以归结为这样几种意见：一是认为惠施之学出自墨子学派，惠施是所谓"别墨"一派的核心成员；二是认为惠施之学出自老子学派，是杨朱等人之学的嫡传；三是认为惠施之学出自邓析，是邓析开创的名家学派的杰出代表。

第一种意见最早由晋代学者鲁胜提出，得到历代许多学者的赞同。鲁胜在《墨辩注叙》中指出："墨子著书，作《辩经》以立名本。惠施、公孙龙祖述其学，以正形名显于世。"胡适先生则进一步发挥了鲁胜的见解。他在《中国哲学史大纲》卷上中认为，惠施是后期墨家，亦即所谓"别墨"的主要代表。《墨子》中，《经（上）》《经（下）》《经说（上）》《经说（下）》《大取》《小取》等六篇著名的墨辩逻辑著作的作者并不是墨子本人。这六篇文章的内容倒是与惠施、公孙龙的思想十分一致。由此，胡适先生得出结论："《墨辩》诸篇若不是惠施、公孙龙作的，一定是他们同时的人所作的。"[1]所以胡适先生明确把惠施划入了墨家学派。

第二种意见主要由郭沫若等人所主张。郭先生在他的《青铜时代》一书中指出："杨朱本是老聃的弟子，……惠施、公孙龙之徒本是杨朱的嫡派。"[2]他所列举的理由主要有两点：第一，惠施所主张的"至大无外，谓之大一""泛爱万物，天地一体也"等观点"这却是一派泛神论的断片。而同时从这些学说上便可以断定他是老聃、杨朱的一派"[3]。第二，根据《吕氏春秋·开春论·爱类》的记载，惠施之学主张"去尊"，这也和孟子责备杨朱的学说"无君"相一致。"去尊"译成现代的话，当是无政府主义，老聃、杨朱的学说充其极是应该达

---

[1] 胡适.中国哲学史大纲：卷上.上海：上海书店，1989：187.
[2] 郭沫若.青铜时代.北京：科学出版社，1965：41-42.
[3] 同[2]42.

到这一步的，在这儿也明显地可以看出惠施是杨朱之徒。

第三种意见的最早提出者恐怕要算是荀子了。他在《非十二子》篇中明确地将惠施与邓析并提，认为这二人的思想是完全一致的。此外，荀子还在《不苟》篇中具体指出了惠施和邓析共同的论点，并对这些论点进行了尖锐的批判。此后，在《汉书·艺文志》中，班固也将邓析和惠施划入名家一派。自此，邓析和惠施属名家，惠施思想渊源是邓析的学说，可以说一直是占主导地位的观点。

我们认为，第三种意见是比较符合惠施的思想实际的。惠施之学既不出自墨家，更不是出自道家，而是承继了名家邓析的思想，并在此基础上广泛吸取了各家学说，尤其是墨、道两家的观点，经过惠施本人的加工整理和独立创造，从而形成了独树一帜的观点，即名家学派中的科学主义一派观点。

为什么说惠施之学不出于墨家？

首先，鲁胜说："墨子著书，作《辩经》以立名本。惠施、公孙龙祖述其学，以正形名显于世。"这是认为惠施之学出自墨家的主要根据之一，但鲁胜之论并不完全符合历史实际。根据众多学者的考证，《辩经》即《墨子》书中的《经（上）》《经（下）》《经说（上）》《经说（下）》，加上《大取》《小取》，合计六篇，并非墨子本人所著，而是后期墨家的作品，其创作的年代与惠施从事学术活动的时期大致相同甚至稍后，这已是现在学术界基本公认的事实。因此，鲁胜说惠施和公孙龙之学是对墨子《辩经》的"祖述"即最早的阐述是难以成立的。

其次，胡适将惠施归入"别墨"，认为《墨辩》即上述《墨子》中六篇为惠施、公孙龙所作，更是缺乏根据。至于胡适认为惠施和公孙龙是《墨辩》作者，这只是胡先生的一种推测。从《墨辩》六篇来看，在基本的观点上，它既与惠施、公孙龙有一致的地方，也有截然相反的见解；在许多方面，《墨辩》六篇都对惠施、公孙龙的观点进行了尖锐的批评。可见，《墨辩》六篇并非惠施、公孙龙所著。但惠施及公孙龙对《墨辩》六篇的思想影响是巨大的。

再次，惠施的政治思想与墨家也有差异。胡适先生认为，惠施所主张的"泛爱万物"与墨家的"兼爱"说是完全一致的，由此可见惠施的思想来源于墨家。钱穆先生也持与胡先生相同的见解，认为墨家"爱无差等"的观点与惠施所说的"天地一体"及"去尊"思想是一致的。

实际上，惠施"历物十事"中的第十事，即"泛爱万物，天地一体也"与墨家的"兼爱""爱无差等"等观点存在着重大的差异。

众所周知，墨子的"兼爱"说，其主要含义是要求人们对待别国，要像对待自己的国家一样；对待别人的家，要像对待自己家一样；对待别人的身体，要像对待自己的身体一样。这样才可以做到"天下之人皆相爱"。墨子"兼爱"的实质，就是"交相利"，即反对"亏人自利"，使人们之间的利益兼而为一。

可见，严格地说来，墨子的"兼爱"属于政治伦理的范畴，而惠施所说的"泛爱万物"并非政治伦理方面的观点。惠施所讲的"泛爱万物"是从哲学本体和认识论的意义出发的。在他看来，天地万物具有内在的统一性，有"毕同"的一面，是一个有机的整体，所以要把握天地万物的内在统一性，认识这个有机的整体，就必须对万物都进行广泛的研究。可见，惠施所说的"泛爱万物"的本来意义就是要保持对天地万物的广泛兴趣和爱好，进行全面而深入的研究。惠施的"泛爱万物"与墨子的"兼爱"属于两个不同领域的学说，根本没有可比性。

那么，惠施"去尊"的政治思想与墨家的"爱无差等"是否一致呢？回答也是否定的。"爱无差等"实际上也就是"兼爱"。墨子主张人们之间的爱不应有亲疏、厚薄的差别，也不应有社会地位的高低、阶级的差别。这反映了墨子所追求的一个人人平等的社会理想，其实质是一种不可能实现的"乌托邦"。而惠施的"去尊"只是一种在具体条件下的政治主张，而非一种社会理想。这一点，我们从前文匡章对他这一主张的责难中就可以看出。惠施"去尊"政治主张的具体含义目前尚无据可考，很难给予确切的说明。但从他的一些言论中大致可以推断，他说的"去尊"主要是指国与国之间要保持一种平等的关系，任何国家及其国君都不能将自己的意志强加于别国，使别国臣服于自己。大概正因为他有这种主张，所以当他提出"王齐王"的对外政策时，匡章指责这是与他过去主张的"去尊"相互矛盾的。这种"去尊"的观点显然与墨子的"爱无差等"相去甚远。"去尊"在惠施的政治思想中决不是一种被追求的理想，所以一旦魏国处于危机时，他就可以毫不犹豫地放弃这个主张。

惠施不主张"兼爱"或"爱无差等"，他是一个封建等级制度的积极而坚定的维护者。他明确声称自己是一个"治农夫者"，外出时十分注重派场和声势，以此来宣扬自己煊赫的地位，这些显而易见都是与墨家的主张背道而驰的。

当然，我们说惠施之学不出自墨家，并非说惠施与墨家毫无关系。惠施在逻辑方法，特别是自然科学方面还是受到墨家很大影响的，否认这一点也是不符合历史实际的。

同样的，惠施之学也并非出自道家。

首先，惠施并非杨朱的嫡派。郭沫若先生主要是从惠施与杨朱政治思想的比较中得出前者是后者的嫡派这一结论的。杨朱主张"无君"，而惠施主张"去尊"，从字面上看起来二者确实有相似之处，郭先生由此认为他们都持同样的无政府主义的观点。其实，如我们在前文中对惠施的"去尊"主张所分析的那样，不仅不能简单断定这个主张是所谓的"无政府主义",相反,从惠施极力主张法治,以"治农夫者"自居等等来看,他是一个封建等级秩序的积极维护者。再就惠施本人的政治地位来看,一个位居多年宰相之职的人怎么可能是一个"无政府主义者"?

再从杨朱思想方面来看,杨朱思想的核心是"贵己"说,即主张一种极端的利己主义。在他看来,对自己是否有利是评价一切事物和现象的根本尺度。其"无君"的主张则是这种极端利己主义主张在政治思想上的表现。惠施与杨朱这种极端个人主义的思想相反,他主张"利民",而不是"利己"。从他与匡章关于"王齐王"问题的辩论,以及他晚年劝说太子改变惠王葬期的言谈中都不难看到他"利民"的思想,因而他不可能像杨朱那样从极端的利己角度得出"无君"的主张。由此得出惠施是杨朱的嫡派的结论,显然是难以成立的。

其次,从惠施的哲学思想来看,其基本主张与道家也存在着巨大的差异。主张惠施之学出自道家的学者还以惠施"大一""小一"的观点,证明惠施思想与老子之间存在着内在的一致。实际上,惠施的"大一""小一"的观点与老子没有直接的渊源关系。因为老子虽称"道"为"大",但并没有称其为"大一"。老子确曾论述过"一",说天得到"一"而清明,地得到"一"而生长,君主得到"一"而使得天下安定,等等;然而这个"一"又是由"道"而生的,即所谓"道生一,一生二,二生三,三生万物"。而惠施所说的"大一"和"小一"只是表明"至大无外,谓之大一;至小无内,谓之小一",实际上是给无限大和无限小所下的定义,所以它们与老子所讲的"一"并不是一回事。

但惠施的"大一"与"小一"的观点确有其思想渊源,这就是宋钘、尹文学派。如我们在前文中所引过的《管子·心术上》和

《管子·内业》两篇都提出过"其大无外,其小无内"的观点。《管子·心术上》载:"道在天地之间也,其大无外,其小无内"。《管子·内业》载:"灵气在心,一来一逝,其细无内,其大无外。"这表明了宋钘、尹文对"道"和"气"的基本看法。他们将"道"与"气"都视为物质性的世界本原,认为它们是无限的。惠施的"大一"和"小一"虽是为这二者下定义,但从"历物十事"总体来看,也不能说没有本体的意义。郭沫若先生由于将宋尹学派看作道家,所以将上述宋、尹的观点看作老子一派的观点,并进而推论出惠施的"大一""小一"也是由老子一派继承而来。但正如我们在前文中所分析的那样,宋尹学派属名家,而不属道家。

以上分析表明,惠施之学既非渊源于墨,也非渊源于道。惠施之学既非墨,也非道。惠施之学渊源于邓析,属名家学派。只要我们仔细分析先秦一些重要典籍的记述和评论,就不难得出上述结论。

先看荀子的评论。在《不苟》篇中,荀子列举了惠施、邓析一些主要命题:"'山渊平''天地比''齐秦袭''入乎耳,出乎口''钩有须''卵有毛',是说之难持者也,而惠施、邓析能之。"这些命题与《庄子·天下》的记载基本相同,只有极少差异。荀子对惠、邓政治思想的批判是:"不法先王,不是礼义,而好治怪说,玩琦辞,甚察而不惠,辩而无用,多事而寡功,不可以为治纲纪。然而其持之有故,其言之成理,足以欺惑愚众,是惠施、邓析也。"(《荀子·非十二子》)可见,在荀况看来,惠、邓在基本哲学观点以及政治思想上都是完全一致的。应当说,荀子作为一代名儒,其治学态度相当严谨,他所作的上述记载和评论恐怕不会是没有根据的。

此外,《吕氏春秋·审应览·离谓》《列子·力命》等都说邓析喜欢讲"无穷""无厚",这与惠施所说的"无穷有穷""无厚"等观点都是有着内在逻辑联系的。

再从政治思想上来看，邓析曾为郑国制订过"竹刑"，遭到当时政治保守派的激烈反对。而惠施也曾为魏国制订过法律，同样也受到了像翟翦这样的政治保守派的反对。翟翦甚至学着孔子攻击邓析的思想是"郑声淫，佞人殆"的腔调，攻击惠施制订的法律是"郑卫之音"。这表明惠施和邓析在政治和法律思想方面具有相当一致的地方。

总之，惠施之学渊源于名家邓析等人，但惠施并没有拒绝接受其他各家思想，而是采取兼收并蓄的态度，广泛吸取了各家学说中的许多见解，并根据当时自然科学的发展以及自己对自然的研究，形成了自己独特的科学主义的名辩思想，这在名家学派内部也确实是独树一帜的。

历物十事

《庄子·天下》所记载的惠施的"历物十事"或"历物之意"是这样的十个命题："至大无外，谓之大一；至小无内，谓之小一。无厚，不可积也，其大千里。天与地卑，山与泽平。日方中方睨，物方生方死。大同而与小同异，此之谓小同异；万物毕同毕异，此之谓大同异。南方无穷而有穷。今日适越而昔来。连环可解也。我知天下之中央，燕之北、越之南是也。泛爱万物，天地一体也。"

所谓"历物之意"是什么意思呢？梁启超先生曾对此有一个比较确切的解释："'历'，盖含分析量度之意。'意'，大概也。"这就是说，"历物之意"就是指惠施对世界万物进行分析研究后得出的基本结论。"历物十事"，就是指惠施得出的十个结论。

令人遗憾的是，《庄子·天下》只记载了惠施"历物之意"的十个结论，其论据和论证过程被完全删去了。《庄子·天下》的作者这样做是可以理解的，因为当时《惠子》一书或者惠施的许多著作都广为流传着，所以只要对惠施的主要论点作一记载，并进行简要评论，就足够了。但他或他们没有想到，这样做的结果，竟为后世的人们留下了一道大难题。由于惠施著作失传，人们只能根据遗留下来的与惠施同时或时代相近的一些古籍来对惠施的这十个结论进行解释和理解了。但这样一来，人们的解释和理解就不可避免地充满了歧义。这就像有的学者所形象比喻的那样，惠施的"历物十事"好比是失去了谜底的谜面，人们对它的理解和解释都只是对这个谜语的猜测，永远都不会有对错的标准。所以，我们在这里所做的理解和解释也自然是一个推测而已，其是否合理，这就只有依靠读者朋友自己去评判了。

1. "至大无外，谓之大一；至小无内，谓之小一。"

从字面的意思来看，惠施的这个命题是对"大一"和"小一"所下的定义。就是说，"大一"就是大得没有外边，即大得无边无际。所谓"小一"，就是小得没有内边，是无限的小。用现在的术语来说，"至大无外"就是"无限大"，"至小无内"就是"无限小"。前文说过，宋尹学派也曾提出过"至大无外"和"至小无内"的观念，但他们是用其来说明"道"或"精气"的。惠施并没有说到"道"或"精气"，可见，他对"至大无外"和"至小无内"的观念作了更进一步的抽象，使这一观念具有了数学上"极限"的意义。

惠施用这种观念来解决宇宙论和时空观的问题，就是认为"至大无外"的"大一"即无限的宇宙,"至小无内"的"小一"就是组成世界万物的最小单位,但这个最小的单位仍然是可以分解的,即表现为"一尺之棰,日取其半,万世不竭"之类的无限可分的观念。对于惠施的"大一"是指无限的宇宙这一点,人们似乎没有太大的分歧。但对"小一"的理解就不太统一了。比如有人认为,惠施所说的"小一",实际上就是指原子,因为与惠施大致相同时代的古希腊人就有这样的猜测。也有人说,惠施的"小一"实际上是指几何学上的点,因为这样的点没有面积,是无限的小。我们认为,对惠施的"小一"作上述两种解释都有一定的道理。

但需要指出的是,惠施所说的"小一"并不完全与古希腊人所讲的"原子"相同。古希腊人所讲的"原子",是一种最后不可再分的物质微粒,原子的根本属性是绝对的"充实性",即每个原子的内部都是毫无空隙的、不可穿透的。可见,这种原子观念与惠施所说的"至小无内"的"小一"是有差别的。至于说"小一"是指几何学上的点,这种解释似乎比"原子说"更接近惠施的观念,但将几何学上的点作为"小一"来与无限大的宇宙对应似乎并不合适,因为无限大的宇宙是一种实体的存在,几何学上的点则是一种非实在的抽象观念,尽管它具有客观的依据。惠施将"小一"来与"大一"相对应,恐怕还带有对组成无限宇宙的最小单位的猜测吧!

我们认为,惠施所讲的"大一"和"小一"大概包含着这样三层含义:

其一,是数学意义上的"极限"概念。

其二,是指空间的无限性。这是惠施对当时人们日常观念或宇宙学上的"宇宙有限"论的批驳或怀疑,在他看来,宇宙不论在宏观上还是在微观上都是无限的。这种观念在《庄子·秋水》中也有明确的表述:"又何以知毫末之足以定至细之倪,又何以知天地之足以穷至大之域！"这里，庄子虽是从怀疑主义和相对主义观点出发来说明宇宙空间的大小是无法确定的，但的确也体现了对宇宙有限论的怀疑。惠施则明确认为宇宙空间是无限的，这与庄子的怀疑论是不同的。

其三，是指宇宙作为一种物质存在，不论在宏观还是微观上都是无限的。也就是说，宇宙作为一种物质存在，作为其组成部分的事物在数量上是无限的，是不可穷尽的。这种观念在《庄子·秋水》中也有过表述，庄子借北海之口说：万物的量是没有穷尽的，时间上也是没有止期的。这与惠施的观点基本是一致的。但这在惠施看来只说到了问题的一面，即从宏观上说，由于存在于宇宙中的事物是无穷的，因而宇宙本身也是无限大的。就微观来说，组成万物的最小单位本身也是无限小的，是无限可分的。从这个意义上说，惠施的"小一"要比古希腊人所说的"原子"更接近于现代的原子论。现代的原子论早已抛弃古希腊乃至近代科学中的原子观念，原子并不是不可再分的基本粒子，原子是由原子核和电子组成，原子核则由中子和质子组成，等等。虽然现在已出现了对所谓"基本粒子"这一层次的认识，但"基本粒子"并不基本，其仍是无限可分的。所以又有了所谓"夸克"和"层子"等假说的提出，这些假说虽仍有待于验证，但"物质具有无限可分性"这种观念已深入人心。

因而可以说，惠施的"小一"观念具有极大的合理性，尽管它只是一种思辨的猜测，并没有真正意义上的自然科学作为基础，但这种猜测的确是天才的。

2."无厚，不可积也，其大千里。"

从字面上来看，这是一个几何学的命题。它的意思是说，没有厚度的面是不能累积起来的，然而它的面积可以大至千里。

我们知道，按照几何学的规定，点是没有长短、广狭、厚薄的，但几何学的线则是由这种几何点构成，面是由线所构成的。因此，几何学意义上的面，既没有厚度，也没有体积，但它却有长短和广狭，甚至可以达到千里之大。联系第一个论题，我们可以在一定意义上把这种"无厚不可积也，其大千里"的平面看作由"小一"所构成的。如果仅仅从数学意义上来理解惠施的这一命题，将它看作对几何学"平面"概念的定义，那么可以说这是一个相当科学的定义，完全可以和欧几里德几何学对"平面"的定义相提并论，而且毫不逊色。

然而从先秦许多典籍的记载来看，"无厚"并非只是几何学中的一个问题，它还是一个具有政治意义的问题。"无厚"论最早是由邓析提出的，惠施继承了这一理论，对此我们可以从《荀子》《韩非子》《吕氏春秋》等书中对"无厚"论的评论中明确地看到。《荀子·修身》载："夫'坚白''同异''有厚无厚'之察，非不察也，然而君子不辩，止之也。"《韩非子·问辩》载："坚白、无厚之词彰，而宪令之法息。"这是对"无厚"论的贬斥。荀子认为，君子根本就不去辩论"有厚""无厚"之类的诡辩命题。韩非子则认为，"无厚"论如果盛行，那么国家的宪令之法就会变得无声息了。从韩非子的评论中不难看到，"无厚"论显然是有其政治意义的。邓析的"无厚"论对君王的权威、传统的宗法伦理进行了否定。惠施的"无厚"则主要是从几何学的意义上进行逻辑分析的。二者是有区别的。但惠施是否在别的什么地方谈论到政治意义上的"无厚"论，或者邓析是否在几何学意义上也谈到了"无厚"，就不得而知了。

无论怎么说，荀子、韩非子对"无厚"论的攻击，最起码说明了他们对自然科学的原理知之不多。惠施对平面的几何学定义得到了后期墨家的充分肯定，他们更进一步深入和具体地论证了惠施的思想。如在《墨子·经（上）》中就明确记载："端，体之无厚而最前者也。""端"就是几何意义上的"点",它没有厚度,但又是构成线的起点;线没有宽度和高度,但有长度,也是"无厚"的;平面只有长度和宽度,而没有高度,所以也是"无厚"的。

就从惠施到后期墨家的几何学知识来看,当时中国人的自然科学水平一点都不比古希腊人低,但是却没有创立起欧几里德之类的几何学,也没有发展出德谟克利特之类的"原子论",造成这种状况的原因的确需要我们后人进行深刻的反思和总结。有的学者认为,这是由于中国古代绝大多数的学者走的是一条人文主义的道路,而不是西方走的自然主义或科学主义的道路,这是极有见地的。从这个意义上来说,像惠施这样不顾种种压力而致力于钻研自然科学的人在当时就更难能可贵了。

3. "天与地卑,山与泽平。"

这个命题仍是讲空间问题的,意思是说天和地一样高、高山和湖泽一样平。很显然,这是一个违背人们常识的命题。这是因为,在日常生活中,在人们的直观中,天是高高在上的,而地是被踩在自己脚下的;山是高的,而湖泽是低的,因为水总是往下流,总是在低洼的地方聚集成湖的。但惠施却不盲从于这样的常识,而是提出了相反的见解。那么,惠施的见解是否有道理呢?应当说,其中包含着十分深刻的科学和哲学的道理。

不错,以常识的观点看,山高水低、天高地低。但如果换个角度来看,即从科学的角度去观察,就不一定是天高地低、山高水低了。胡适先生认为,惠施的这个命题似乎已包含着地圆和地动的道理。他在《中国哲学史大纲》中说:"地圆旋转,故上面有天,下面还有天;

上面有泽，下面还有山。"①因为当时的学者已充分知道地圆、地动的科学道理。胡适先生的说法是有根据的。如果不用地圆、地动的科学理论来解释，只凭对自然界的仔细观察同样可以得出"天与地卑，山与泽平"的结论来。如一个人站在一望无际的大平原上向遥远的地平线望去，就会发现在视线的尽头，天与地是相连着的，并没有高下的区别。再如，海拔很高的高原上的湖泽就与平原上的高山一般高，甚至还会高出很多。

惠施的"天与地卑，山与泽平"这一命题包含着十分深刻的辩证法思想。它说明，上下高低的空间位置都是相对的，而不是绝对的，在一定条件下，它们是可以相互转化的。

惠施的这一命题还是对传统宗教迷信观念中"天尊地卑"信条的激烈批判。《易传·系辞传上》中就说："天尊地卑，乾坤定矣。卑高以陈，贵贱位矣。"这就把天尊地卑与社会地位的贵贱联系起来，并看作不可移易的，这显然是命定论的一种理论根据。而在惠施看来，天与地、社会地位的高下等等都是相对的，在一定条件下是可以转化的，这种见解对于打破"天尊地卑"的传统观念是极具启蒙意义的。

有些学者批评说，惠施的这一命题虽有其合理和进步的一面，但也有很大的片面性，因为它否定了在一定范围内天地两者之间高低的差别性，否定了山与湖泽高下的条件性，这样就与否定高低、上下差别的相对主义诡辩论划不清界限，这个命题带有诡辩的性质。这是从常识的观点来看问题。从常识的观点出发来看惠施的命题，当然会得出它是诡辩的结论。

其实，从惠施"历物十事"的整体来看，他的"天与地卑，山与泽平"的命题并没有否定天与地、山与泽空间位置的条件性。作为一

---

① 胡适.中国哲学史大纲：卷上.上海：上海书店，1989：231.

位科学家和自然哲学家的惠施，不可能连普通的常识都不懂。他提出这个命题的根本目的，就在于用科学的观点来证明常识的根本局限，打破传统的"天尊地卑"的宗教迷信观念，所以着重强调天与地、山与泽空间位置的相对性的一面，这是完全可以理解的。因此，将惠施的这个命题判定为诡辩是缺乏根据的。惠施的观点与持相对主义的老庄在基本观点和思维方法上都有着本质的不同，有些学者从老庄的相对主义观点出发来理解惠施，自然会得出不但惠施在这个命题上的观点是相对主义诡辩论，而且惠施的全部思想都是相对主义诡辩论的结论。我们在对下面这个命题的解释中可以更明显地看到这一点。

4."日方中方睨，物方生方死。"

这个命题是说，太阳刚刚升到正中，同时也就开始西斜了；一个事物刚刚出生，同时也就开始了死亡的过程。这个命题表明了惠施对事物运动的看法。对惠施的这个命题，历来有着尖锐对立的不同说法。例如，唐代学者成玄英是这样注释此命题的："睨，侧视也。据西者呼为中，处东者呼为侧，则无中无侧也。犹生死也，生者以死为死，死者以生为死。日既中侧不殊，物亦死生无异也。"他以庄子相对主义的观点来解释惠施的这一命题，认为日中与日睨、生与死本来就是相对的，根本没有什么本质的差别，中本身就是睨，生本身也就是死，反过来也是一样。成玄英的这一解释是不符合惠施的原意的，因为他表述的不是惠施的思想，而是庄子的观点。

古人是这样理解惠施这一命题的，现代的人同样也有这样来解释的。他们与成玄英一样，以庄子相对主义的观点来看待惠施的命题。如侯外庐先生等就这样肯定地说过："所谓相对观点，即以事物的肯定面与否定面平排并列，以事物性质不能有片刻安定的范畴，其所谓

'日方中方睨，物方生方死'云云，即是此义。此二观点，也为庄子所同持。故庄子伤惠施之死，曾说：'自夫子之死也，吾无以为质矣，吾无与言之矣。'"[1]侯先生等认为，"日方中方睨，物方生方死"这二命题为惠施和庄子所同持。那么，我们就共同来看看庄子是怎样说的吧。

在《秋水》篇里，庄子说："物之生也，若骤若驰，无动而不变，无时而不移。"在《知北游》篇里，他又说："人生天地之间，若白驹之过隙，忽然而已。"在庄子看来，运动变化是绝对的、无条件的，事物无时无刻不在变化之中，是瞬息即逝的。例如，人们的一生就像白马跳过一条裂缝所用的一瞬一样，是极短暂的。从这种观点出发，庄子认为事物的生与死根本就没有区别，物"方生方死，方死方生"（《庄子·齐物论》），决不会停留在某一状态。事物因分化而生成，但生成即毁灭，成与毁是同一的、无差别的。"其分也，成也；其成也，毁也。凡物无成与毁，复通为一。"（《庄子·齐物论》）这就是庄子关于事物生死的基本看法。从这里我们不难看出，庄子片面强调了运动的绝对性，而根本否定了事物还有相对静止的一面，是持一种极端相对主义的观点的，这是大家所共认的。但惠施是否也持有和庄子同样的相对主义观点呢？我们的看法是否定的。

惠施的"日方中方睨，物方生方死"的命题，强调的是事物在时间上的运动变化。惠施在这个命题中特别强调和突出了一个"方"字。通过这个"方"字，我们就可以领会到惠施这个命题的用意之所在。这里的"方"是副词，当"正在"或"现在"讲。"日方中方睨"，就是讲太阳刚升到正中时，同时也就开始西斜了。

惠施发现了事物运动中的基本矛盾，即连续性和间断性的对立统

---

[1] 侯外庐.中国思想通史：第1卷.北京：人民出版社，1957：438.

一。自然辩证法的创始人恩格斯曾这样深刻地揭示过事物运动的本质:"运动本身就是矛盾;甚至简单的机械的位移之所以能够实现,也只是因为物体在同一瞬间既在一个地方又在另一个地方,既在同一个地方又不在同一个地方。"①惠施正是看到了在同一个瞬间,正中和西斜是太阳运动中的一对矛盾,也就是看到了事物运动的本质在于连续性和间断性的对立统一,这显然与庄子只承认事物运动的绝对性、否认事物相对静止状态的相对主义是根本不同的。

再看"物方生方死"的论题。理解这一论题的关键与前一论题"日方中方睨"一样,是要把握住一个"方"字。惠施强调的是:一个事物在产生的同时,也就开始走向死亡。生与死是生命运动的一对基本矛盾。

对于这一问题,恩格斯曾有十分精辟的分析。他说:"生物在每一瞬间是它自身,同时又是别的东西。"②因为生物机体内部的新陈代谢运动,在同一瞬间有无数旧细胞在死亡,又有无数新细胞在产生,在这个意义上,生物在一瞬间当然既是它自身又是别的东西。按照辩证法的观点,任何事物从它产生之时起,其内部就包含着否定它自身的因素,因而事物就不可避免地走向死亡。所以恩格斯又说:"生命总是和它的必然结局,即总是以萌芽状态存在于生命之中的死亡联系起来加以考虑的。……生就意味着死。"③事物存在的时候,肯定的因素或生的方面是主导的方面;事物灭亡的时候,否定的因素或死的方面占据了主导地位。实际上,一个事物达到其生命最辉煌、最旺盛的时候,同时也就意味着其内部否定的因素、死的方面开始占据主导地位了。所谓"盛极而衰"说的就是这个道理。惠施这个论题的深刻之

---

① 马克思恩格斯选集:第3卷. 北京:人民出版社,1995:462.
② 同① 462-463.
③ 马克思恩格斯选集:第4卷. 北京:人民出版社,1995:370.

处，就在于它揭示了事物运动过程中生与死的对立统一关系，相当科学地说明了事物运动变化的内在根源。

基于上述分析，可见惠施"日方中方睨，物方生方死"的命题与庄子"方生方死，方死方生"的命题虽在字面上相似，但思想实质根本相反。惠施并没有在强调事物运动性的同时根本否定事物的相对静止状态。他也没有像庄子那样完全抹杀了生与死的本质区别。所以，我们有理由说，惠施的思想体现了古代朴素的辩证观念，庄子则是持相对主义的诡辩论，这就是惠施和庄子在事物运动与生死问题上的本质区别之所在。

以庄子的相对主义去解释惠施的观点，其结果只能是远离惠施的思想实际。在事物运动和生死问题上，惠施的观点与庄子的观点之间的关系，就像古希腊的赫拉克利特与其弟子克拉底鲁的观点之间的差别一样。赫拉克利特有一个哲学史上非常著名的命题："人不能两次踏进同一条河流。"这个命题揭示了事物运动是连续性和间断性的对立统一，因为当人第二次踏进第一次踏进的河流时，河中的水已不是第一次踏进时的水了，这显然是对辩证法原理的一个朴素和形象生动的说明。但是，他的弟子克拉底鲁却十分错误地发挥其老师的观点，认为"人一次也不能踏进一条河流"。因为在他看来，人还没有踏进河流时，河里的水就已不是原来河流里的水了。在他的眼中，万物就像一阵旋风，是瞬息万变的。这显然是一种否定事物运动的间断性和事物相对静止状态存在的相对主义观点。

可见，惠施的观点与赫拉克利特一致，而庄子的与克拉底鲁相一致。

5."大同而与小同异，此之谓小同异；万物毕同毕异，此之谓大同异。"

这一命题表述了惠施的同异观，是讲万物之间的同异关系的。对于这一命题，如同对于其他命题一样，惠施的论证并没有留存下来，但是《吕氏春秋》中的《有始》篇却有类似惠施这一命题的提法，并有所论证和解释，我们不妨借用来理解惠施的这一命题。《有始》篇是这样说的："天地万物，一人之身也，此之谓大同。众耳目鼻口也，众五谷寒暑也，此之谓众异。"所谓"大同"，就是指天地万物为一体，以这种"大同"的观点来看，万事万物如众多的谷物，四季寒暑都只是天地之间的一事物，都具有共同的本质属性，在这个意义上，万物是相同的。如耳、目、鼻、口都只是人体的器官，在这一点上它们的本质属性是相同的，这就是天地万物为一体，亦即"大同"的含义。但事物还有"众异"的一面，即就具体事物来说，它们都是有差异的，有着各自不同的属性。如作为人体器官的耳、目、鼻、口相互之间有着本质的差异，在人体中担负着不同的职能；寒暑和五谷也各不相同。这就是所谓的"众异"。

以"大同"即天地万物一体的观点来看，任何事物都只是天地中之一物，是天地万物这一整体中的有机组成部分，有着共同性或同一性，所以惠施又把"大同"称为"毕同"；反过来，如果将具体事物分开来看，万物又是相异的，存在着区别，惠施将这种万物相异称为"毕异"。所以，惠施明确把"大同异"界定为"万物毕同毕异"。除了"大同异"，还有"小同异"。在惠施看来，如果从"大同"或"毕同"的观点出发来看待万物之间存在的差异，这种差异只是一种很小的差异，所以它是"小异"；如果以"大异"或"毕异"的观点来审视万物之间的共同性或同一性，这种共同性或同一性就只是一种"小同"。概括起来说就是"大同而与小同异，此之谓小同异"，用辩证的观点来解读惠施的这个观点，就不难看出他实际上说明的是：大同之中有小异，小同之中存在着大异；反过来，大异中有小同，小异中存在着大同。

很显然，惠施的这个命题包含着深刻的辩证思想，揭示了同中有异，异中有同，同和异相互包含、相互渗透，并在一定条件下是可以相互转化的。

惠施的这一命题在他的"历物十事"中占据着极为重要的地位，甚至可以说是惠施之学的一个核心思想。故此，有很多后来的学者都将惠施之学称为"合同异"，冯友兰先生更进一步把名家一分为二，称惠施为名家"合同异派"的代表，而公孙龙为"离坚白派"的代表。但对惠施是否主张"合同异"，近年来不断有人提出异议。在这这些学者看来，惠施关于"大同异"与"小同异"的命题，虽然强调的是同与异的相互联系和转化，但并不能由此得出惠施是主张"合同异"的观点的。很多人正是从惠施是主张"合同异"观点的这种看法出发，对惠施的思想进行了猛烈的批判，认为惠施的"合同异"主张完全抹杀了同与异的区别，是宣扬"完全相同"或"抽象的同一""绝对同一"这种形而上学观点的典型代表。否定惠施持"合同异"说的学者就是针对这种对惠施思想的批判而提出异议的。

这里至少涉及两个带有根本性的问题：一是惠施是否主张"合同异"；二是如何理解"合同异"。这两个问题的解决直接关系到对惠施思想性质的判定。下面，我们就来对这两个问题作一简要的分析。

首先，惠施是否主张"合同异"的观点？

认为惠施持"合同异"主张的一派意见，主要是从惠施的"大一"和"万物毕同"等思想推论出他持"合同异"的观点。再就是从先秦典籍关于名家都操"坚白同异"之辩的记载中推论出惠施主要操"同异"之辩,而公孙龙主要操"坚白"之辩。其中,公孙龙持"离坚白"的观点,那么从惠施强调的"大一"和"万物毕同"思想中就自然得出惠施是主张"合同异"了。

持不同看法的学者则认为,从先秦典籍关于惠施的记载中根本就找不到他持"合同异"主张的材料。"合同异"这个术语,"实在也与惠施无关;既非惠施所自标,亦未见后代古籍用之称惠施"[1]。杨俊光先生认为,古籍中关于"合同异"的记述可考见的只有两处。一处是《庄子·秋水》载:"公孙龙问于魏牟曰:'龙少学先王之道,长而明仁义之行;合同异,离坚白……'"再一处是《史记·鲁仲连邹阳列传·正义》载:"《鲁仲连子》云:齐辩士田巴,服狙丘,议稷下,毁五帝,罪三王,服五伯,离坚白,合同异,一日服千人。"从这两处记载中可以看出,《庄子》指的是公孙龙持"合同异,离坚白"的观点而不是惠施。并且这里的"合"字还有误,应按《淮南子·齐俗》中所说"别同异"加以纠正,因为公孙龙是一个明白无疑的"别同异"论者。《鲁仲连子》中所指也不是指惠施,而是指田巴。再者,从惠施的"大一""万物毕同"以及"泛爱万物,天地一体"等思想中也推不出惠施持有"合同异"的主张,因为惠施的"大一""万物毕同""天地一体"等观点确实有强调事物"毕同"的方面;但他还主张万物有"毕异"的一面,所谓"泛爱万物"就是讲,因为物物各不相同,相互不能替代,"爱"一物并不是"爱"万物,才需要特别强调"爱""万物"。

在我们看来,这两种见解都有其合理之处。先从反对意见来看,先秦典籍或后来的古籍的确没有关于惠施持"合同异"主张的记载,

---

[1] 杨俊光.惠施公孙龙评传.南京:南京大学出版社,1992:73.

所以从惠施思想中能否推论出他主张"合同异",的确是一个值得研究的问题。

再从传统的、大多数人所持的赞同意见来看,惠施确有强调"同"的倾向,不论是从他的"大一"还是"万物毕同"或"天地一体"等命题中都可以看到这一点。再说,持这种见解的学者并不都是认为惠施只讲同不讲异。例如,冯友兰先生在他的《中国哲学史新编》中就明确指出惠施所讲的大同和小同自身也都包含有差别,即众异。"惠施认识到,事物之间都是有联系的,就如'一人之身'一样;同时事物之间也都是有分别的,事物自身的同一也包含有差别。"①应当说,冯先生的这种见解是符合惠施"大同而与小同异……"这一命题的原意的。因此,我们认为,如果根据惠施强调了同与异的相互包含、相互渗透、相互联系和转化这一点说他有"合同异"的观点,并不是不可以。但问题的关键在于怎样正确理解"合同异"的实质。

其次是对"合同异"的理解问题。这里的关键在于怎样理解"合同异"的"合"字。古往今来的许多学者之所以对惠施的学说大加斥责,认为它是相对主义和诡辩,就是因为他们认为惠施的"合同异"思想就是通过这个"合"字而抹杀了同和异的区别,因而否认了事物之间质的差别。例如,侯外庐等先生就认为:"所谓'合'的观点,即见共相而不见个体,将事物的差异性完全抹煞,而不知各个事物的质本有其相对安定性,遂陷于相对主义的唯心论。"②这种见解是值得商榷的,因为:第一,如前文所述,惠施虽有强调"同"的倾向,但并没有因此而否定"异";第二,惠施强调了"同"与"异"的联系与转化,但并没有"合"掉"同"与"异"的差别,并没有用"同"吞掉"异";第三,说惠施的同异观陷入了相对主义的唯心论是缺乏根

---

① 冯友兰.中国哲学史新编:第2册.北京:人民出版社,1984:152.
② 侯外庐.中国思想通史:第1卷.北京:人民出版社,1957:419.

据、不符合惠施的思想实际的。

我们认为，从惠施关于同与异的论述中可以明确得出结论：惠施的同异观是辩证法，而不是相对主义。为了确证这一见解，我们再看看《韩非子》中有关惠施同异观的两条记载，这将有助于我们进一步正确理解惠施的思想。

《韩非子·说林上》记载："慧子（即惠施，古时慧与惠相通——引者注）曰：'狂者东走，逐者亦东走。其东走则同，其所以东走之为则异。故曰：同事之人，不可不审察也。'"在这里，惠施明确表达了同中有异的思想。狂者和追赶他的人同样都是向东奔跑，但他们向东奔跑的目的和动机却根本不同。假如说，狂者是因为偷了东西而向东奔跑，而追赶他的人是为了抓贼向东奔跑，他们虽然行为相同，方向也相同，但他们这样做的原因和性质是根本不同的。所以惠施认为："同事之人，不可不审察也。"这说明，惠施在强调事物有同的一面时，也还是注意到了事物之间相异的一面的。

再看《韩非子·说林下》记载："惠子曰：'置猿于柙中，则与豚同。'"这句话的意思是，惠施说："如果把行为十分敏捷的猿猴关进笼子里，那么它与笨拙的猪就没有什么差别了。"这表明，惠施十分注意事物之间的异中之同。敏捷的猿猴与笨拙的猪本来存在着本质的差异，但在一定条件下它们又具有相同的一面。在行为敏捷的猿猴被关进笼子后，它行为敏捷这一特点就无法发挥出来了，在这一点上，它与行为笨拙的猪还能有什么区别呢？可见惠施在讲事物相同相异时，还十分重视条件和范围。这一点在《韩非子·说林下》的另一个记载中还可得到进一步的证明。惠施说：当神箭手后羿拉弓射箭的时候，越国的人都争着去为他拿箭靶。可是如果一个小孩子要拉弓射箭的话，连他的慈母都会被吓得躲在屋里不敢出来。同为射箭，但射箭之人不同，其行为后果就不同。这里说明的道理，仍是在一定条件下和范围内的同中有异。从思维方法上说，这几则记述都表明了在同中求异和在异中求同的辩证思维方法。

基于以上的分析，我们就可以通过惠施关于事物同异的学说了解到他整个思想的本质：惠施的思想并不是抹杀同异差别的相对主义，而是主张同与异相互包含、相互联系和相互转化的深刻的辩证法观点，显现了古代朴素辩证思维的基本特征。

6."南方无穷而有穷。"

这一命题仍是一个讨论空间的有限和无限的命题，同时也是一个地理学上的命题。

南方究竟是有穷还是无穷的问题，是战国时期诸子们讨论得十分热烈的话题。按照传统的观念，天下是有穷的，南方自然也是有穷的，因为古时人们的活动范围是十分有限的。

从直观上来看，整个宇宙都是有限的，南方怎能会无穷呢？但是到了战国时代，人们的活动范围大大扩展了，眼界也大大开阔了，地理学观念也大大发生了变化。《史记》记载，当时著名的阴阳家邹衍就提出了一整套不同于传统观念的地理学说。他认为，儒者所说的中国，只是天下八十一分之一的地方。中国名曰赤县神州，赤县神州内自有九州。在中国之外还存在着像赤县神州一样的九个洲。在这九个洲之外都有大海环绕，在大海之外还有陆地存在。邹衍这套地理学说表明，在惠施的时代，人们对世界范围的认识已开始突破传统的那种认为中国是天下中央的观念。但邹衍并没有突破宇宙有限的观念，仍认为天地是有边际的。

但惠施从"大一"的观点亦即"至大无外"的空间观念出发，认为世界是无限大的，是无边无际的。这个无限大的世界无论从哪一个地点出发，都是可以无限延伸，永远达不到天地的边际的。

显然，惠施的空间和地理观念已大大突破和超越了邹衍的看法。用这种宇宙无限的观念来看南方有穷还是无穷的问题，惠施当然会得出南方无穷的结论了。但是，惠施为什么又说"南方无穷而有穷"呢？这是他所具有的辩证观念使然。惠施从辩证思维的高度来看待世界有限和无限的问题。在他看来，南方既是无穷的又是有穷的。无穷是由有穷构成的，没有有穷的空间，就无所谓无穷的空间。在特定的范围内，南方具有特定的区域，当然是有穷的。比如我们说中国的南方，一般都是指长江以南的地区，其范围是特定的、有穷的。但如果超出特定的范围，那么南方的空间就可以无限地扩展下去、延伸下去，它是由无数个特定的"南方"这样的区域空间组成的。当然，惠施并不仅仅认为只有南方才是无穷的，东方、西方、北方也都是无穷的。虽然从惠施"南方无穷而有穷"的命题中我们看不到他是否论证过东、西、北方无穷、有穷的问题，但从他这个命题中所包含的思想中是不难推出这样的结论的。

惠施"南方无穷而有穷"的命题包含着十分深刻的辩证思想，是惠施"大一"的空间观念在地理学上的具体运用。当然，这并不是说惠施的这一命题已实现了对空间有限和无限辩证关系的完全自觉的认识，但最起码这是他对这一问题所作的严肃思考和天才的猜测。关于这一方面的思想，惠施确实高出了他同时代的人。前面的邹衍就是一例。再如，《墨经》也有"南方有穷则可尽，无穷则不可尽"的说法，但这是在有人用南方无穷的观点非难墨家兼爱一切人的宗旨时所涉及的问题。有人指出，既然南方是无穷的，那么无穷的南方就应有还没有被发现的新人类存在，这如何能够做到兼爱一切人呢？《墨经》对这一责难回答说：南方无穷，但并不成为兼爱的障碍，因为南方是有穷的还是无穷的，这本是一个人们还不知道的问题；同样，无穷的南方有没有人类也是人们还不知道的问题，但可以肯定地说，人们所知道的南方人类是有限的，所以用南方无穷的观点来非难可以兼爱一切人是没有道理的。《墨经》的这种辩解虽然是机智的，但并不深刻，它并没有能达到惠施那种辩证思维的高度。

有些学者则以当时地理学的发展水平低下为由，认为惠施并没有空间无穷的观念。比如有人说，像惠施这样居住在北方的人，根本就不了解南方的地理，从而认为南方是无穷的，但实际上南方是有穷的。如《吕氏春秋·有始览·有始》篇就有"凡四海之内，东西二万八千里，南北二万六千里"的说法。所以惠施依据这种地理知识，是不可能得出"南方无穷的"观念来的，更不可能有"空间无限"的认识。

事实并非如此，我们可以从先秦典籍中找出证明惠施那个时代的人已有了明确的"空间无限"观念的材料来。《庄子·则阳》里有一条记载就足以说明问题："惠王闻之，而见戴晋人。戴晋人……曰：'臣请为君实之。君以意在四方上下有穷乎？'君曰：'无穷。'"惠施将戴晋人引见给魏惠王，戴晋人对魏惠王说："臣请君主说实话，君主认为四方上下有穷吗？"魏惠王答："无穷。"我们知道，魏惠王受惠施思想的影响极大，他明确认为四方上下无穷，这可能正是受惠施空间无限思想影响的结果。这表明"空间无限"是惠施一贯的思想。如果这个推论尚缺乏根据，上述材料也足以证明，惠施生活时代的人们已有了十分明确的"空间无限"的观念，认识到了不但南方是无穷的，而且上下四方都是无穷的。

总之，惠施"南方无穷而有穷"的命题较深刻地揭示了空间无限与有限的辩证统一。这种辩证统一是在空间无限的前提下达到的。惠施首先强调的是"南方无穷"，而后又认为南方在一定界限和范围内是有限、有穷的。决不是像有人所认为的那样，惠施先讲"无穷"，后言"有穷",这就是明确地用"有穷"否定了"无穷"。这种看法并没有理解惠施这一思想之深意。

7."今日适越而昔来。"

这一命题讨论的是时间观念的相对性问题。意思是说,今天出发到越国去,昨天就已到达了。还有一种解释认为,这一命题的意思是:今日抵达越国是昨天来的。这种解释刚好与前一种相反,但这种解释就将惠施的命题当作了一种常识性的见解。如金岳霖先生就曾举例来解释惠施的命题:"如吾人昨日自北平起程,今日到天津。自天津言,吾人系今日到天津。自北平言,吾人系昨天来天津。"[1]这种解释似乎十分合理,但这种常识之见怎么能成为惠施专门提出并加以深入讨论的问题?

产生这两种截然不同的解释的原因在于对惠施命题中的"适"和"来"的理解不同。前一种解释把"适"理解为"到……去"的意思,把"来"理解为"至"或"到达"的意思。这样,惠施"今日适越而昔来"的命题就是"今天出发到越国去,昨天就已到达了"。后一种解释则对"适"和"来"作了相反的理解:"适"是"到达"或"至"的意思,"来"则是"出发"的意思,于是就有了与前一种恰好相反的解释:今日抵达越国是昨天来的。"昨天来的"的意思就是昨天出发的。

我们认为,前一种解释比较符合惠施的原意,因为"今天出发到越国去,昨天就已到达了"这种观点既符合惠施一贯怀疑常识的思想特点,又更能体现出时间观念的相对性。而后一种解释与一般人的常

---

[1] 冯友兰.冯友兰文集:第2卷.中国哲学史:上.长春:长春出版社,2008:150.

识并无二致，实在难以说明时间观念的相对性问题。如像金岳霖先生所说的那样：我昨天从北平起程，今天到天津，对于天津人来说，我是今天到天津的，对于北平人来说，我是昨天来天津的，这对于常人来说都是一个非常普通的、非常容易理解的问题。对于这样一个极简单的常识问题，即便是在惠施的时代也决不会引起任何争论的。这就好比一个离越国只有一天路程的吴国人到越国后，人们问他："你是什么时候来越国的？"吴国人回答说："我是昨天来越国的。"在越国人看来，这个吴国人是今天到越国的；而在吴国人看来，这个吴国人是昨天启程去越国的。对于这样一个简单的事实，恐怕谁都不会提出异议的。但在当时，惠施"今日适越而昔来"却是一个引起人们热烈争论的问题，可见对惠施的这一命题决不能作这种简单的理解。而"今天出发到越国去，昨天就已到达了"这种见解显然是一个与人的常识完全相反的观点。这就好比一个吴国人到越国去，他本来是今天出发的，但他却说是昨天就到了越国。在常人看来，说这种话的人肯定是神经不正常。但惠施偏要当这种常人眼里神经不正常的人，他就要净说些常人难以理解的道理，难怪人们指责他"好治怪说玩琦辞"，但这正是惠施作为名家一代宗师的特色之所在。

其实，惠施并不是故意与常识唱反调，他提出的"今日适越而昔来"这一命题包含着超越常识的深刻道理。

在以往的解释中，人们往往将这一命题中的"今"和"昔"当作时间单位来理解，因而大多数人认为惠施的这一命题是典型的诡辩论。在古时，就有人对这一命题作了相对主义的解释，如成玄英在《庄子·天下疏》中就认为："夫以今望昔，所以有今；以昔望今，所以有昔。而今自非今，何能有昔？昔自非昔，岂有今哉！既其无昔无今，故曰今日适越而昔来可也。"按这种解释，今天与昨天是相对而言的，没有今天就无谓昨天，反之一样，没有昨天就没有今天。如果今天本身不是今天，如何能有昨天？同样，如果昨天本身就不是昨天，又何来的今天？既然今天和昨天本来就没有什么差别，所以说"今日适越而昔来"。这样就对这一命题作了相对主义的理解，完全抹杀了昨天与今天的区别（成氏是在"今日去越国，昨天就已到了"的意义上理解这一命题的）。这显然是一种诡辩，但这并不是惠施这一命题的本义。成玄英是用庄子的相对主义观点来解读惠施的命题的。

问题在于，惠施的思想并非相对主义，他的"历物十事"中贯彻的是辩证思维，所以上述以成玄英为代表的解释是难以成立的。

为了避免对惠施的这一命题的解释与其他各命题的解释矛盾，就有许多学者力图用科学的观点来理解和说明。

胡适先生认为："今日适越而昔来"，就是《周髀算经》所说的"东方日中，西方夜半""西方日中，东方夜半"的道理。我今天晚上到了越国，在四川西部的人便说我"昨天"到越国了，这意思就是说：假设当"东方日中"的时候，一个东方的人今天（比如星期二）动身到越国去，并在当天到达。就西方的人来说，这个东方的人是昨天（星期一）到达的，因为当东方还是星期二中午的时候，西方还是星期一的夜半，还没到星期二，按此推理，当西方是星期二的时候，这个东方人已于头一天到了越国。

这是依据"地圆说"所作的一种解释。这种解释虽有一定道理，但必须有一定的前提，这个东方人才能做得到"今日适越而昔来"。

关于这一点，章太炎先生就说得很明白："东西距一百八十度，则此方日加午，彼方日加子，一以为朔日，一以为晦日矣。设能迅行如电气，自此至彼，才数小时，则至则以为朔，而主人方以为晦也。"[1]

---

[1] 章太炎. 章太炎全集（一）. 上海：上海人民出版社，1982：246.

章先生这种说法基本与胡先生一致。但他看到了东方人要做到"今日适越而昔来",必须借助于电气化的运载工具,这在今日恐怕是不成问题的,但在惠施那个时代,人们恐怕想都不敢想。或许惠施的思辩具有极大的超前性,能够假设出这种运载工具,从而使这个东方人得以"今日适越而昔来"。当然,这也只是一种假设。但有一点可以肯定,惠施的这一命题肯定是有一定的科学根据的,绝非信口胡诌。但这种科学的根据是什么?是否就是胡适先生所说的《周髀算经》中的思想?这本身也还是一个需要继续深入研究的问题。

我们认为,要正确理解惠施的这个命题,最关键的是对"今""昔"的看法如何。过去许多学者都把"今""昔"这两个时间的单位看作客观的时间,如果以这种见解去看惠施的"今日适越而昔来",那肯定只能有一个结论:惠施用相对主义抹杀了时间差别的客观性。就如成玄英所注释的那样,惠施否认了"今"与"昔"的差别,"今"就是"昔","昔"也是"今"。

但如果我们把"今"和"昔"理解为一种时间的观念,而不是客观的时间,那么或许可以对惠施"今日适越而昔来"这一命题的本意作出比较合理的理解。我们知道,作为客观实在存在形式的时间是客观的,是不依人的意志为转移的。但是,作为客观时间在人意识中的反映的时间观念则与客观时间本身有着差异,是可以随着对客观时间的认识的发展而变化的。比如,牛顿的时间观念与爱因斯坦的时间观念就有本质的差异。牛顿的时间观是一种绝对的时间观,它与物体运行的空间和速度均没有关系;爱因斯坦的时间观则揭示了时间与物体运行的速度、空间都有着密不可分的联系,它指出时间和空间的观念与运动物体的观察者也是不可分割地联系在一起的,时间观念对于不同的观察者是不同的。联系到惠施"今日适越而昔来",我们认为他并不一定真的认为"今天出发到越国去,昨天就已到达了",而是旨在说明：同一事件的时间，对处在不同空间和环境中的人来说，会有不同的估量，即是说"今"与"昔"的时间观念是相对的、可变的。只要理解了惠施这一命题所要表明的意旨，对我们来说就已足够了，没有必要去细细考究"今日适越而昔来"的字面意义或煞费苦心地去为它寻找科学的根据和哲学上的理由，因为在没有新发现能直接说明惠施这一命题确切含义的材料之前，那是很难甚至无法给予准确答案的问题。

8."连环可解也。"

这一命题也是一个很难给出确切解释的问题，因而历来存在着各种各样的解释，可谓众说纷纭、莫衷一是，这样就造成了很难理解惠施这一命题的意旨之所在。

先秦典籍中记载了许多关于解连环的故事，说明关于连环可解不可解在当时是一个很受人们关注的热门话题。但这一话题为什么普遍受人关注，其中的原因也没有哪本书给予一个明确说明。但从现有的材料来看，这大概是一个被辩者用来锻炼思维和提高论辩能力的课题。当然，在惠施这里，这一命题可能被赋予了比较深刻的哲学意义和科学意义。

连环是指用一块整玉雕刻成的、互相连接着的许多个玉环。按照一般的看法，这种玉连环是无法解开的。但惠施的这一命题却旨在说明连环可解，可见又是他与常识在唱反调。

那么，连环到底可解还是不可解？让我们先来看看先秦文献中关于解连环的几个记载。

据《战国策·齐六》记载，秦始皇（一说为秦昭公）派使者去齐国，给齐王后送去一只玉连环，并说：齐国人多知识，能解开这玉连环吗？齐王后将连环示以群臣，问哪个可解，群臣中无一人可解。齐王后便命人拿来一把铁锤，将玉连环一锤就敲碎了。然后，她对秦国使者说：这不是已经解开了吗？

玉连环还有一种称呼，叫作闭结。《淮南子·说山训》中有一简要记载，说名家儿说曾为宋王解过闭结，但对具体过程没有说明。《吕氏春秋·审分览·君守》则说是儿说的弟子曾为宋元王解过闭结。这则故事的大意是这样的：鲁鄙人送给宋元王两个闭结，宋元王于是号令全国，命能工巧匠都来解此闭结，但没有一人能解得开。儿说的弟子前来请求解闭结，但也只解开了其中的一个，而另一个却没有解开。儿说的弟子说："这个闭结不是可以解开而我不解，而是它本来就解不开。"宋元王就此向鲁鄙人询问，鲁鄙人回答说："是的，这个闭结是我做的，我本来就知道它无法解开。此人没做这闭结，却知道它不能解开，可见他比我还要巧得多。"《君守》说，这是儿说的弟子用不可解而解了闭结的疑难。《淮南子·人间训》也认为：儿说并非能解开所有的闭结；遇到不可解的闭结，他就用不可解来解这一疑难。

从上述材料中，我们最起码看到了两种解连环的办法：一种是用锤子敲碎它；一种是"以不解为解"。但对于这两种方法是否可以用来说明惠施"连环可解也"的命题，人们又有着多种不同的看法，有人就是用上述两种办法来解释的。

第一种解释就认为，齐王后用锤子敲碎玉连环，这本身就显示了她高超的智慧，突破了常识思维的束缚，采用了破坏性的方法解开了用常规方法无法解开的连环。冯友兰先生就持这种看法。他说："连环是不可解的，但是当它毁坏的时候，自然就解了。"[1]惠施的这个命题

---

[1] 冯友兰. 中国哲学史新编：第2册. 北京：人民出版社，1984：153.

就是要说明，解与不可解也是相对的、有条件的。

第二种解释则认为，惠施的这个命题实际并不是认为玉连环本身可解，而是像兒说弟子那样是"以不解为解"。这里的"解"不是解连环的"解"，而是解答的"解"。"连环或闭结本身就不可解，所以就不必去解。"这本身就是对"连环可解或不可解"这一问题的一个"解"。"以不解为解"是当时辩者们解决难以解决的问题时常用的一种巧辩的伎俩。孙中原先生就认为：惠施的命题也许是接近于兒说之弟子的"以不解解之"。[1]

但有许多人并不同意以上两种理解，还提出过其他种种的解释。

第三种解释，以胡适先生为代表。他将惠施"连环可解也"这一命题中的"解"理解为"计算"，这样惠施的命题也就成了"连环可计算"了。胡适先生在《先秦名学史》中指出：像惠施这样在当时有很高水平的自然科学家，具有十分丰富的数学知识，因而"对于计算这连环的圆周和半径的数学家来说，每一环都可看作是与他环分离的。它们之彼此扣接完全没有给他带来任何困难"[2]。在这里，解连环的行为就变成了对连环中每一环的圆周和半径的计算。这种计算连环中每一环的圆周和半径的数学常识题，对于数学家来说当然是"可解"的。

第四种解释：以成玄英的看法为代表。他在《庄子·天下疏》中说："夫环之相贯，贯于空处，不贯于环也，是以两环贯空，不相涉入，各自通转，故可解者也。"这种解释着眼连环本身的构造，而不是着眼于如何"解"连环。意思是说，如果在做连环时，不将两个环的实体贯通，而只是在环上各钻一孔，用其他的东西连接起来，这样的连环当然是可以解开的。

---

[1] 孙中原.中国逻辑史（先秦）.北京：中国人民大学出版社，1987：89.
[2] 胡适.先秦名学史.上海：学林出版社，1983：101-102.

第五种解释与前述种种均不相同，它既不着眼于连环本身的构造，也不着眼于如何"解"开连环，而是用惠施关于时空的观点来解释他"连环可解也"的命题。这是庞朴先生提出的颇具新意的看法。他说："惠施之宣称连环可解，大概是认为'连'与'解'这两种不同的空间关系，也是相对的，一如空间之无穷与有穷那样。从一个意义上说，空间只有一个，其中的一切部分一切关系都是联着的，本无间隔，因而人们才可能由楚适越。从另一个意义上说，这一空间又是由无数各自为体的小一所构成，因而任何部分空间又是不连的，或者说是解开的。据此推论，两个单环，各自分开放着。其间虽相隔万里，也可说是连着的，因为空间只有一个。一副连环，纵或天生地成，无隙可乘，也可说是解开的，因为空间本是构成的。连与解貌似相异，其实只是观察点不同所致，换一个角度去看，它们便相同了，连环也自然解开了。"[①]

前四种解释大都是从巧辩的角度来解读惠施"连环可解也"这一命题的，很难说是否符合惠施的本意。只有这第五种解释将这一命题与惠施的"历物"思想联系起来加以考察，我们认为这种方法是应充分加以肯定的。如果仅仅限于如何从字面上去理解惠施的命题，结果只能像前一命题"今日适越而昔来"一样，永远无法给出确切的解释。庞朴先生的这一解释比较深入地揭示了惠施这一命题与其他命题间的相互联系，并说明了惠施通过这一命题想要说明的科学和哲学道理，所以我们认为这是比较符合惠施这一命题的意旨的。

9."我知天下之中央，燕之北、越之南是也。"

这一命题仍是讨论空间问题的。惠施这一命题的宗旨，就是要通

[①] 庞朴.白马非马：中国名辩思潮.北京：新华出版社，1991：50.

过对"天下之中央"的相对性的论证，进一步申明自己对宇宙无限性的看法。

在惠施以前的时代，人们都从直观的认识出发，认为中国是天下之中央，而燕南越北的中原地区既是中国之中央，又是天下之中央。这种认识是在中国人活动范围狭小以及自然科学水平极度低下的条件下产生的。但是，随着人们活动范围的扩大、自然科学水平的提高，人们的眼界也必然会大大扩展。

因而，到了惠施的时代，一些有识之士就开始对燕南越北是天下之中央的传统观念提出了大胆的挑战。像前文所引邹衍的论点就是一例，但他的论点仍有局限，即他仍没有突破"宇宙有限"的思想束缚。惠施则凭借着他丰富的自然科学知识和"逐万物而不反"的刻苦钻研，彻底突破了传统观点的束缚，认为整个宇宙空间是无限的，是"至大无外"的"大一"。从这种宇宙无限的观点出发来看天下的中央在哪里的问题，自然就会得出与传统的常识观点截然不同的看法。在惠施看来，空间中的任何一点都可以说是宇宙的中心。如把地球看作所谓的"天下"的话，那么地球上的任何一个区域都可以说是"天下之中央"。这一命题更清楚地表明，惠施的确已具有了地圆地动之观念，也可进一步印证前面"南方无穷而有穷"的命题是在主张南方无穷前提下的无穷与有穷的统一。

但在历史上，也有一些学者从传统观念出发去解释惠施的这一命题。如成玄英《庄子·天下疏》载："夫燕越二邦，相去迢递，人情封执，各是其方。故燕北越南，可为天中者也。"这意思是说，燕国和越国相隔十分遥远，人情世故各不相同，他们都从自己所处的国度出发，认为自己的国家是天下的中央。这显然是以"宇宙有限论"及"中国是天下之中央"此类的传统观念来解释惠施这一命题的，这种解释是完全不符合惠施原意的。

还有一些学者在解释惠施这一命题时，仍对惠施的"中央"概念作了确定的理解。如有人认为，按照科学的地理观念，南北极是地球的中心，所以惠施所说的燕北即是北极，越南就是南极。这种理解是很不确切的。我们暂且不说在惠施的时代"地圆地动"的观念尚没达到真正科学的地步，怎会有"南极""北极"的科学概念？就按惠施的命题本身字面意义来说，也决不会是燕北即北极、越南即南极的意思，燕之北即燕国的北面，越之南即越国的南面。而就惠施这一命题的哲学和科学含义来看，他也并不是要确切地规定天下之中央的具体区域之所在。他所要论证的是天下的任何一个地方都可以是天下之中央，也就是说，燕之北或越之南都可成为天下的中央之所在。这表现了惠施宇宙无限的世界观。如果说惠施这时已有了初步的"地球"观念，这种论点能够成立，他所想说明的就是在圆形的地球上，任何地方都可以是"天下之中央"。可见，不论从哪个角度讲，惠施都并非说明地球的中心是南极和北极。

还有人认为，"中央"这个概念是表示一定的区域的，而不是某个确切的地点。区域可大也可小，如从小区域来看，其包括的面积和范围就很狭窄了；但如果从大区域来看，其包括的面积和范围就可以是十分广大的。所以，如果扩大中央的区域范围，那么燕之北、越之南都可包括在"天下之中央"这一区域之中了。这种解释仍是想从常识的观念出发来为"天下之中央"确定一定的范围，只不过这个范围可大可小罢了。这实质上仍是一种稍作放大了的"中国是天下之中央"的观念，与惠施命题的意旨并不相符。

既然空间的任何一点都可以是宇宙之中心，地球上的任何一个区域都可为"天下之中央"，那么惠施的这个命题是否就是一个相对主义诡辩的命题？有些学者认为，惠施既然认为任何地方都可为天下之中央，那实际上也否认了有天下之中央。

例如，有人就认为，名家对于东西南北等的划分，是以人类自定的标准来决定的。天地间没有什么东西南北，也没有所谓中央的地位。这种观点显然是将惠施的命题看作否认中央的存在，甚至东西南北都是由人随意来定的典型的相对主义思想了。

如果这种观点能够成立，则惠施的这一命题无疑是一种诡辩。但问题在于：惠施是否否定了天下中央的存在？是否认为东西南北也是随意由人来决定的？我们认为，如果把惠施的这一命题与其他的命题联系起来看，他立论的依据在于"宇宙无限"的"大一"论。既然宇宙是无限的，怎么能确定哪里是宇宙的中心？如果宇宙有确定的中心，那岂不是就变成有限的了吗？这岂不是与宇宙无限的"大一"论相矛盾了吗？因此，要将"大一"的思想贯彻到底，惠施就不可能明确确定宇宙的中心在什么地方。虽不能具体确定哪里是宇宙的中心，但按这种宇宙无限论，在无限的空间中的任何一点又都可以说是宇宙的中心，因为从这一点出发，上下、左右、前后这三维中哪一维都是无限的。如果我们把惠施所说的"天下"理解为人们生活的地球，而惠施已有了初步的"大地是球形的"观念（应当说他确已有这种观念），那么在球形大地上也可以说任何地方都可成为天下的中央，但这并不是人为的决定，而是客观存在的事实。惠施就是要根据这种客观的事实来冲击和打破"燕南越北"是天下中央的传统观念，让人们认识到宇宙是无限的、中国并非天下的中央这种客观的事实。这种观点怎能说是相对主义，又怎能说是诡辩论呢？

所谓"中央"，是相对于四周的地位而言的。在一定的具体范围内，中央和四周的区分是确定的，但这只是在十分有限的范围内可以成立。但从惠施的命题来看，他所要讨论的是"天下之中央"在哪里的问题。"天下"既可以理解为无限的宇宙，也可理解为整个地球，在这两层含义上，对"中央"的地位都是无法作出绝对确切的规定的，所以只能相对而言。在这个意义上，惠施还是承认"天下之中央"是存在的，但它是相对的，而不是绝对的。所以他才说："我知天下之中央，燕之北、越之南是也。"这怎么能说他完全否定了"天下之中央"的存在呢？宇宙或地球没有绝对的中央，只有相对的中央，这就是惠施这一命题所论证的问题的实质之所在。

10."泛爱万物，天地一体也。"

这一命题是对以上九个命题的总结性结论。由于人们对以上九个命题的理解存在着很大的分歧，所以人们对这个总结性的结论的看法也难免见仁见智。

从现有的材料来看，人们对这一命题的解释或理解主要存在着以下几个方面的分歧。

第一，"泛爱万物"和"天地一体"这两者究竟是什么关系。

许多学者都认为，这两者是密不可分的一个命题中的两个论点。比如有人认为，只有"泛爱万物"，才能实现我与"天地一体"。原因就在于，只要无差别地去泛爱一切，天地万物与自己就结成为一个密不可分的整体。这种见解很是符合现代精神。现代大工业的发展对人所赖以生存的地球环境造成了越来越严重的污染，严重破坏了生态平衡，所以现在世界各国都在高呼要保护和珍爱自然界中的一切植物和动物，甚至提出了"爱护自然界的一切生物，就是爱护人类自己"的口号，呼吁将实现人类与自然的和谐与统一作为整个人类的最崇高的目标。如果前述对惠施"泛爱万物，天地一体"的理解是正确的，那么惠施就可能是保护和珍惜环境生态平衡的最早倡议者了。但可惜的是，这种理解似乎无法与惠施的整个思想挂起钩来，因为惠施并没有"泛爱万物，我就与天地万物结合成一个有机整体"的意思。所以，世界上最早的"环境保护主义者"的桂冠无法戴在惠施的头上，这不能不算是一件憾事。

还有人认为，只有实现我与天地一体，才能做到"泛爱万物"。如果说，前一种见解是把"泛爱万物"作为"天地一体"的根据的话，那么，这第二种见解刚好相反，认为"天地一体"乃是"泛爱万物"的根据。这第二种见解把惠施的命题解释成：只有我与天地万物结合成一个有机整体，才能做到"泛爱万物"。这种解释看起来与第一种解释一样，似乎也是很有道理的，但问题也与第一种解释一样，惠施并没有说过"我与天地万物结合成一个有机整体"的话。惠施并没有将"我"与"天地一体"联结在一起，在这个命题中并没有出现"我"的字样。可见这种见解与惠施的本意有很大的偏差，带有一点附会的意味。

杨俊光先生认为，这一命题实际上是两个相互独立的命题，二者并没有什么因果关系，即是说，前面的两种解释或是把"天地一体"看作"泛爱万物"的原因，或是把"泛爱万物"看作"天地一体"的原因。这都是没有根据的，因为惠施这一命题中的"泛爱万物"并不是通常所说的"仁爱""惠爱"之"爱"，更不是"兼爱"之"爱"，而是"爱好""喜爱"之"爱"。这种"爱"的对象可以是事和物；它的目的，就不完全在于施惠于对方，只是表示自己的兴趣和意欲。所以，"泛爱万物"就是普遍地爱好万物，即对万物的研究有广泛的兴趣的意思。而"天地一体"则只是就"万物毕同"而言的，是从"万物毕同"所得出的宇宙论的结论，意思是：由于万物都有相同的方面，是一个相互联系的整体，所以"一体"也就是"统一体"。从万物"毕同"又"毕异"来看，这个统一体又是包含对立的统一体。可见，"泛爱万物"与"天地一体"并没有内在的因果联系，完全是两个相互独立的命题。笔者认为，就对命题两部分分别的解释来说，这种见解似乎比前两种解释更合乎惠施之本意，但说这两部分没有内在的因果联系，这仍有待商榷。

第二，如何理解"泛爱万物"和"天地一体"。

前面的几种说法其实也都对"泛爱万物"和"天地一体"的含义作出了各自不同的解释，前两种解释都认为"泛爱万物"即"去珍爱，爱护万物"的意思，而"天地一体"就是"我与天地万物结合成一个有机整体"的含义。第三种解释则与前两者不同："泛爱万物"，就是"对万物的研究有广泛的兴趣"；"天地一体"，即从"万物毕同毕异"的观点来看，万物都是一个相互联系的整体，是一个包含着对立的统一体。

除此之外，还有多种解释。兹再列举几个具有代表性的观点：

从"大一"的观点看，天地万物尽管不同，而同是出于"大一"，自然同是"一体"，因而也就须得"泛爱"了。这是郭沫若先生的解释。意思就是说，由于惠施将"大一"看成万物本体的"道"，因而万物都是这个"道"或"大一"的显现和产物，从这个意义上说，天地万物自然都是"一体"。惠施的"泛爱"及于天地万物，爱本身就是他的目的，所以他说必须"泛爱万物"。郭先生用道家的观点来理解惠施的"天地一体"，并将惠施的"泛爱万物"与墨家的"兼爱"区分了开来。

但这种以道家的观点来解释惠施思想的作法是值得商榷的。因为惠施并非道家，因而他说的"大一"并没有明确的"道"的本体论意义，而主要是说明空间无限的概念。至于郭先生对"泛爱万物"的解释，他仍是从"爱护""珍爱"这种意义上去理解的，虽然他指出了不应把惠施的"泛爱万物"混同于墨家的"兼爱"，但由于他是从"道"说明"天地一体"并以此作为"泛爱万物"的原因或根据，所以我们认为这种解释并不完全符合惠施命题的原意。这是因为，除了以"道"来解释惠施之命题是受了历史上一贯的"以道解惠",即用道家的理论来解释惠施的学说这一传统的强烈影响,而这种传统已被大多数现代学者所否定之外,更重要的是,即便是从"道"产生的天地万物本身就为一体,这也并不能成为必须"泛爱万物"的理由和根据,而这正是理解惠施这一命题的关键之所在。郭先生的解释并没有揭示出这两者间必然的因果联系。

还有些学者则力图从自然科学或科学主义的角度来解释"泛爱万物,天地一体",如胡适先生就是这样做的。他从惠施是"科学的别墨一派的主要代表"这种认识出发,对惠施的"历物十事"用科学主义的观点作了解释。他认为,"历物十事"中的前几事说明了"一切空间时间的分割区别都非实有;一切同异都非绝对;故下一断语道:'天地一体也。'天地一体即是后来庄子所说:'天下莫大于秋毫之末,而泰山为小;莫寿于殇子,而彭祖为夭。天地与我并生,而万物与我为一。'"①这就是胡适先生所理解的"天地一体"。应当承认,他在用科学的观点去解释惠施的其他九个命题时,的确说出了不少真知灼见,但就是在这第十事即结论上,却将惠论的观点归结为庄子一类的相对主义了。

冯友兰先生则反对将惠施与庄子的上述观点混为一谈,将惠施"泛爱万物,天地一体"归结为庄子式的相对主义。他特别对惠施与庄子在这一问题上的差别进行对比分析。他指出,如果粗浅地看,惠施好像是在宣扬庄子的《齐物论》,但如果拿庄子的这段话及后面的一些话与惠施的"十事"详细比较,就可以看出"惠施所注重的是客观世界,而庄周所注重的是人的主观的世界。他们虽然都讲到万物一体,但是惠施所讲的'万物一体'是就万物论万物,并不是以我为中

---

① 胡适.中国哲学史大纲:卷上.上海:上海书店,1989:234—235.

心，庄周所讲的'万物一体'，则以我为中心的。所以惠施只是讲'泛爱万物'，而不讲无差别的，一片混沌的主观境界。庄周则把这一种境界作为他的《齐物论》的最后结论，并且认为这种境界是'圣人'自我修养的最高成就"①。

冯先生的这个分析指出了惠施与庄周的本质区别，是完全正确的。不过，他又认为惠施所说的"泛爱万物"这句话可能只是用以加强"天地一体"这句话的语气，因此，无论如何，这不是惠施的哲学思想的中心和重点。冯先生这段话的前半部分认为，在惠施的命题中，"泛爱万物"只是用来加强"天地一体"这句话的语气的，不知此论的根据何在？后半部分认为，"泛爱万物"无论如何不是惠施哲学思想的中心和重点，这个论点应当说是有道理的，因为这的确只表明了惠施对研究天地万物的兴趣。

总之，通过冯先生的分析，我们可以看出，胡适先生将惠施归结为庄子一类的相对主义者是十分不妥的。

还有人用天文学的知识来解释惠施的"天地一体"。如高亨先生就认为对此可能有两种理解。第一种是："惠施持天地俱圆之说，以为天如圆盂，而覆于上，地如圆磨，而承于下。天之周涯，地之周垠，本相接连，而成一体，故曰'天地一体也'"。第二种是："惠施认为天地如鸡卵，天如鸡卵之白，地如鸡卵之黄，本自成一体，故曰'天地一体也'"。其实，这两种说法的思路大体一致，即认为在惠施看来，天和地本是连为一体的，所以他说"天地一体也"②，这是惠施根据当时天文学的知识所得出的结论。

如仅从惠施命题的字面上来看，作这种理解也未尝不可，但这样一来，这一命题就失去了作为惠施整个"历物十事"中的结论的意

---

① 冯友兰.中国哲学史新编：第2册.北京：人民出版社，1984：155-156.
② 高亨.高亨著作集林：第6卷.北京：清华大学出版社，2004：130.

义，而且也与惠施"宇宙无限"的"大一"思想不相一致。因为在这两种说法中，无论是"天地俱圆"的观念，还是"天地如鸡卵"的观念，都是一种"宇宙有限"的观念，所以，我们认为，这种对惠施"天地一体"的解释也是不确切的。

通过对以上几种有代表性的解释所作的分析，我们认为，较为合理的解释应属杨俊光先生的见解。但他又将这一命题视为相互独立、没有内在因果联系的两部分，似乎并没有充分体现惠施这一命题的真实思想。实际上，按杨先生自己解释的内在逻辑，"泛爱万物"与"天地一体也"之间也应有因果联系，因为他在分析别的学者所持的"天地一体"是"泛爱万物"的原因或根据的观点时认为，即使天地一体，也还不足以促成人对之"泛爱"，因为光有天地万物与人一体的客观事实并不足以促使人们的泛爱意识、行为产生，这种意识和行为的产生还需要人对这种客观事实的认识，因此，要能这样作解，原文起码也得写成"泛爱万物，知天地一体也"[①]。在我们看来，杨先生如果这样解释这一命题，就比较符合惠施的原意了，但他最终的结论是：这种解释并不符合惠施的原文。也许这是他针对传统的解释中将"泛爱"的"爱"理解为"爱护""珍爱"的"爱"，从而得出这种结论的。但如按杨先生的逻辑将"泛爱万物"理解为"普遍地爱好万物，即对万物的研究有广泛的兴趣"，那么由此出发，得出"泛爱万物，知天地一体也"的结论又有何不可？否则，单独的"泛爱万物"一句和惠施的其他命题又有什么关系？又怎能将惠施"泛爱万物，天地一体也"看作前几个命题的总结或结论？所以，不应将"泛爱万物"与"天地一体"分割开来、将二者看作没有内在因果联系的单独的两个命题。

---

① 杨俊光．惠学锥指．南京：南京大学出版社，1991：58—59．

我们的结论是：惠施"泛爱万物，天地一体也"这一命题所要表达的意思就是，通过对万物进行兴趣广泛的研究，才能得知天地万物本身是一个统一的有机整体，当然，这个有机整体是包含着差异和矛盾的统一体。

惠施的这一命题不但包含着十分深刻的辩证法思想，揭示了天地万物是一个包含着差异和矛盾的有机统一体，而且也表明了他"逐万物而不反"的科学精神。由此可以看出：不但这最后一个命题，而且惠施的整个"历物十事"中每一个观点，都是他从事刻苦地科学探索后所得出的结论，这些结论虽都带有哲学性质，但这种"自然哲学"正是古代自然科学的一种特殊的表现形式。正是在这个意义上，我们说惠施是中国古代一位杰出的科学家和自然哲学家，是名家学派中科学主义一派的创始者和代表者。

名理探究

在惠施"历物十事"中包含着十分深刻的逻辑思想，这已为人们所公认。但对惠施逻辑思想所涉及的内容和范围，以及逻辑的性质，等等，历来又有着不同的评价和看法。

讨论惠施的逻辑思想，首先涉及他逻辑思想的性质问题。这一问题包括两个方面的内容。

首先，惠施的逻辑是形式逻辑还是辩证逻辑？在现在的中国逻辑思想史的著作中，绝大多数的学者都是从形式逻辑的角度来对惠施的逻辑思想进行分析的。他们着重研究的是惠施的概念、判断、推理等方面的形式逻辑思想及其在中国逻辑思想史上的意义和地位等。认为惠施逻辑的性质属于形式逻辑,可以说是中国逻辑史研究者中占主导地位的看法。

但也有不少学者认为,惠施的逻辑思想在本质上属辩证逻辑的范畴,因为从他"历物十事"中反映出的辩证观念来看,他已突破了形式逻辑的局限,从事物客观辩证法的研究走向了辩证逻辑。

另有少数研究者认为,惠施的"历物十事"中有些命题属辩证逻辑,有些则属形式逻辑。如有人就明确说过,"大同异"是辩证逻辑的思维,"小同异"是形式逻辑的思维,等等。

这些对惠施逻辑思想性质的不同认识,涉及辩证逻辑与形式逻辑两大逻辑系统的关系这一十分复杂的问题。

为正确理解惠施逻辑思想的性质,有必要将辩证逻辑与形式逻辑的区别与联系搞清楚,为此有必要对辩证法大师恩格斯的有关思想作一简要概述,这有助于我们对惠施逻辑思想的性质作出科学的判定。

恩格斯认为,辩证逻辑和形式逻辑都是人类思维不可缺少的工具,都是认识世界、进行科学探索的重要方法。但形式逻辑与辩证逻辑相比较,只是一种初等的逻辑方法,有着一定的局限,因为它只保证思维形式的正确而不关心思维的内容如何;它只能揭示客观事物相对静止条件下的状况,它所使用的概念和范畴是固定的。辩证逻辑则以流动的、灵活的概念和范畴来把握运动着的客观事物。恩格斯在《自然辩证法》中写道:"正如电、磁等等两极化一样,思想也在对立中运动。"[1]因此,辩证逻辑是比形式逻辑更高超的逻辑工具和方法,它突破了形式逻辑的狭隘界限,"包含着更广的世界观的萌芽"[2]。

---

[1] 马克思恩格斯选集:第4卷. 北京:人民出版社,1995:319.
[2] 马克思恩格斯选集:第3卷. 北京:人民出版社,1995:477.

恩格斯曾明确地将形式逻辑和辩证逻辑的关系说成初等逻辑和高等逻辑的关系，就如初等数学与高等数学的关系一样。在人类思维过程中，形式逻辑的作用主要在于保证思维的前后连贯性、一致性、确定性，因而它在人类思维过程中始终发挥着不可替代的作用。在人们进行辩证思维时，离开了形式逻辑，就必然会陷入诡辩。但是，人类思维要正确地把握客观世界的规律和本质，就必须运用辩证逻辑，因为辩证逻辑是客观辩证法在人类思维中的反映，它所揭示的思维规律和方法才与客观世界中实际起作用的客观规律相一致。

如果我们承认恩格斯对形式逻辑和辩证逻辑相互关系的论述是科学的，那么我们就有了正确判定惠施逻辑思想性质的理论依据。

从恩格斯的上述思想出发，我们认为，惠施逻辑思想的性质属辩证逻辑的范畴，但其中也包含着形式逻辑的运用，因为这两种逻辑在人类思维中本来就是不可分割的。但在惠施那里，辩证逻辑是占据主导地位的。由此我们认为，对惠施的逻辑思想，既可以从形式逻辑的角度进行研究，也可从辩证逻辑的角度进行研究，但不应只注重一面而忽视另一面，更不应将二者机械地割裂开来，甚至截然对立起来。

其次，就惠施逻辑思想所涉及的范围和内容来说，有广狭两种不同的看法。

所谓广义的看法，就是认为惠施的逻辑思想涉及面相当广泛，涉及概念、判断、推理等方方面面的逻辑问题。

所谓狭义的看法，就是认为惠施除研究作为逻辑科学基础的同异问题外，并未研究过任何具体的逻辑问题。

其实，在我们看来，这两种意见并没有什么原则的分歧，只不过是看问题的角度有所不同罢了。如果仔细看一看持广义看法的著作，就不难发现，它们所讨论和研究的主要是惠施在"历物十事"中所运用的逻辑方法，这属于"应用逻辑"的问题，而不是认为惠施直接对概念、判断和推理等逻辑理论本身进行了多少研究。而持狭义看法的学者，其对惠施逻辑思想则以惠施本人直接研究了什么逻辑理论来进行判断，因而得出惠施只研究了作为逻辑科学基础的同异问题，除此并未研究过任何具体的逻辑问题的结论。这两种看法着眼点不同，所以得出的结论就不同。

就惠施"历物十事"本身来说，他确实不曾讨论过概念、判断、推理等等逻辑学所研究的问题，即便是同异问题，虽也的确属逻辑学的基础，但其本身也不属于严格意义上的逻辑理论。但从另一方面来说，任何理论思维必然是"应用逻辑"。特别是，惠施作为杰出的雄辩家，他的"历物十事"都是在当时充满激烈争论的问题，这必然要使惠施注重逻辑方法的科学性，以使自己的论题具有很强的逻辑力量，从这个意义上，也可以说惠施有着丰富和深刻的逻辑思想，但这只能通过对他思想的具体分析才可以发掘出来。

惠施的"历物十事"中究竟体现了哪些逻辑思想？

第一，从辩证逻辑的角度来看，惠施的思想中体现了辩证逻辑关于概念的流动性和灵活性的观点。从前面对惠施"历物十事"的分析中不难看出，惠施的每一个命题的基本概念都非固定的范畴，而是相对的、灵活的，这就是辩证逻辑的基本要求。辩证逻辑所理解的概念的灵活性、流动性，就是指概念之间的相互依存、在一定条件下的相互转化。在惠施每一个命题中的概念无一不是相互依赖并在一定条件下相互转化的，如"大一"与"小一"、"今"与"昔"、"不可积"与"大千里"、"中"与"睨"、"生"与"死"、"无穷"与"有穷"、"可解"与"不可解"、"毕同"与"毕异"、"中央"与"周围"等成对的概念之间都充分体现了对立统一的灵活性，从而深刻地反映了客观世界中固有的辩证法。

第二，惠施的"历物十事"充分体现了辩证逻辑的判断论。在辩证逻辑看来，辩证的判断都是从形式与内容的统一出发，对于事物同时有所肯定又有所否定，以便把握其内在与外部矛盾的思维形式。区别辩证判断与非辩证判断的根据就在于看该判断是否真实地揭示了客观事物自身的矛盾关系。用辩证逻辑的判断论来审视惠施的"历物十事"，可以说，除了第一、十两事之外，其他的八个命题基本上都可算作典型的辩证判断。如"日方中方睨"就充分体现了"日"这一客观事物运动的本质，揭示了日头运动过程中的连续性和间断性的辩证统一。再如"物方生方死"就充分体现了事物运动过程中生与死的对立统一关系，相当科学地揭示了事物运动变化的内在根源，即事物内部所包含的矛盾。

第三，惠施的"历物十事"充分体现了辩证逻辑的基本思维规律：对立统一律。对于辩证逻辑的对立统一思维律，恩格斯曾比照着形而上学的抽象同一律作了一个十分全面而深刻的阐述。为了深入理解惠施的有关思想，我们不妨较完整地引述一下恩格斯的这段话，他说："**同一性——抽象的**，$a=a$，以及否定的：a 不能等于 a，同时又不等于 a——这在有机的自然界中同样是不适用的。植物，动物，每一个细胞，在其生存的每一瞬间，都和自身同一而又和自身相区别，这是由于各种物质的吸收和排泄，由于呼吸，由于细胞的形成和死亡，由于循环过程的进行，一句话，由于全部无休止的分子变化，而这些分子变化便形成生命，其累积的结果一目了然地显现在各个生命阶段上——胚胎生命，少年，性成熟，繁殖过程，老年，死亡。生理学越向前发展，这种无休止的、无限小的变化对于它就越加重要，因而对同一性**内部**的差异的考察也越加重要，而旧的、抽象的、形式上的同一性观点，即把有机物看作只和自身简单地同一的东西、看作固定不变的东西的观点，便过时了。尽管如此，以这种同一性观点为基础的思维方式及其范畴仍然继续存在。但是，就是在无机的自然界中,同一性本身实际上也是不存在的。每一个物体都不断地受到力学的、物理的、化学的作用,这些作用不断使它发生变化,使它的同一性变形。……**与自身的同一,从一开始就必须有与一切他物的差异作为补充,这是不言而喻的。**"[1]将恩格斯这一论述中的基本观点概括起来就是:辩证逻辑的对立统一思维律最基本的内容和要求,就是必须在同一中看到差异和矛盾,这和形而上学的抽象同一律是根本不同的。形而上学的抽象同一律是将形式逻辑最基本的规律 a=a 加以绝对化的结果,它的口号就是:是就是是,不是就是不是,其他一切都是鬼话。这种抽象同一律根本否定了思维中的辩证矛盾的存在,因而不可能揭示客观世界本身的矛盾运动,因而不可能揭示客观世界本身的矛盾是推动事物和思维发展的根本动力。辩证逻辑的对立统一思维律则不仅要求把握同一思想中的辩证矛盾或对立思想之间的辩证矛盾,还要求思维必须具有对立思想相互转化和统一的灵活性,否认这种辩证思维灵活性的要求,就必然会导致"思想僵化"。

在惠施的"历物十事"中贯穿着辩证逻辑对立统一律的观点,体现了这一规律的基本逻辑要求。特别是他的第五事:"大同而与小同异,此之谓小同异;万物毕同毕异,此之谓大同异",更直接表述了"在同中求异"这一辩证逻辑对立统一思维律的基本观点。这种观点显然不仅突破了形式逻辑同一律的局限,更是对坚持抽象同一律的形而上学观点的有力批判。

然而,有些学者却认为惠施的"合同异"思想只认识到了抽象的同一性,否认了同与异的本质区别,因而惠施的逻辑思想带有形而上学和折中主义的色彩。

例如,章沛先生就认为:"惠施的'合同异'虽然含有某些'异中

---

[1] 马克思恩格斯选集:第4卷. 北京:人民出版社,1995:322-323.

有同'的潜在因素,但他的观点仍然只是主张同异的绝对同一和无差别的,所以他就折中主义地取消了同异之间的差异,将'异'溶解于'同'的当中,亦即取消了异。"这样一来,惠施就"违反了客观辩证法、违反了辩证逻辑,而且也把形式逻辑的同异分立原则歪曲为绝对对立的原则了"①。

　　章先生的这一批判与恩格斯对形而上学的抽象同一律的批判是非常一致的,但遗憾的是,他对惠施逻辑思想的理解显然受到了以往"以道解惠"或"以庄解惠"的传统观念的影响,从而认定惠施的逻辑思想是所谓的"合同异",是根本否定了"同"与"异"之间的差异。这种理解并不符合惠施的思想实际,对此我们在前文中已有比较详细的说明,在此就不再赘述。总之,章先生对惠施逻辑思想的评价是由于对惠施整个思想的性质作了不准确的判定,然后由此推论出来的。通过分析惠施的"历物十事",我们可以看到,惠施并没有将"异"融于"同"之中,并没有取消"异",更没有折中主义地取消了"同"与"异"之间的差异,而是明确主张"同中有异""异中有同"的。而且,惠施不仅仅是看到了这一点,他进一步揭示了同一中的差异就是矛盾,揭示了概念和判断的辩证法,可见,他所说的同一性并不是形而上学的抽象同一性,而是辩证的具体同一性。正是由于他的这种辩证思维的特点大大突破了形式逻辑和人们常识的范畴,所以他的许多言论被当时的许多人认为是"怪说琦辞",这就如冯友兰先生所说的那样:惠施思想之所以怪,就是"因为他的哲学,接触到辩证法的一个主要规律,'同一性自身中包含着差别性'"②。冯先生的这一观点不但准确地说明了惠施哲学思想的核心,而且也是对惠施逻辑思想基本特征的科学揭示。

---

① 章沛. 思维规律论. 长沙:湖南人民出版社,1981:215.
② 冯友兰. 中国哲学史新编:第2册. 北京:人民出版社,1984:149.

以上是我们对惠施"历物十事"中所体现的辩证逻辑思想的一个简要分析,下面再对其中所表现出的形式逻辑观点作一概述。

通过恩格斯关于辩证逻辑与形式逻辑相互关系的论述,可以看到,这两大逻辑系统在人类思维中是共同起作用的,即便是在人类认识发展的高级阶段,即理论思维阶段,形式逻辑也有其不可替代的作用,因此,惠施的"历物十事"中也体现出了一定的形式逻辑的思想及其运用。如果不指出这一点,就很容易得出惠施的思想是诡辩论的看法,因为辩证思维如果不遵循形式逻辑的规则,就必然会导致相对主义和诡辩论,例如庄子就是这方面的一个典型。庄子采取了对形式逻辑思维规则的极端否定态度,从而由辩证法走向了相对主义和诡辩论,这一点也正是惠施与他的区别之所在。

第四,惠施从形式逻辑的角度对概念的分析。形式逻辑的概念论主要分析和研究概念的内涵与外延的相互关系,从而保证概念的准确性。但由于惠施逻辑思想的主导方面是辩证逻辑,所以为避免陷入诡辩论,他特别注重的是概念的内涵问题。按照形式逻辑的要求,每一个概念都应有其确切的内涵,从而明确一概念与其他概念的差异,将它们区分开来。这里就涉及对概念进行定义的问题。概念的内涵就是通过定义来加以确定的。惠施在他的"历物十事"中,为了明确表达自己在哲学和自然科学方面的观点,就充分运用了定义的逻辑方法。例如,第一事中,惠施就采用了定义的逻辑方法对"大一"和"小一"这两个概念的内涵作出了明确的界定:"至大无外,谓之大一;至小无内,谓之小一。""至大无外"就是对"大一"所下的定义,也是"大一"的内涵;"至小无内"既是对"小一"所下的定义,也是"小一"的内涵。再如,"无厚不可积也,其大千里",这一命题从形式逻辑的角度看,也是对几何学中的"平面"概念所下的一个科学定义,它指明了"平面"概念的内涵。当然,明确了概念的内涵,它的外延也就可相对地加以确定。如几何学"平面"概念的内涵与外延就是指没有厚度、只有面积的大小这样抽象的概念或图形。这个界定，即便是以现代数学科学的眼光来看，也是比较准确和科学的。

第五，惠施对形式逻辑判断论的运用。侯外庐等先生从对惠施哲学是"合同异"的认定出发，认为：在惠施看来，不是共相离个体而独存，而是个体与共相浑然无别。"他的每一个论题，都可化作如下的判断形式：个别就是普遍。"[1]这种判断形式在判断分类上属于分析判断。主辞通过述辞而丧失其具体性与差别性，变成了抽象的同一的浑一体。正因为惠施一派（即所谓"合同异派"）片面地使用了分析判断，所以只见合同，不见离异，从而导致了诡辩。

我们认为，侯外庐等先生的这种观点是值得商榷的，因为：首先，侯外庐等先生对惠施思想性质的认定并不确切，这一点我们已在前文中阐述过，即侯先生对"合同异"的理解并不符合惠施的思想实际。从这种不准确的判定出发，不可能得出正确的结论来。其次，惠施的"历物十事"并不是只有一种简单的判断形式："个别就是普遍"。"个别就是普遍"的典型判断形式应是"辩者二十一事"中的一些诡辩命题，如"白狗黑"之类。但这所谓的"辩者二十一事"大多数都不是惠施的观点（对此我们将在稍后作较详尽的论证）。惠施的"历物十事"又有哪些属于这一类判断呢？实际上，与其说惠施的"历物十事"中的命题属"个别就是普遍"的分析判断，倒不如说其中的许多命题属关系判断或其他形式的判断。如果作了这种视角的转移，我们就不会得出惠施的思想是所谓"合同异"的诡辩论这种结论了。

在形式逻辑中，关系判断是反映两个或两个以上事物之间的某

---

[1] 侯外庐. 中国思想通史：第1卷. 北京：人民出版社，1957：436.

种关系的判断形式，它的主词是两个以上的事物，它的谓词是反映主词之间的某种关系的。在惠施的"历物十事"中，许多命题都属于关系判断，如"天与地卑，山与泽平""万物毕同毕异""我知天下之中央，燕之北、越之南是也""泛爱万物，天地一体也"，等等。这些判断都是反映自然界中客观事物之间所存在的高低、南北、同异等关系的。如果把这些关系判断理解为"个体就是普遍"的分析判断，那么它们就会被认为是违背了逻辑规则的诡辩，因为这些对客观事物相互间关系的反映就会被认为通过分析而被舍弃了，所得到的只有在主词和述词之间设定了抽象同一性的肯定命题的形式，即主词通过述词而丧失了其具体性和差别性，变成抽象的同一的浑一体。可见，在惠施的"历物十事"中的每一个命题并不是统统只具有单一的"分析判断"的形式，而是更多地具有"关系判断"等多种判断形式。

惠施"历物十事"中还包括一些综合判断。如"日方中方睨，物方生方死""南方无穷而有穷""无厚，不可积也，其大千里"，等等，都不是分析判断，而是综合判断。所谓分析判断，简单来说，就是述词所具有的属性可以通过对主词的分析而得出，因为述词所具有的属性本来就包括在主词之中。例如，"一切物体是有广延的""黄金是黄的"，这类判断只是把在主词概念（物体、黄金）中已经包含着的东西（广延、黄色）明白地说了出来，并没有给主词增加什么新的内容。而综合判断就是述词所具有的属性并不是原来就被包含在主词里，而是我们新加到它上面去的判断，如"这衣服是蓝色的"，这类判断给主词增加了新的内容，扩充了我们的知识。如惠施的"连环可解也"这一命题可以说就是一个典型的综合判断。因为在主词"连环"中不能分析出"可解"的属性，它就如"这衣服是蓝色的"这一类判断一样，为主词增加了新的、原来所没有的内容。前列"日方中方睨，物方生方死"等判断同样如此。

侯外庐等先生将惠施的"历物十事"统统归结为"个体就是普遍"式的分析判断，批评惠施只"片面使用分析方法而不与综合的方法联系起来，以致蔽于合同而不知离异，使整个逻辑体系由单调肯定命题建筑而成，这是惠施陷于诡辩主义的秘密之一"[1]。这一批评是不恰当的。通过我们在前面的分析可知，惠施对判断的理解和运用并非如此。

第六，惠施对形式逻辑推理方法的运用。惠施的"历物十事"只留下结论，没有论证过程，因而很难看出他究竟运用了什么推理方法。但从他的其他言论和论辩中无疑是可以看到他所运用的逻辑推理方法的。例如我们曾引述过的《韩非子·说林上》中那段话，就可以从中看到惠施对逻辑推理方法的运用还是相当熟练的。"慧子曰：'狂者东走，逐者亦东走。其东走则同，其所以东走之为则异。故曰：同事之人，不可不审察也。'"这里，惠施通过对"东走"这一例证的分析，揭示了"同事之人，不可不审察也"的推辩方法。正如有些学者所分析的那样，惠施所揭示的推辩方法实际上就是一种复合三段论式的逻辑推理方法。

　　因发疯东走之为不是因追疯子而东走之为；

　　狂者东走之为是因发疯而东走之为；

　　所以，狂者东走之为不是因追疯子而东走之为。

　　逐者东走之为是因追疯子而东走之为；

　　所以，逐者东走之为不是狂者东走之为。

"这个复合三段论的推理形式相当于亚氏（亚里士多德——引者注）三段论的第一格和第二格的复合推理过程：

---

[1] 侯外庐.中国思想通史：第1卷.北京：人民出版社，1957：437.

M 不是 Q

S 是 M

S 不是 Q

P 是 Q

S 不是 P（或 P 不是 S）"①。

这实际上也是一个"同中求异"的演绎推理的思维过程。

惠施是以"善譬"而闻名于世的，说他"善譬"实际上就是对他善于运用类比这一逻辑方法的充分肯定。前文引述过的《说苑·善说》所记述的关于惠施与魏惠王论譬的故事，还有《吕氏春秋·开春论·爱类》所记述的关于惠施与匡章就"王齐王"所发生的争论，都充分表明了惠施对形式逻辑中的类比方法的熟练掌握和运用。

惠施的思想命题，特别是他的"历物十事"，主要是一些哲学或者自然科学的命题，并没有直接谈及逻辑理论问题，但也确实反映出他对逻辑理论和方法有着比较深入的理解和把握，否则，他就不可能以"善辩"而显名于世。所以，惠施在中国逻辑思想史上是占有十分重要的地位的。他对中国古代辩证逻辑以及形式逻辑的发展都有着积极的贡献。当然，这并不是说，惠施的逻辑思想已达到了非常成熟的程度，无论是在辩证逻辑方面还是在形式逻辑方面，他的思想都存在着十分朴素的性质，有着这样或那样的历史局限，但他对后来中国逻辑的发展有着很大的影响，这是不能否认的。

---

① 杨沛荪. 中国逻辑思想史教程. 兰州：甘肃人民出版社，1988：54.

"遍说万物"

惠施是他那个时代十分精通自然科学的人,这可从《庄子》对他的评论中明确看到。《庄子·天下》说惠施"强于物""逐万物而不反",这充分表明了惠施对自然界客观事物和现象的刻苦钻研精神。再从他回答南方奇人黄缭关于"天地所以不坠不陷,风雨雷霆之故"的问题,而他能"不辞而应,不虑而对,遍为万物说。说而不休,多而无已"这一点来看,他的确是一个自然科学知识十分渊博的人。只可惜他的这些自然科学思想在当时并不受人重视,因而没能流传下来。不过,从现有的一些材料中,特别是通过对他的"历物十事"的分析,我们仍可对其自然科学思想有所了解。

钱穆先生在《先秦诸子系年考辨》一书中有这样一段文字,是十分值得注意的。他说:"《楚辞》有《天问》篇,相传为屈原作,亦未见其必然。岂亦如黄缭问题之类耶?屈原为楚怀王左徒,当在惠子使楚稍后。然则《天问》一派之思想,固可与惠施、黄缭有渊源也。"[①]这意思就是说,相传为屈原所作的《天问》中的自然科学思想与惠施、黄缭是有着渊源关系的。《天问》中的自然科学思想很可能就是对惠施所研究的自然科学问题的一种文学表达。如果这种推论可以成立,那么从《天问》所提出的那么多种科学问题中就可以看出惠施自然科学研究的范围是多么广泛!这也可进一步表明,正是由于惠

---

① 钱穆.先秦诸子系年考辨.上海:上海书店,1992:324.

施"泛爱万物",即保持着对天地万物广泛的研究兴趣,才使得他能"遍为万物说",才能"不辞而应,不虑而对"地回答黄缭所提出的那些为当时的人们所无法理解的科学问题。

有些学者经过详细的考证,认为惠施对黄缭提问所作的回答并不是没有保留下来,《庄子》和《吕氏春秋》的一些论断正是回答黄缭的问题的,这可能就是惠施的思想。这种观点的确有一定的根据,特别是《吕氏春秋·有始览·有始》有较长的一段文字十分明显地与惠施思想有着密切的关系。虽然这段文字所表达的并不是惠施一人的思想,但其中一部分应当说与惠施的思想是相当接近的。

《有始》篇这段文字的大意是这样的:天地开始形成的时候,天是由轻微之物上升而形成的,地则是由重浊之物下沉而形成的。天地交合,是万物得以生成的根本原因。从寒暑的变化、日月的运行、昼夜的交替可以说明这一道理,由万物不同的特殊形体、不同的性能和属性也可以说明上述道理。万物都是由于天地交合而形成,通过分离而产生的。如果知道了这个道理,则会懂得在万物产生和形成中,天地的作用是同等的,可见天与地的地位是平等的("则天地平矣")。而要了解和懂得这一点,就应当详察万物的实情,审度万物的形体。……极星与天一起运行,而天极并不移动。冬至这天,太阳运行在离天极最远的轨迹上,……夏至这天,太阳则运行在赤道附近("夏至日行近道"),这时参星在上,天枢星(北斗第一星名"天枢")的下方没有昼夜的分别("乃参于上。当枢之下无昼夜")。在白民国(白民之国在海外极内)以南,建木(建木在广都南方)的下方,中午没有影子,呼叫时没有声音,因为这里是天地的中心所在。天地万物,如同一个人的身体,这就叫做"大同",人有耳目口鼻,天地之间有五谷寒暑,这就叫做"众异",这样万物就齐备了。天地聚集生成万物,圣人则须考察万物从而了解它们的类别,这样也就可以解释天地之所以形成、雷电之所以产生、阴阳变化而生成万物、人民与禽兽之所以安平的原因之所在了。

这一大段论述，广泛地论及了天地万物的形成、日月星辰的运行、雷电的产生等涉及方方面面的自然科学知识，特别是这段论述从天地一人之身的类比导出了惠施的"大同"，从众耳目鼻口、众五谷寒暑导出了惠施的"毕异"，而"毕同毕异"的"大同异"思想正是惠施从事自然科学研究、观察了解万物的一个指导思想，由此，我们基本上可以认定，《有始》篇的这段文字中有相当一部分属于惠施的思想。我们说"相当一部分"，而不是"全部"都属惠施，是因为其中有些观点与惠施的"历物十事"并不一致。如它说"白民之南，建木之下，日下无影，呼而无响，盖天地之中也"，这就与惠施不承认哪里是天下之中央的固定所在这一思想相矛盾了，同时也与惠施关于宇宙、空间都是无限的思想不相符了。

这些自然科学的知识尽管受到了当时历史条件的限制，带有直观朴素的性质，但其中也确实不乏天才的见解和猜测。特别是在谈论天地万物的形成时，完全是用物质的原因加以说明，而不像传统观念所认为的那样是神所创造的。再如，其中还认为天地万物是一个包含众异的有机统一整体，这类见解都被后来精确的自然科学研究所不断证实着。

再从惠施的"历物十事"来看，其中包含着一些自然科学知识，这些自然科学知识是惠施哲学思想的基础。

概括起来说，"历物十事"有这样几方面的自然科学思想：

第一，关于空间和宇宙无限的思想。关于空间和宇宙的有限、无限问题，既是哲学讨论的问题，也是自然科学所讨论的问题。"历物十事"中，"至大无外，谓之大一""南方无穷而有穷""连环可解也""我知天下之中央，燕之北、越之南是也"等命题都是讨论有关空间问题的。通过讨论和分析，惠施阐述了"空间"是有限与无限辩证统一的思想。

第二，关于时间观念相对性的思想。时间与空间一样，既是哲学关注的对象，也是自然科学研究的问题。"今日适越而昔来"这一命题的确切含义仍有待进一步研究，但其中所表达出的时间观念相对性的思想则是明确无疑的。

第三，关于物质无限可分的思想。这在惠施"至小无内，谓之小一"的命题中得到了充分体现。

第四，关于自然界事物生与死的关系问题以及自然界事物运动的本质问题。"历物十事"中的"日方中方睨，物方生方死"的命题就属于这类自然科学的问题。惠施一方面说明了造成自然界事物生死更替的原因在于其自身的矛盾运动，另一方面也说明了事物的运动是连续性与间断性的辩证统一。

第五，数学方面的知识。惠施"无厚，不可积也，其大千里"这一命题本身就是对几何学"平面"概念的一个科学定义。

第六，涉及科学分类基础的"同异"观，胡适先生曾对此作了较为详细的论证。他认为，科学方法最重视同异问题，一切科学的分类都是以同异为标准的。但这种同异又是相对的。例如，松与柏是"大同"；松与蔷薇花是"小同"，这就是惠施所说的"小同异"。"一切科学的分类只是这种'小同异'"[1]。胡先生的见解是有道理的。其实，同异的问题不仅仅是自然科学分类的基础，还是一切科学分类的基础。

第七，关于"地圆地动"的科学思想。惠施"历物十事"中关于时空问题的命题，几乎只能用"地圆地动"的观点去加以理解，这表

---

[1] 胡适. 中国哲学史大纲：卷上. 上海：上海书店，1989：234.

明惠施的确已有了"地球"的初步认识。

通过以上的分析，我们完全有理由说，惠施是中国古代一位伟大的自然哲学家和自然科学家。如果翻开古希腊哲学史，我们就会看到，惠施所讨论的这些自然科学或自然哲学方面的问题，也正是古希腊的先哲们所讨论的问题，而且在研究的深度上二者也不分上下。但遗憾的是，古希腊的自然哲学和自然科学思想成为整个欧洲科学文明的摇篮，产生了极为辉煌的后果，而惠施的思想却在他的身后很快就亡绝了，对后世科学的发展没产生任何的影响，造成这种后果的原因确实是需要我们深入探究的，其中的历史教训也是必须加以总结和认真汲取的。

"物方生方死"

惠施的"历物十事"包含着十分深刻的哲学思想，体现出丰富的辩证法的因素和智慧。

由于我们在前面的讨论中时时处处都涉及惠施的哲学思想，所以在这里只作一简要归纳。

第一，唯物主义的思想。从惠施的"历物十事"来看，他坚持用物质第一性的观点来说明自然界的本质和现象，坚持了自然界相对于人的意识与行为的优先地位。"历物十事"的每一个命题都是说明自然界中客观事物自身所固有的属性及其存在方式的。惠施作为一个博学的自然哲学家和杰出的科学家，是以客观的自然界作为自己研究的中心的，这从《庄子·天下》说他"弱于德，强于物""逐万物而不反"等评价中就不难看到。

第二，卓越的辩证法思想。惠施的"历物十事"对中国古代哲学最杰出的贡献就在于它包含的朴素辩证法的思想。

首先，贯穿于"历物十事"之中的根本思想就是"毕同毕异"即"同一性中包含着差异性"这一辩证法思想，这也是惠施观察和研究天地万物最根本的指导思想。德国伟大的辩证法大师黑格尔说过："假如一个人能看出当前即显而易见的差别，譬如，能区别一支笔与一头骆驼，我们不会说这人有了不起的聪明。同样，另一方面，一个人能比较两个近似的东西，如橡树与槐树，或寺院与教堂，而知其相似，我们也不能说他有很高的比较能力。我们所要求的，是要能看出异中之同和同中之异。"[1]黑格尔所提出的这一要求就是辩证法最基本的要求。而惠施的"历物十事"，特别是其中贯彻的"毕同毕异"的观点正体现了辩证法的这一要求。

其次，揭示了事物运动变化及其源泉。所谓"同一性中包含着差异性"，按照黑格尔、恩格斯以及列宁等辩证法大师的理解，就是指事物自身内部所固有的矛盾，即"对立统一"。对立统一规律是辩证法的实质和核心，最根本的就是因为它揭示出了事物运动变化的根源，即是说事物运动变化的根源在于其内部矛盾的推动。惠施的"历物十事"比较明确地体现了辩证法的这一最根本的思想。在"历物十事"中，有九个命题（除结论外）谈论的都是对立面之间的相互联结、相互作用及在一定条件下的相互转化。如至大与至小、高与低、中与睨、生与死、同与异、无穷与有穷、今与昔、可解与不可解、中央与周围等都是对立统一的辩证关系，它们是相互联结，并在一定条

---

[1] 黑格尔. 小逻辑. 北京：商务印书馆，1980：253.

件下相互转化的。惠施还进一步看到，正是在矛盾的作用下，任何事物无时无刻不处在运动变化之中。"日方中方睨，物方生方死。"这一命题就是对事物运动变化的总概括。

再次，关于自然界普遍联系的思想。惠施通过对自然界中客观事物矛盾运动的考察，最后得出了"天地一体"的结论，认为天体万物是一个存在着普遍联系的有机统一整体，这正体现出了辩证法关于普遍联系的思想。"辩证法是关于普遍联系的科学。"[1]自然界是一个由普遍联系着的客观事物组成的整体，这一伟大的思想已为现代自然科学的发展所证实。在两千多年前，惠施就凭借着自己所掌握的自然科学知识而得出了这一辩证法的伟大思想，的确是十分了不起的。

最后，关于世界可知的认识论思想。众所周知，庄子是中国古代不可知论的一个典型代表。在他看来，宇宙是无限的，所以关于宇宙的知识也是无限的。如果人们用有限的生命去追求关于宇宙的无限知识，那根本是不可能的。"吾生也有涯，而知也无涯。以有涯随无涯，殆已！"（《庄子·养生主》）从这种认识出发，他批评惠施对自然万物的研究是毫无意义的。《庄子·天下》记载："惠施之才，骀荡而不得，逐万物而不反，是穷响以声，形与影竞走也"。与庄子相反，惠施认为人们可以获得对天地万物的正确认识，作为自然科学家的他对此是坚信不移的，所以他才提出了"泛爱万物"的响亮口号，这是他对庄子对他的批评的一种有力反驳。

总之，惠施"历物十事"中所包含的哲学思想不但是丰富而深刻的，而且是十分卓越的。尽管他的哲学由于时代条件的限制而带有十分素朴、直观的局限，但他的这些卓越思想就足以使他在中国哲学史上占有十分重要的地位。

---

[1] 马克思恩格斯选集：第4卷. 北京：人民出版社，1995：259.

惠施与庄周

要彻底弄清惠施的思想,就不能不提及惠施与庄子的关系。惠施与庄子不但在个人关系上是非同一般的朋友,而且在思想上也是一对诤友,惠施的许多思想也是通过其与庄子的交往而被记载于《庄子》一书中保留下来。正因为如此,后来的学者往往将惠施划入道家,并采取"以庄解惠"的方法来研究和评价惠施的思想。

我们打算从惠施与庄周的个人交往和思想论辩两个方面来谈谈这二人的关系,以期弄清二人在思想实质上的差别。

1. 惠施与庄子的个人交往

惠施与庄子的交往,同任何两个朋友的交往一样,有一个不断接触、关系逐渐加深的过程。

有关文献记载,惠施与庄子并不是从一开始就有十分良好的关系的,而是十分不友好的,甚至二人之间还存在一定程度的敌意。《庄子·秋水》记载,惠施在梁任宰相时,庄子前去拜见。有人私下对惠施说:庄子此来,是打算夺取你的相位。于是,惠施十分恐慌,派人在国内搜了三天三夜,想抓住庄子。庄子对此并不害怕,直接去找惠施。他对惠施说:"南方有一种鸟,名叫鹓雏,先生你知道吗?这鹓雏从南海出发,飞往遥远的北海。在飞行中,它非梧桐树不落,非竹子的果实不吃，非甘美的清泉不饮。有一只猫头鹰找到了一只腐烂的老鼠，鹓雏刚好从它头顶飞过，猫头鹰忙仰起头来大叫一声：'吓！'想吓唬鹓雏，使它不来抢夺自己的老鼠。你现在也想用你的梁国来吓我吗？"庄子用鹓雏与猫头鹰的寓言来讽刺惠施，说他就像那只得到腐鼠的猫头鹰，根本就不懂自己这种鹓雏神鸟一般的人。

这个故事不乏贬低惠施的意味，说明他二人开始交往时关系并不好。这从《淮南子·齐俗训》的一段记载也可以得到证明。"故惠子从车百乘，以过孟诸，庄子见之，弃其余鱼。"这个故事是说，惠施任魏相时十分讲究排场（这可能是事实，在惠施与匡章的有关农夫和蝗虫的争论中，匡章也对惠施的铺张进行了攻击），他带着从车百乘路过宋国的孟诸时，正遇到庄子钓鱼，庄子见到惠施如此铺张，感到十分气愤，就将自己已钓到的鱼都扔掉了。可见此时庄子对惠施的作为甚为不屑一顾，而且是十分鄙视的。

大概是在惠施被张仪逐出魏国，丢了官位，从而一心钻研学术之后，他与庄子的关系才逐渐地密切和亲热了起来。造成二人关系改善并友好的原因估计有这样几个方面：

一是由于惠施丢官之后痛切地感到了政治的无情，已无在政治上东山再起之雄心，进而刻苦钻研学术，只言自然而不言政治，这样就与庄子有了共同点，二人的地位也完全平等了。

庄子历来鄙视官位，视其如粪土。《庄子·秋水》所记述的一个故事就清楚地表明了庄子的这种性格。庄子在濮水钓鱼，楚威王派两个大夫去请庄子出山为官，并转告庄子："我希望将国内的政事委托于先生。"庄子只顾钓鱼，连头都不回地说："我听说楚国有只神龟，已死了三千年，楚王将它盛在竹匣中用布包着，放在庙堂之上。如果问这只龟，是愿死了留下骨头去享有尊贵和崇敬呢，还是愿意活着拖着尾巴在泥涂中爬呢？"两个大夫均回答："宁愿活着拖着尾巴在泥涂中爬。"于是，庄子说道："既如此，那就请便吧，我还是希望拖着尾巴在泥涂中爬。"所以，当惠施担任魏相时，庄子是从心里鄙视他的，但当惠施丢官不再言政，而埋头于学问时，庄子便开始愿与惠施接近了，二人的关系遂逐渐友善起来。

第二个原因，是惠施十分狼狈地逃出魏国后先到楚国，楚国因担心收留惠施而得罪魏国，于是楚王推荐惠施去了宋国，而庄子主要是在宋国生活和活动的，这样就为二人的接触提供了方便，随着接触的增多，相互间的了解自然也会增强。

第三个原因，恐怕也是主要原因，即二人所进行的学术研究对象主要都是自然，这样二人自然就有了共同的志趣和共同的话题。虽然二人观点和立场不同，但因研究对象相同，这样就可以使他们从各自的观点、立场出发互相批评对方的学术思想，通过这种学术交往最终成为彼此学术思想上的诤友。

到庄子之妻死时，惠施和庄子已成为可以直言批评对方的挚友了。《庄子·至乐》记载了这件事：庄子的妻子死后，惠施前去吊唁，却看到庄子上正蹲在地上鼓盆而歌。惠子直言批评说："你妻子与你生活了那么久，又为你生儿育女，现在她身老而死，你不哭就够了，为什么还要鼓盆而歌，这岂不太过分了吗？"庄子对惠施的批评并不生气，而是向惠施讲了一番为何不哭反而鼓盆而歌的道理。

据《庄子》的有关记载，惠施在宋国期间常与庄子一起游玩、论辩，二人成为莫逆之交。《庄子·徐无鬼》中的一段记述，就清楚地表明了二人极为深厚的友情。庄子送葬，经过惠施的坟墓时，他回头对随行的人说："有个郢都人将一些石灰溅到了自己的鼻尖上，这石灰点就如苍蝇的翅膀那样薄，他请姓石的匠人替他削去石灰，那匠人挥动斧头，扇起的风呼呼作响，随手劈下就削去了灰点，灰点被除尽而鼻子却没受任何损伤，郢都人也站在那里毫无恐惧，面不改色。宋元君听说此事后，就把那姓石的匠人请来说：'你也试着给我削石灰。'匠人却说：'我曾经能削，但是我原来所削的对象已死了很久了！'自从先生去世，我也就没有可以谈辩的对象了。"庄子深切地表达了对惠施的怀念之情。对庄子的这段话，《淮南子·修务训》曾作过这样的评论：钟子期死了以后，伯牙绝弦破琴，认为世上无人能真正欣赏他的琴声了；惠施死后，庄子也再不与人谈辩，说世上再没有人能与他谈辩了。这是把惠施与庄子的关系比作钟子期与伯牙那种知音的关系，可见二人的友情是何等的深厚。

2. 惠施与庄子的论辩

惠施与庄子虽然情谊十分深厚，但在思想观点上却有着本质的不同，因而两人之间经常进行论辩，正是通过这些论辩，二人才成为学术思想上的诤友。

对惠施的思想观点，庄子从总体上持否定的态度，这可以从我们前面的许多引文中看到。他认为，惠施的思想虽然十分广博，但其道理却十分驳杂，说的话也不中用，其根本原因就在于惠施"弱于德、强于物"，即忽视自身的道德修养，一心只研究关于万物的道理，这样就根本离开了"道"，走上了一条迂回曲折的道路。在大道面前，惠施所作所为就像一只蚊虫那样徒劳无功。庄子之所以对惠施的思想作出如此消极的评价，根本的原因就在于他与惠施在根本的原则问题上持有相反的看法。庄子与惠施的多次辩论就表明了他们的根本立场上的原则分歧。

（1）"人情之辩"。

《庄子·德充符》记述了惠施与庄子关于人有情欲还是无情欲的辩论：

惠施对庄子说："人是没有情欲的吗？"庄子回答："是的。"惠子进一步问："人若无情欲，怎么能称作人？"庄子答："道给了人以容貌，天给了人以形体，怎么不能称作人？"惠施再问："既然称为人，怎能没有情欲？"庄子说："这不是我所讲的'情欲'。我讲的无情欲，是说人不以好恶来损害自己的内在本性，往往顺其自然而不以人为来养生。"惠施说："不养生，又如何保存自己的生命？"庄子说："道赋予人以容貌，自然赋予人以形体，不要让好恶伤害本性。现在你却使自己精神向外操劳，劳费你的精力，倚在树下歌吟，伏着几案上休息，上天给了你形体，你却以'坚白'之类的题目来争鸣！"

这场辩论反映了惠施与庄子在"人之情欲"问题上的不同见解。惠施认为，人有情欲，没有情欲则不能谓之为人，有情欲就要知道如何养生，以保存自己的生命。惠施所强调的就是人的情欲乃人之本性，失此本性就不能称为人了。庄子则否定人有情欲，他认为是道赋予了人容貌，上天赋予了人形体，所以不应以好恶来损害人的本性，顺应自然，不人为地去养生，反对人向外追求。惠施则相反，他认为，人的情欲乃人的本性，人的本性就是要向外追求以保存生命。在这里，惠施与庄子的根本分歧在于对人的本性的观点不同。庄子否定人的情欲的存在，主张内省，向内心去下功夫，这样才能悟得"大道"，这是他"堕肢体，黜聪明，离形去知，同于大通"（《庄子·大宗师》）这一根本思想宗旨的表现。惠施则反对庄子否定人的情欲、否定积极认识和利用万物来保存人的生命的消极无为的观点。这一辩论充分表明了二人在基本的思想原则上存在着根本分歧。

（2）"鱼乐之辩"。

《庄子·秋水》记载了一场惠施与庄子关于人能否知道鱼之乐的辩论。大意是这样的：

庄子与惠子二人同游于濠水桥上。庄子对惠子说："白鱼悠然自得地游来游去，看来很快乐啊！"惠子质问道："你不是鱼，怎么能知道鱼是快乐的？"庄子反问："你不是我，怎么知道我不知道鱼的快乐？"惠子答道："我不是你，固然不知你；但你也不是鱼，你也不能知道鱼的快乐，这不是很明显的道理吗？"庄子回答道："这得追寻我们这一话题的缘起。你说：'你怎么能知道鱼是快乐的？'这句话说明，你已经知道了我知道鱼的快乐才来问我。我是在濠水桥上知道的。"

这个看来似乎是玩弄概念的游戏，却包含着十分深刻的哲学意义，它涉及一个十分严肃的认识论问题，即认识者考察问题的角度以及认识者的认识能力问题。

庄子从相对主义的立场出发，否定认识事物的可能性，但这里似乎他是认为可以知道鱼的快乐的，这是否与他的哲学宗旨相违背呢？其实，庄子并不是在说明鱼的快乐是可以知道的，他所要说明的是：人们考察事物的角度不同，得出的结论也就不同。

庄子在《齐物论》中说过：世界上的事物没有不是"彼"的，也没有不是"此"的。从他物那方面就看不见这方面，从自己这方面来了解也就知道了。"此"和"彼"并没有什么区别，"此"也就是"彼"，"彼"也就是"此"。按照这种理论，如果在你的立场上不知道鱼的快乐，那你换个角度，站在鱼的立场上不就知道了吗？

惠施则反对这种抹杀事物彼此区别的相对主义理论，认为：你并不是鱼，是无法知道鱼的快乐的。惠施这种说法，从认识论上来说，其意思是：既然你认为外界的事物是不可认识的，那你就不可能知道鱼的快乐。惠施对庄子的这个诘难是有道理的，庄子正是从上述相对主义的观点出发得出否定人有认识事物的能力的不可知论的。在惠施看来，既然"此"也就是"彼"，"彼"也就是"此"，所以，"是"也就是"非"，"非"也就是"是"，根本就没有判别是非的客观标准，这样人们所获得的对外物的认识是不是真正对外物的认识就是无法判定的。

在《齐物论》中，庄子通过啮缺与王倪的一段对话说明了自己的观点，即万物是不可知的。根据《齐物论》所载，啮缺问王倪："你知道万物有共同的标准吗？"王倪说："我怎么知道呢！"啮缺又问："那么万物就无法知道了吗？"王倪说："我怎么知道呢？虽然这样，那我试着说说看。怎么知道我所说的'知'不是'不知'呢？怎么知道我所说的'不知'并不是'知'呢？"这样就根本否定了知与不知的界限。庄子在与惠施的"鱼之乐"之辩中又说他知鱼之乐，所以惠施抓住他言论中的这一矛盾来驳斥他相对主义的不可知论。为了避免这一矛盾，庄子十分狡猾地玩弄了一个偷换概念的手法，他把惠施的问话"你怎么知道鱼的快乐"偷换成了"你在哪里知道鱼快乐的"，然后回答惠施说："我是在濠水桥上知道的。"这就把"能否得知鱼之快乐"这一认识能力的问题偷换成了"在哪里知道鱼快乐的"这样一个关于地点的问题了。庄子由此而避免了从正面回应惠施对他的责难，并没有从根本上回答"如何得知鱼的快乐"这一关于人的认识能力的重大问题，但由此也可看出，庄子还是不承认人有认识万物本质的能力的。关于这方面，我们还可以从庄子与惠施的另一场著名的辩论中进一步了解到。

（3）"孔子之辩"。

《庄子·寓言》中记述了庄子与惠施有关孔子的一场辩论，大意是：

庄子对惠子说："孔子生年六十，而六十年中发生了许多变化。起初认为是对的，后来又认为是不对的。不知道他现在认为是对的东西是不是他五十九岁时认为是错的东西。"惠子说："这是因为孔子能够激励自己的心智而努力学习新的知识呀！"庄子说："孔子早已拒绝这样做了……"

这场辩论中，庄子的用意在于证明人的认识能力的有限性，证明是非标准是不存在的，从而论证人们没有必要去追求关于外界的真知这样一个相对主义不可知论的观点。在庄子看来，由于事物的变幻莫测，人们根本无法去正确地认识它们，即便是孔子这样的圣人也是如此。比如孔子活到六十岁时认为正确的东西是否正是他五十九岁时认为是错误的东西，这是无法判定的。在惠施看来，孔子看法的改变是他不断刻苦追求新知识的结果。随着知识的丰富和深化，过去认为是正确的，现在就可能认识到是错的；反之，过去认为是错误的东西，今天也可能认识到是正确的。惠施的目的在于说明，人们对某一问题看法的改变与认识主体知识积累的多寡有关系，这是对认识或认识能力具有相对性的一种辩证看法。从这种观点出发，他主张认识主体应不断努力增加新知识，从而提高自己的认识能力和判断是非的能力，这是与庄子相对主义的不可知论根本对立的。而庄子却反对惠施的这种看法，他认为，孔子正是由于无法区别是非对错，所以改变了过去那种刻苦追求新知识的态度，而且拒绝再这样做了。这里再次表明了庄子对判别是非客观标准的否定、对人的认识能力的否定，他夸大人的认识能力的相对性、夸大是非标准的相对性，导致了他的极端的怀疑论。

通过以上三场有名的辩论，我们基本上可以看到惠施与庄子在思想认识上的根本区别之所在。惠施是中国古代一位杰出的辩证论者，庄子则是一位极端的相对主义者。历来有一些学者将惠施与庄子的思想混为一谈的一个重要原因，就在于他们只看到了他们二人个人关系十分友善，有很深的情谊，但没有看到他们在思想上的根本差别。

第五章 『奇辞怪说』——辩者『二十一事』

"二十一事",实际为辩者的二十一个哲学论题。这些论题对中国古代哲学、逻辑学、自然科学的许多问题进行了探究和论辩。有些论题还反映了较为先进的政治思想和较为高超的政治技巧。

本章不仅将对这一系列论题逐个作详尽的介绍和分析,同时将对论争的双方代表人物作历史的考证,并对这些论题的归属提出自己的见解。

《庄子·天下》继惠施的"历物十事"之后,紧接着又记述了当时辩者所热烈争论的二十一个论题。《天下》篇说:"惠施以此(指"历物十事"——引者注)为大,观于天下而晓辩者,天下之辩者相与乐之。卵有毛；鸡有三足；郢有天下；犬可以为羊；马有卵；丁子有尾；火不热；山出口；轮不辗地；目不见；指不至，至不绝；龟长于蛇；矩不方，规不可以为圆；凿不围枘；飞鸟之景未尝动也；镞矢之疾，而有不行不止之时；狗非犬；黄马骊牛三；白狗黑；孤驹未尝有母；一尺之棰，日取其半，万世不竭。辩者以此与惠施相应，终身无穷。"这就是中国古代思想史上著名的辩者"二十一事"。

从这些论题来看，无一不是与常识大唱反调的奇谈怪论，在一定意义上说，比惠施的"历物十事"更是有过之而无不及，因而历来为正统学者所诟病，被看作中国古代诡辩论的典型代表。

与惠施的"历物十事"一样，《天下》篇的作者只列举出这辩者的二十一个论题，既没说明"辩者"是谁，也没有记载对这些论题的论证。因此，关于这些论题的具体含义、思想实质以及学派归属等，历来众说纷纭，存在着各种不同的意见。特别是，许多人认为这二十一个论题都是惠施的思想成果。为了澄清人们在这个问题上对惠施思想的误解，搞清这些论题与惠施思想的关系，有必要根据历来各家的解说弄清这二十一个论题的具体含义。

辩者"二十一事"

1."卵有毛"

荀子认为这一命题为惠施、邓析所共有的一种诡辩。说卵有毛,这种违反常识的见解,的确像是一种诡辩,因鸡、鸭、鹅等卵生动物的卵无一在外壳上有毛。但大多数学者并不是用这种常识之见来解释这一命题。概括起来,大致有这样几种有代表性的见解:

一是"卵内有毛"说。即认为卵中本来就包含着生成羽毛的可能性,或者说,当卵被孵化到最后阶段时,卵内的鸟类就已身上长满了羽毛,在这个意义上可以说"卵有毛"。胡适先生更是用生物进化论的观点来说明这种见解。他认为,这个命题含有一个生物学的重要问题。生物进化的前一级,便含有后一级的"可能性",所以可以说"卵有毛",例如:鸡卵中已含有鸡形;若卵无毛,何以能成为有毛的鸡呢?

二是用相对主义的观点来解释,可简称为"相对"说。这种见解认为,在人看来,卵是无毛的,但人并非卵,又怎能知道卵必然无毛?卵无毛,这只是人们所看到的情形,如果从他物看来,卵并不必然是无毛的。这是典型的"庄周梦蝶"之类的相对主义观点,所以这是用庄子的相对主义观点来解释这一命题的。

三是"羽、毛不同"说。这种见解不同意将"羽"说成"毛",从而对这一命题作了与众不同的解释。例如,冯友兰先生就认为:"鸟类之毛谓之羽;兽类之毛谓之毛。辩者说:'卵有毛',就是说,卵可以出有毛之物"①,意思是说,由于"羽"的含义不同于"毛",所以这一命题的含义是:从卵中可以生出长毛的兽类来。如这样的解释可以成立,那么这一命题就显然是一个诡辩论的命题。

我们认为,不论作何种解释,前提是要弄清这一命题是属于哪一学派的思想,因为只有弄清了学派归属,才可以比较确切地理解这一命题的含义及其所要表达的思想。若确如《荀子·不苟》所说属惠施、邓析一派的思想,通过对惠施"历物十事"和邓析的有关思想材料来分析,我们可以同意第一种见解。因为从惠施的辩证法观点以及他所拥有的自然科学知识来看,说他已有了初步的生物进化思想的萌芽也并非不可能。如果我们根据现代自然科学最新成果,还可进一步大胆地推断说,这一命题是完全符合现代生物学中"基因论"的思想的,因为鸡卵中本身就包含着羽毛的基因。从这个意义上说"卵有毛"又有何不可?不过,我们认为作这种解释,就如对它作生物进化论的解释一样,只是一种推断而已,因为并没有更直接的证据来表明这是惠施的命题。

2."鸡有三足"

这个命题比较明确地被认定为公孙龙的思想。虽然也存在种种不同的看法,但如果我们看看《公孙龙子》的有关论点,就不难作出自己的判断了。《公孙龙子·通变论》说:"谓鸡足一,数足二,二而

---

① 冯友兰.中国哲学史新编:第2册.北京:人民出版社,1984:176.

一故三"。公孙龙的意思是，当我们说出"鸡足"这个概念时，就是"一只足"，如果再数一数鸡的足，就知道鸡有二只足，一只足加二只足就等于三只足。这就是公孙龙对"鸡有三足"的解释。他所要说明的思想是：作为鸡足的共相，即"鸡足"的概念，是可以脱离具体的鸡足而存在的。

这是绝大多数人对这一命题的见解。但还有一种与众不同的解释，即认为原文之中"三"实际上是"无"字之误，所以这一命题应是"鸡无足"。但这种见解并没有什么证据来证实。

3. "郢有天下"

"郢"是楚国的都城。从地理范围或地域上来说，郢只是楚国的一部分，而楚国也只是天下的一部分，因此郢更是天下的一小部分。但"郢有天下"这一命题却与这种观念相反，认为郢可以领有天下。对这一命题也有不同的理解，现列举几种较有代表性的观点：

一是用空间无限的观点来说明。如胡适先生就认为：郢虽小，天下虽大，比起那无穷无极的空间来，两者都无甚分别，故可说"郢有天下"。

二是用惠施"大一""小一"的观点来说明。例如，李石岑先生就认为："所谓'郢'，便是'小一'；所谓'天下'，便是'大一'。'小一'虽是'大一'的一个小部分，却备有整个'一'的要素。"①

以上两例都是以惠施的思想来解释这一命题的，但由于对惠施思想的理解有不确之处，所以解释自然就会不确。胡先生的解释带有相

---

① 邱志华. 李石岑学术论著：中国哲学十讲. 杭州：浙江人民出版社，1998：170-171.

对主义的色彩，李先生的说法则与惠施"大一""小一"的思想不合。

三是用普通人的观念来解释。如有人认为，所谓天下，并没有确定的量，如果就天下的实际范围来说，没有一物可称作天下；对于缺少智慧的人来说，囿于所见所闻，妄自尊大，就把自己所处的国家称为天下，如中国人就曾称中国为天下。郢虽与中国相比是小一些，但所差也没多少，为什么不可以自称领有天下？这种见解实际上是用普通人的地域观念大小的相对性来说明"郢有天下"这一命题的。

还有一种见解认为，这一命题看问题的角度与常人不同，它不是从地域的大小来看问题的，而是认为如果楚国称王，因郢是楚国都城，所以可以说郢有天下。如孙中原先生就认为："楚君居郢而王，若能泛爱万物，则可兼有天下。以郢之小，而支配天下之大，大者反受制于小，说明小和大是相对的，小可有大。这个命题也具有反常识的悖论的形式，但它也具有一定程度的真理性。"[①]这两种解释都是从大小的相对性角度来说明和解释这一命题的，但比较起来，似乎后一种解释更为合理一些。

4. "犬可以为羊"

对于这一命题，大多数人都是用名的相对性来加以解释的，认为犬羊之名都是由人来取的，所以可称犬为羊。例如，《尹文子》中所讲的名实相对性的事例就可以引以为证：郑人将没有加工的玉叫作璞，周人则将没有风干的鼠肉叫作璞。因此，从形名的相互关系来说，形在于物，而名在于人。但这种解释过分夸大了名实关系的不确定性，将名的确定看作人完全可以随意的行为，这并不符合语言学的

[①] 孙中原. 中国逻辑史（先秦）. 北京：中国人民大学出版社，1987：97.

规律。如果这样来解释,"犬可以为羊'这一命题显然为诡辩。

与上述解释不同的另一种观点认为,"犬可以为羊"的命题的含义是"犬羊同属四足动物,这命题是从共相来立论的"[①],认为该命题的本意是说明犬羊之间所具有的同一性。这种解释是用惠施"同中有异,异中有同"的"大同异"观点来说明该命题的,但是否符合惠施的思想仍有待于研究。

5. "马有卵"

这同样是一个违反常识的命题。因为用常识的观点来看,马是胎生动物,从而与鸟类等卵生动物不同,但这个命题却说"马有卵",这样就完全混淆了胎生动物与卵生动物的界限。

有人以惠施的"毕同"观点作出庄子式的万物齐一的理解,认为"马有卵"说明的就是:从"万物毕同"的观点来看,胎生动物和卵生动物同属动物,所以二者并无根本差别,所以可以说"马有卵"。这显然是对惠施思想的误解,因为惠施认为事物之间除有"毕同"的一面,也有"毕异"的一面,在同一中是包含着差异的。这种解释将惠施的思想说成是相对主义的,再用相对主义的观点来说明"马有卵",这样就会使人认为"马有卵"是惠施的思想,这是缺乏根据的。

还有人用动物生殖学的原理来说明"马有卵"的道理,认为母马都有卵巢,可排出卵子,受公马精后,才可以坐胎,生出小马。但古代并没有显微镜之类的观察仪器,很难观察到马的卵子,所以这种说法似乎也并不准确。

---

① 陈鼓应. 庄子今注今译. 北京:中华书局,1983:898.

胡适先生则用生物进化的观点来进行解释，他说："马虽不是'卵生'的，却未必不曾经过'卵生'的一种阶级。"[①]但这种观点也只属于一种推测，并无史料根据。

6."丁子有尾"

照成玄英的说法，"楚人呼虾蟆为丁子也"。"丁子"也就是我们现在所说的青蛙之类的动物。青蛙虽然在成体上是无尾的，却是从有尾巴的蝌蚪发育而成的。辩者可能就是从这个意义上说"丁子有尾"的，这是历来占多数的解释。

但也有人从象形文字的角度来进行解释。他们认为，"丁"即"钉"的古文，在篆字中写作"↑"，从象形的意义上说，丁子有尾之形状。这种解释似乎过于浅显，因古字中的"丁"是否有尾对古人来说是一目了然的事情，大可不必进行辩论。

还有人认为，"丁子"就是"钉子"，这个命题就在于指出钉子的细端带有不规则的尖尾。这仍属常识之见。

7."火不热"

这又是一个违反常识的命题。火会烧手，这是连几岁的小孩都懂的浅显的道理，但这些辩者却硬要证明"火不热"。如何理解这个命题，历来也有很多分歧。

许多人用人体对火的感觉来说明。如成玄英就认为，这好比用木杖击打人体，痛的感觉产生于人体，是人痛而杖不痛；如用火来烧烤

---

① 胡适.中国哲学史大纲：卷上．上海：上海书店，1989：244.

人体，热的感觉来自人，是人热而火不热。这种见解似乎是大多数人的共同看法。

还有人用热学的原理来说明。如郭沫若先生就认为，"火不热"是热学上浅显的道理。譬如用手拿一块炽铁，手并不是立即被烧焦的，这是因为手与铁之间瞬时生出了一层蒸汽的障隔。辩者大概就是根据这类现象而得出"火不热"的结论。这种看法虽说不无道理，却属于用现今的科学观点去推测古人的思想，缺乏史料的根据。

更有人用名实分离的观点来说明"火不热"。在他们看来，火只是名，热才是实，所以说火不热。如果认为"火"就是"热"，人们用嘴说出"火"字时，就会被烧坏嘴巴。如果人们说"火"不烧嘴，那么说明"火并非是热"。这种解释虽有道理，但并未脱出常识之见，因凡人都知嘴巴说出"火"字是决不会烧伤嘴巴的。

8."山出口"

对这一命题也有多种解释。成玄英在《庄子·天下疏》中说："山本无口，山名出自人口。"意思是说，"山"这个名称出自人口，所以说"山出口"。但这样一来，该命题就应写作"'山'出人口"了。什么东西的名都出自人口，而辩者为什么单说"山"出自人口？看来这不是该命题的原意。

汪奠基先生则用惠施的观点作解。他说："此题应与'山渊平'合看，两题表示为正反同证。从'口'的共相或名字来说，山有要隘处称山口或关口；河有出纳处称河口或港口；海岸有交通处称海口或岸口。又从山的无限变迁之毕同的概念而言，曰'山渊平'；从山的变动过程所有毕异的概念而言，曰'山出口'；即谓山有谷壑险夷的现象。"①但将"山出口"的命题作为"山渊平"的反题，似乎证据不足。再者，对惠施的"毕同毕异"作如是观，似乎也不合其本意。

似乎多数人比较赞同司马彪的解释："呼于一山，一山皆应，一山之声入于耳，形与声并行，是山犹有口也。"意为因山有回声，所以说山有口。但原命题为"山出口"而非"山有口"。

看来，要对这一命题作出准确理解似乎比较困难。

9．"轮不辗地"

按常识说，车子行驶在地上，其轮子当然是要辗在地上的，还会在地上留下很深的辙印。但这一命题却说：车子行驶，其轮子并不辗在地上。所以，这又是辩者对常识的一个挑战。对这一命题历来多解，主要有这样几种有代表性的见解：

一是用物体运动作解。这似乎是多数人的观点。即认为，运动着的车轮作为机械运动的一个事物，它在同一时间，既在一点又不在一点，既在这点又在另一点。因此，车轮在地上的运动中包含着不辗地的因素，或者说，车轮运动是辗地与不辗地的统一。所以，这一命题所揭示的是物体机械运动的本质问题。这是用辩证的运动观作解。还有相反的看法，如章士钊、钱穆等先生则认为，轮不辗地实与芝诺"飞矢不动""阿基里斯追不上龟"等同理。但汪奠基先生对章、钱之类的观点予以反驳。他认为："过去有人曾引希腊诡辩者芝诺的论证来说明，实际上两家的说法正相反。芝诺是要证明无穷分割为运动不可能，所以他用归谬法，先设其可能，因而假定善走者终不能追过前行的龟。但事实上善走者确可追过龟，所以说距离的无穷分割是虚

---

① 汪奠基．中国逻辑思想史料分析：第1辑．北京：中华书局，1961：177．

伪的，不可能的。惠施则不然，他是由无穷分割出发，而承认其可能的。他以为感觉所见的辗地之轮，只是全轮一端的至小之一端，至小一端与车行的直线上至小一端之合，皆是至小无内的一点，对于全轮与全行线来说，只是'不碾地'的时间速度之运动转变，并无辗不辗的绝对不同性。无疑，惠施派想从空间的无穷分割来排斥实有的差异性，这当然是诡辩的分析方法，他虽然在运动意义上肯定了无限的理论意义，但对于客观事物的逻辑说，却陷入了主观假设不可论证的谬误。"①

汪先生不同意将这一命题说成芝诺的"飞矢不动"与"阿基里斯追不上龟"之类的诡辩命题，认为"轮不辗地"的命题并不像芝诺那样夸大物体运动的间断性，这是正确的。但他却认为这一命题是惠施"至小无内"及"毕同"观点的运用，是用时空的无限分割排斥了实际存在的车轮辗地与不辗地的客观差异，因而导致了诡辩。这种看法仍是从认定惠施思想的实质是"合同异"即抹杀同异差别这一立场出发来分析这一命题的。我们认为，这一命题并非惠施"毕同毕异"思想的运用和体现，因此用"合同异"的观点来解释这一命题是无法得出准确的理解的。

二是用力学观点作解。如郭沫若先生认为，"轮不辗地"据力学上讲来，轮在地上运转时，系以轮与地面接触之点为中心，以轮之直径为半径而旋转。故严格地说，轮的旋转并不是在地上旋转，实际上是向内地旋转。此观点虽很有道理，但不知此力学原理是否为当时辩者所了解。

三是用共相与具体的区分来作解。如冯友兰先生认为："'轮不辗地'。可以说，轮之所辗者，地之一小部分而已。地的一部分非地，

---

① 汪奠基. 中国逻辑思想史料分析：第 1 辑. 北京：中华书局，1961：185.

犹白马非马。也可以说，辗地之轮，乃具体的轮；其所辗之地，乃具体的地。至于轮之共相则不辗地；地之共相亦不为轮所辗。"[1]具体的、实在的轮辗的是具体的、实在的地，这可以说是"轮辗地"；但如从共相即"轮"和"地"的抽象的一般概念来说，却可以说是"轮不辗地"。再换一角度说，轮子所辗之地乃地之极小一部分，所以以公孙龙"白马非马"的观点来说，部分并非整体，这被辗的一小部分地并非就是"地"，所以说"轮不辗地"。冯先生此说有一定道理。

10."目不见"

目，也就是眼睛，是可以看到东西的（盲人及患眼病者除外），这恐怕是没人怀疑的。但这个命题却与这无人怀疑的常识唱起了反调，硬说"眼睛见不到东西"，辩者这一命题的含义及目的是什么？历来有不同的解答。

照通常的解释，就是认为辩者这一命题的含义是：人光有两只眼睛并不一定就能看到东西，因为目能见物这一功能的实现还必须具备其他的条件，如光线、精神等。没有光线，在漆黑一团的情况下，目当然不能见物。目能见物也离不开精神的作用，如果我们对眼前某物并不关心，往往会产生所谓"熟视无睹"的情况，这一点已被现代心理学及认知科学所一再确认。我们认为，作这种解释是比较合理的。辩者所想说明的就在于，不能认为只要长着眼睛就一定会见到东西，某物的功能的实现必须依赖一定的条件，眼睛等人体器官如此，任何事物又何尝不是如此？

---

[1] 冯友兰.中国哲学史新编：第2册.北京：人民出版社，1984：178.

还有人力图用光学原理来说明"目不见"的道理，如郭沫若先生就认为，目所见者只是物的返光，而非物的本体。这虽是光学的基本原理，但光本身也为一物，目见光也就是目见物，而非"目不见"。

冯友兰先生则仍用"共相"说解之。他说："若就本体论方面言，则目之共相自是目，火之共相自是火，神之共相自是神，见之共相自是见。四者皆'离'，更不能混之为一。"[①]这是冯先生用公孙龙的观点解释"目不见"的命题。因《公孙龙子》中曾说："白以目〔见〕，〔目〕以火见，而火不见，则火与目不见而神见；神不见，而见离"（《公孙龙子·坚白论》）。从认识论角度看，公孙龙认为，目见白之物必须具备目、光和精神的作用。如只有目，则并不能见。如从本体论的角度看，目、火、神、见作为共相，是相互分离着的、独立着的。如能确认"目不见"为公孙龙或公孙龙一派的观点，冯先生的这一见解自然是合理的，但上引公孙龙的那段话并不见得与"目不见"有什么内在联系。

汪奠基先生则坚持认为"目不见"为惠施的观点。他说：此为惠施的辩题，惠施的意思正是说共相概念是不可见的；公孙龙的论证，则从神之见而见离的观点来指出"不见"的绝对意义。这与惠施所指的共相概念是有区别的。汪先生这一见解区分了公孙龙与惠施在"目不见"问题上的不同点，但他断言这是惠施的辩题，不知根据何在？

11."指不至，至不绝"

这是一个很深奥的认识论命题，它的大概意思是：人们用概念并不能达到对事物本身完全的把握，即便是已把握的东西也不是绝对

---

① 冯友兰.中国哲学史新编：第2册.北京：人民出版社，1984：178.

的，人对事物的认识是相对的，永不会穷尽的。从名实关系上来说，名与实相符也只是相对的。因为实的性质或属性是无穷的，所以名对实的反映是一个无限的过程。

命题的"指"，本意是手指，或以手指指物的行为，但在公孙龙的指物论中，指就被赋予了用"概念"或用"共相"表示具体事物这种本体的意义。"指不至"的意思就是：以手指指物或用名表示事物，总会有遗漏，总是相对的。"至不绝"的意思就是：用名来把握事物、表示事物，是一个无限的过程，永远没有绝期。所以，从总体上来说，这是一个关于人们认识过程的辩证命题，它表现了人的认识的相对性。这是多数人所持的见解。

但汪奠基先生认定这是惠施的命题，认为用公孙龙的观点来解释这一命题是不确当的。他说："所谓'指不至，至不绝'，就是历物第一题论无外无内的大一小一之不可感相的抽象说法。'指'就是'指事'的'指'，《说文解字》以'视而可识，察而见意'来释指事，我们借此可以了解所谓'指不至，至不绝'者，乃谓无穷大或无穷小是视察不到的；即令到了，也达不到绝对的穷尽。"[①]汪先生的这一见解同上述第一种见解一样，都是合理的，但问题仍在于，这一命题是否属惠施的命题仍是有待证明的问题。第一种见解则根据较为充分，因为公孙龙的"指物论"确有这种观点。

12."龟长于蛇"

一般来说，蛇的身体是要比乌龟的身体长的，特别是在二者都是成体的前提下更是如此。当然，也不排除蛇的某些品种可能身体很

[①] 汪奠基．中国逻辑思想史料分析：第1辑．北京：中华书局，1961：178．

短，还没有乌龟的身体长。但这一命题却认为龟的身体在任何情况下都长于蛇，因为它是作为一个普遍命题提出的。辩者是如何解释和论证这一命题的，现已无法知道，因而后人提出了种种的见解来说明之。

一种带有普遍性的观点是：这一命题所表达的意思是庄子关于长短大小的相对主义观点。庄子曾说过："天下莫大于秋毫之末，而泰山为小；莫寿于殇子，而彭祖为夭。"（《庄子·齐物论》）以道的观点来看，泰山并不为大，因为大之中还有更大，与这更大相比，泰山只能说是小；同样，秋毫之末也不能算是小，因小中还有更小，与这更小相比，秋毫之末只能说是大。殇子刚出世就死了，可以说是夭，即命短之人；彭祖活到了八百多岁，可说是长寿了。但以道的观点来看，长寿之中更有长寿，所以彭祖也可说夭；殇子虽说刚出生就死了，但命短之中还有更命短的，所以殇子也可说长寿了。从这种相对主义的观点出发来看龟、蛇之长短，自然会得出"龟长于蛇"的结论。从常识看，蛇长龟短，但以道的观点来看：长中还有更长，与更长相比，蛇只能说是短；短中还有更短，与更短相比，龟也算是长了。这是许多人所持的见解。

还有一种见解，就是用惠施"大一"的观点来对"龟长于蛇"作解，认为以惠施"大一"的观点来看，整个宇宙空间是无限的，相对于这种无限的空间，龟蛇可以说根本就没有长短的区别，甚至可以说"龟长于蛇"。这种解释并不确当，因为相对于无限的空间来说，龟蛇的确可以说是没有长短的区别，既无长短之区别，又怎能说"龟长于蛇"？

还有一种具有代表性的观点，即用蛇龟的寿命长短来解释"龟长于蛇"，即认为蛇的身体虽长，但命短，龟的身体虽短，但寿命很长，从这个意义上完全可以说"龟长于蛇"。这种解释虽可通，但似乎与原命题不太相符，因为说"龟长于蛇"，若指二者身体长短的比较，似乎不会引起异义；但说是寿命的长短，就较容易导致歧解。再说古人很少说"人的寿命长短"，而往往用寿来表示寿命长，夭来表示寿命短。既如此，何不明确说："龟命长于蛇"？但这种常识之见，对辩者来说是不屑一顾的。

但不论怎样解释，这一命题的旨意在于说明长短的相对性，这似乎没有什么歧义。

13. "矩不方，规不可以为圆"

"矩"是画直角或方形的工具，"规"则是画圆形的仪器。矩也可叫作矩尺，规也可叫作圆规。《荀子·赋》说："圆者中规，方者中矩"。意思是说，圆是由规画出的，所以必然符合规，方是由矩画出的，所以必然符合矩。但辩者认为，矩并不方，而规也不能画出圆来。看起来这命题似乎有些强辩的意味，但仔细分析起来也确有它的道理。

"矩"既可作画方形的工具讲，也可指方形本身；"圆"也如此。这一命题的意思是说，用矩画出方形与"方"的概念比，并不能算真正的方，因为画出的方形再方也总是有误差的；同理，用圆规画出的圆形再圆也总是有误差的。所以，实际存在的个别圆形并不是绝对的圆形，实际存在的个别方形也不是绝对的方形，从这个意义上说"矩不方，规不可以为圆"是完全合理的。

汪奠基先生认为，这一命题乃是惠施"大同异的相对综合观的表现"[①]。高亨先生更具体论证说："方为大同之名，矩所为之方，乃

---

① 汪奠基. 中国逻辑思想史料分析：第1辑. 北京：中华书局，1961：182.

某一方，为大异之名，而非方矣。……圆为大同之名，规所为之圆，乃某一圆，为大异之名，而非圆矣。"[1]其意为，圆的概念即名，概括了所有圆形的共同规定，所以是"大同"之名，圆规画出的圆则是千差万别、形态各异的，所以是"大异"之名，从这个意义上说，后者并不是"圆"。同样，方的概念或名是所有方形的共同规定性，所以是"大同"之名，而用矩所画出的方形也是千差万别的，所以是"大异"之名，从这个意义上说，后者也不是"方"。作此解似乎亦可说通，但前提是必须证明这是惠施的观点，而此说并没能证明这一前提。

14."凿不围枘"

"凿"即人们通常所说的卯眼，也称榫眼。"枘"就是榫头。木工凿出榫眼，然后用榫头塞进榫眼，用以联结两个物体，所以必须力求做到使榫眼与榫头吻合无隙；但在实际操作中，人们并不能完全做到这一点，因为二者之间总是会存在着一定的误差，不可能完全绝对地相合。辩者通过这个命题所要论证的就是，由于各个事物所具有的特殊性，世间没有哪两个事物是可以完全相合的。这是一种带普遍性的见解。

15."飞鸟之景未尝动也"

"景"就是"影"。该命题字面的意思是：飞鸟的影子未曾动过。这是论证物体运动本质的一个命题，是极富哲学意义的。它与古

---

[1] 高亨．高亨著作集林：第6卷．北京：清华大学出版社，2004：128．

希腊著名辩者芝诺所提出的"飞箭不动"的命题极为相似。芝诺的论证是这样的：一只箭在飞，就是说它在一定时间内经过许多点，但是它在每一瞬间都必然停留在一点上，因此它是静止的。把许多静止的点集合起来，仍然是静止的，所以"飞箭"实际上是不动的。芝诺的这一论证看到了物体运动的间断性的一面，但否定了其连续性的一面，所以是一种片面的观点。但他的确接触到了物体运动的本质，因而其所言又不是毫无道理的。对辩者的"飞鸟之景未尝动也"这一命题也应作如是观。

《列子·仲尼》说公孙龙也有"有影不移""影不移者，说在改也"的主张。可见，"飞鸟之景未尝动也"的命题应属公孙龙一派的观点。《墨子》曾对这一问题作过论证，说"景不徙，说在改为"（《墨子·经（下）》）。"光至，景亡；若在，尽古息。"（《墨子·经说（下）》）这就是说，一物体在此处因遮光而留下阴影，当其移至别处时，此处光到影无，而别处物至挡住光线又形成新的影子，所以新的影子并非旧影子的移动，而是不断重复形成的。《墨经》的这个思想可视为对"飞鸟之景未尝动也"这一命题的论证。在物体运动的本质问题上，这种论证与芝诺的论证是极为相似的。

但有些学者不同意这一命题是公孙龙派的思想，而认为是惠施的思想。如汪奠基先生认为："本题主要提出了：同一运动在时间一瞬中的相对关系。这里最值得注意的是：一方面承认飞鸟是动的；另方面认为无穷分现的鸟影，有未尝动的瞬间。辩题既指出了动静相对的同异，亦指明了影不自动的差别。""按此题表面亦有似于芝诺的时间关系说。但实际却有不同。芝诺是说：两物体运动的关系于同速度地运动于同距离中而不能同时达到。惠施的说法，则是以动点来相对地说明静点转移。芝诺是否定同时性的矛盾，而惠施则直认正反相成的运动。"①汪先生从惠施的观点出发来解此命题,得出了与前述观点不同的结论,认为这一命题既不同于芝诺"阿基里斯追不上龟"之类的观点,另一方面又看到了影子既动又不动这一正反相成的辩证关系。所以这一命题属惠施,而不属公孙龙,因此不能以公孙龙的思想来解释。但问题在于,对这一命题作辩证的理解似乎并不妥当,因为它强调的是影不动的瞬间,而非动与不动的统一。下面这个命题倒是真正体现了一种辩证的运动观点。

16."镞矢之疾,而有不行不止之时"

镞矢,指轻捷之箭。疾,意为飞速。这一命题的意思是:飞得很快的箭,在每一瞬间既不动又在动;既在这一点,又不在这一点。这一命题充分体现了辩证法关于运动本质的观点:物体在同一瞬间既在一个地方,又在另一个地方。这种矛盾的连续产生以及同时的解决,就是运动。这在当时是一种非常卓越的见解。

但有些学者认为这一命题在本质上与上一命题"飞鸟之景未尝动也"一样,是一个形而上学或诡辩论的观点,认为这一命题强调的是以时间的无限分割为基础的飞箭停止的瞬间,因此这一命题也就是芝诺的"飞箭不动"。这种见解显然与命题的含义不符,因为它恰恰强调的是:飞箭的运动是连续性与间断性的辩证统一。

17."狗非犬"

以常识的观点看,狗即是犬,犬即是狗,二名一实,只不过是

---

① 汪奠基. 中国逻辑思想史料分析:第1辑. 北京:中华书局,1961:186.

一个东西两个名字罢了。然而，辩者却硬要抠字眼，说狗不是犬。但这种违背常理的观点竟也被辩者说得头头是道，并由此引出一个大道理来。这一命题的意思就是：犬与狗仍有所差别，因而不能说狗就是犬，事物只能是与自身相同一的。其根据就在于，《尔雅》中曾说过：犬未成豪曰狗。意即尚未长大的犬叫狗，即小犬是狗，狗长大了才可以叫犬。根据这种见解，辩者提出了"狗非犬"的命题。这一命题在本质上与公孙龙的"白马非马"是同一性质的命题。它所强调的是必须严格遵循形式逻辑"$a=a$"的同一律，狗就是狗，犬就是犬，狗不能既是狗又是犬。这在形式逻辑的范围内虽有其道理，但以辩证逻辑的观点来看，这一命题就不完全合理了，因为它过分强调了事物的自身同一，忘记了同一中亦包含着差异。所以，看这一命题是否合理，必须注意看问题的角度和出发点，即要看是在哪个逻辑系统范围内讨论问题。

18. "黄马骊牛三"

这一命题与前面的"鸡有三足"是同一类型的辩题。辩者认为，"黄马"与"骊牛"（骊：纯黑色）这两个实际存在的动物再加上"黄马骊牛"的概念，可以说是"黄马骊牛三"。这是多数人对此命题的解释。

但有些学者对此提出异议，认为"黄马骊牛三"的"三"字是"非"字之误，原文可能是"黄马非骊牛"，而在流传过程中一误而为"黄马三骊牛三"，再误而为"黄马骊牛三"。该命题的思想实质，应当与"狗非犬"为同一类型。这种推论似有些道理，但原文是否有误以及如何产生这些误写是十分难以证明了。一般说来，由于年代的久远，原文也有可能产生一些误写或以讹传讹的情况，但似乎像这类命题型的论断产生一误再误的可能性并不太大。

大多数人都认为，这个命题属于公孙龙一派的观点。但也有人认为是属于惠施的。如汪奠基先生就认为："从惠施合同异的论点来说，本题的性质是在注意逻辑概念组合的形式问题。……'黄马'，'骊牛'是两个外延有限的普遍概念，它们在外延和内涵上，都具有一定的逻辑关系。在内涵上有其共同属性，亦有其不同的特殊性（牛为反刍动物，牛有角，马无角，等等），因此，在两概念同时出现或组成一个句子的时候，如果发生联断句法的问题，则至少有三种可能的理解。即单是说黄马、骊牛两个概念与合言为一个概念：'黄马骊牛'。前者是常识易解的，后者是作整体统一体出现的，作为专指黄骊这种形色的牛马所构成的'牛马'整体概念出现的。惠施的辩题指明'黄马骊牛三'，正为告诉人们有这两方面所含的逻辑语法问题。"① 汪先生还指出了惠施与公孙龙在这一问题的区别，认为公孙龙也想辨清这个问题，他和惠施都是要从个体和共相的概念关系上指出逻辑分析的特殊形式。"但是对于惠施来说，他是要由离合的相对范畴来明确逻辑概念的特殊表现，而公孙龙则专由离异的绝对观点，把惠施的这一论题完全推到'二不一'，'一不相盈'的僻论上去了，这就是公孙龙把本来偏于合同异的逻辑分析，转换为离坚白的绝对主义逻辑的诡辩形式之一。"②

汪先生从逻辑分析的角度，对"黄马骊牛三"的命题作了十分深入的分析，并揭示了惠施与公孙龙在这一问题上的区别。但从原文看，这一命题与"鸡有三足"之类的命题是完全一致的，而汪先生所作的推理也只是从惠施的思想出发对这个命题作了自己的分析，这种分析是否是惠施本人的思想却很难加以确证。因为从所有惠施的有关

①② 汪奠基.中国逻辑思想史料分析：第1辑.中华书局，1961：179.

思想材料来看，惠施似乎并没有提出或论述过"黄马骊牛三"之类的命题。所以，我们认为汪先生的见解是有待商榷的。

19."白狗黑"

这个命题的确切含义如何已无法得知，但从命题本身看，这无疑又是一个与常识唱对台戏的论点。从逻辑的角度看，这显然是一个自相矛盾的提法。

《墨子·小取》曾有这样一个推论："之马之目眇，则谓之马眇；之马之目大，而不谓之马大。之牛之毛黄，则谓之牛黄；之牛之毛众，而不谓之牛众。"意思是说：这一匹马的一只眼瞎了，可以说这是一匹瞎马；这一匹马的眼睛大，却不能说这匹马大。这头牛的毛黄，可以说它是一头毛黄的牛；这头牛的毛多，却不能说牛很多。

有人依据《墨子·小取》的这个推论来解释"白狗黑"的命题，如《经典释义》引司马彪注说："狗之目眇，谓之眇狗；狗之目大，不曰大狗。此乃一是一非。然而白狗黑目，亦可谓之为黑狗。"这就是说，按《墨子·小取》的推论，"狗的一只眼瞎了，可以称之为瞎狗；狗的眼睛大，却不能说是大狗。这个说法中，前一句是对的，后一句是错的。然而，如果一只白狗长着黑眼睛，也可说它是黑狗"。这种推论是不合理的。狗的一只眼瞎了，我们可以说它是一条瞎狗，但决不能由此而推论出：一只白狗长着黑眼睛，就可以说它是黑狗。正如《墨子·小取》所说的那样，马的眼睛大，决不能因此而说此马大。这显然犯了机械类比的错误。大概提出这一命题的辩者也正是通过这种机械类比而提出"白狗黑"的。

从另一个角度说，如果辩者是由白狗的眼睛是黑的而推出"白狗黑"的结论，这又犯了以偏概全的逻辑错误，就如"瞎子摸象"

一般。

　　另有一些学者则用共相的观点来作解。如汪奠基先生就持此说，他认为："盖谓狗虽有白黑色的不同，但从共相的'狗'与'颜色'的概念来看是相同的，因为同为狗，同为色，故曰白狗黑也可。"[1]意思是说，具体的狗虽有白色黑色的不同，但从共相，即抽象的"狗"与抽象的"颜色"来说，不管什么狗都只是"狗"，不管什么颜色都只是"颜色"，所以说"白狗黑也可以"。这种解释也能说得通。但汪先生仍把这种观点说成惠施的，并说这是惠施取大同异而无视小同异的错误判断，这并不符合惠施的思想。实际上，从共相的观点出发得出"白狗黑"的结论，就如汪先生自己所言"此题亦可作为'白狗非白'这一命题来理解"，虽然判断形式由肯定式变成了否定式，但命题的含义并没有发生变化。如果"白狗黑"确实可看作"白狗非白"之解，那么，"白狗非白"与"白马非马"一样属于公孙龙的思想，而不属于惠施的思想。

20."孤驹未尝有母"

　　就如父母双亡的孩子被称为"孤儿"一样，小马驹死了母亲也被称为"孤驹"。《列子·仲尼》曾说，公孙龙有过"孤犊未尝有母"的主张。"犊"即为"牛犊"，虽然"驹"与"犊"不同，但这两个命题的意思是完全一样的。《列子·仲尼》对这一命题的解释是："孤犊未尝有母，非孤犊也。"意思是，没有母亲的小牛才叫孤犊，（如有母亲）就不叫孤犊了。但此解并不确切，"孤驹（犊）未尝有母"的意思是，孤驹或孤犊从来就没有过母亲。"未尝有母"，就是说不论过

---

[1] 汪奠基. 中国逻辑思想史料分析：第1辑. 北京：中华书局，1961：174-175.

去和现在都未曾有过母亲。所以大多数人都认为这一命题是错误的，因为这一命题否定了孤驹曾有母的事实，将未孤时之驹与孤驹之间的内在联系完全割裂了开来。事实上，任何小驹都曾有母，只有在其母死后才成为孤驹。所以这一命题所采取的是取其一而舍其二的诡辩手法；从思想方法来说，则是一种以偏概全的形而上学观点。

但也有些学者认为"孤驹未尝有母"的命题是正确的。如莫绍揆先生就认为，母未死时不叫孤犊，但从叫"孤犊"时，便没有母了。所以，以孤犊的身份言，"未尝有母"是完全正确的。莫先生对"孤犊"作了严格的时限界定，认为在此意义上完全可以说"孤犊未尝有母"，此解也可成立。

看来，要正确理解"孤驹未尝有母"，首先必须明确此论题中"孤驹"的时限及身份，如果不加以限定而泛泛去说"孤驹未尝有母"，就必然会导致诡辩。但从原命题来看，辩者似乎并未作明确界定，所以有诡辩之嫌。

21. "一尺之棰，日取其半，万世不竭"

"棰"，木杖。这命题的意思是说：一尺长的木杖，每天取其一半，可以永世分割下去。这一命题所要说明的道理是：物质可以无限地分割下去。这是一种物质无限可分的辩证思想，正如冯友兰先生所说："这个辩论实际上猜测物质是有限和无限的统一，这是一种辩证思想。"

但对如何理解无限分割，又有不同的解释。一是用数学来解释。如孙中原先生就作此解。他认为："一尺之棰是长度有限的物体，却包含着无限的成分。每日将其一分为二，永无分完之时。用数学公式表示，第1天剩1/2尺，第2天剩1/4尺，第3天剩1/8尺……第 n 天剩 $1/2^n$

尺。当 n 趋于无穷大时，$1/2^n$ 的数值无限接近于零，但永远也不等于零。也就是说，当 n 趋于无穷大时，$1/2^n$ 趋于无穷小。用高等数字符号 lim（极限）和 ∞（无穷大）表示，这个运算公式就是：

$$\operatorname{Lim} n \to \infty \quad 1/2^n = 0$$

……它说明，一个有限长度的几何线段，是可以无限分割的，有限和无限是辩证的统一。"[1]

二是用时空无穷分割的可能性来作解。如汪奠基先生就认为："辩者常持'物不尽'与'尽物长有'的两反之争，惠施派即概括两论以释矛盾统一的可能，对于日取其半而言，则永为无穷分割的不尽；对于一尺之棰而言，则仅为有限的尽度存在。"[2] 就一尺之棰而言，它是有限的，但就对它进行无穷分割的可能性而言，它又是无限的，所以这一命题"是对空间时间无穷分割的可能性所作的总例证"。

但也有人对上述说法提出异议。他们认为，用现代科学的观点来看，"一尺之棰，日取其半，万世不竭"虽是一个天才的猜测，但它毕竟是在科学极端落后的条件下由思辨产生的思想，并不符合现代自然科学的观念，与建立在现代自然科学基础上的"物质无限可分"的辩证法思想也不可同日而语。这是因为，从现代自然科学来看，一尺之棰作为一有限物，虽包含着无限可分的可能性，但将它分割到一定程度时，由量变就导致了质变，棰就不成其为棰了，而是到了原子的层次，原子虽仍可继续分割为基本粒子乃至夸克、层子等，但这时就不能说是在分割棰了。可见"一尺之棰，日取其半，万世不竭"的命题只注重了量的方面，而根本没有看到质的方面，所以有其片面性，许多人将这一命题与现代"物质无限可分"的辩证观念相提并论并不恰当。此说确有其道理，如将该命题放在当时的历史条件下来看，其科

---

[1] 孙中原. 中国逻辑史（先秦）. 北京：中国人民大学出版社，1987：105-106.
[2] 汪奠基. 中国逻辑思想史料分析：第1辑. 北京：中华书局，1961：187.

学和哲学的价值也是甚为伟大的。

归属难定

辩者"二十一事"究竟是谁的思想？是惠施本人的？还是惠施弟子的？还是公孙龙的？抑或是部分属惠施及其学派，部分属公孙龙及其学派？这是历来充满争议的问题。

一种观点认为，"二十一事"属惠施本人的观点。持这种观点者依据《庄子·天下》的有关评论，认为《庄子》就认定"二十一事"为惠施所有。例如，《世说新语·文学》刘孝标注云："庄子曰：'惠施多方，其书五车，其道舛驳，其言不中。谓卵有毛、鸡三足、马有卵、犬可为羊、火不热、目不见、龟长于蛇、丁子有尾、白狗黑、连环可解，能胜人之口，不能服人之心，盖辩者之囿也。"这可说是具有代表性的观点。

我们认为，这种观点立论的根据不足，因为观《庄子·天下》原文，毫无将"二十一事"归于惠施之意。它在叙述了惠施的"历物十事"之后说道："惠施以此为大，观于天下而晓辩者，天下之辩者相与乐之。"在叙述了辩者"二十一事"后又说："辩者以此与惠施相应，终身无穷。"这清楚地表明，在《庄子·天下》的作者看来，"历物十事"乃惠施所有，并以此大观于天下辩者。在辩论过程中，辩者又提出了这"二十一事"来与惠施相对应。惠施可能也积极参与了对这"二十一事"的辩论，但惠施发表了什么观点和见解，并不见于文字记载。可见，这"二十一事"并不是惠施本人的观点，而是由天下辩者所提出的。

汪奠基先生则认为，辩者"二十一事"与惠施的"历物十事"存在着内在的联系，因而属惠施及以其为首的辩者所有。他说："我们前面反复说过，惠施不仅以历物之意晓辩者，而且更时与辩者讨论许多历物论或相反的辩题，例如二十一事之类的题目，就是他与辩者常相争辩的问题，有的则是与《墨经》下派互相讨论的。"①因而他对"二十一事"的解释都是从他所理解的惠施"合同异"思想出发来作解的。与前一种观点不同，汪先生不是依《庄子·天下》的观点为根据而将"二十一事"归于惠施，而是通过具体分析"二十一事"中的思想来证明其为惠施及以其为首的辩者所有，但由于他是以惠施"合同异"思想为根据来理解"二十一事"的，所以他赋予"二十一事"的含义就只能是惠施式的了。这样，由于先入之见，认定"二十一事"为惠施及以其为首的辩者所有，其结论自然也是如此，但这样并不能真正证明"二十一事"为惠施及以其为首的辩者所有。

与上述观点相反的，是主张辩者"二十一事"为公孙龙或公孙龙一派所有。如李石岑先生就认为："《天下》篇所载的二十一事大概是公孙龙及其同派的主张。"②对这种说法，杨俊光先生在其《惠学锥指》一书中曾作了详细分析和论证，说明以"二十事"（杨先生认为"卵有毛""鸡有三足"为一事，故认为辩者"二十一事"实为"二十事"）"与惠施相应，终身无穷"的辩者不是公孙龙，而是公孙龙的前辈。我们认为，说"二十一事"全为公孙龙所有并不确切，但也并非没有公孙龙提出的命题，我们可以《列子·仲尼》的有关记载

---

① 汪奠基.中国逻辑思想史料分析：第1辑.北京：中华书局，1961：171.
② 邱志华.李石岑学术论著：中国哲学十讲.杭州：浙江人民出版社，1998：168.

为证。公孙龙的学术生涯虽稍晚于惠施，但也并非没有与惠施辩论的可能，这是因为，惠施提出"历物十事"恰在他的晚年，而这时可能正是公孙龙在学术上初露头角的时期。《庄子·天下》在论述完惠施"历物十事"和辩者"二十一事"后，紧接着就论述到了桓团和公孙龙，说："桓团，公孙龙，辩者之徒……"即明确认为桓团与公孙龙就是辩者之类的人。由此可证，辩者"二十一事"中很可能就有桓团、公孙龙的观点，所以不能说以"二十一事"与惠施相应的只是公孙龙的前辈而不包括公孙龙在内。

第三种观点，即从将名家划为以惠施为首的"合同异"派和以公孙龙为首的"离坚白"派的主张出发，把辩者"二十一事"一分为二，一部分划归惠施一派，一部分划归公孙龙一派。如冯友兰先生就提出属公孙龙"离坚白"派的有"鸡有三足""火不热""轮不辗地""目不见""指不至，至不绝""矩不方，规不可以为圆""凿不围枘""飞鸟之景未尝动也""镞矢之疾，而有不行不止之时""狗非犬""黄马骊牛三""孤驹未尝有母""一尺之棰，日取其半，万世不竭"等十三事，其余八事则属惠施"合同异"派。侯外庐、任继愈等先生亦持此说。

另有一些学者虽也同意冯先生对名家"合同异"派和"离坚白"派的划分，但在"二十一事"的归属上则认识略有不同。如许抗生先生就认为，属"合同异"一派的有如下九个命题："卵有毛""郢有天下""犬可以为羊""马有卵""丁子有尾""山出口""龟长于蛇""镞矢之疾，而有不行不止之时""白狗黑"，其他十二事则属"离坚白"派。这种划分与冯先生的不同处在于将"镞矢之疾，而有不行不止之时"划归了"合同异"派。此外，郭沫若等先生则将"白狗黑"和"犬可以为羊"也划入了公孙龙的"离坚白"派。

与上属观点不同的看法则认为："二十一事的绝大部分属于惠施学

派；间有与公孙龙思想为类者仅三事，可能是被《天下》作者误认为惠施思想而羼入。"①杨俊光先生在对"二十一事"的思想内容经过详尽分析后，认为只有"狗非犬""黄马骊牛三""孤驹未尝有母"等三题才属公孙龙思想的系统，属以公孙龙为代表的学派所特有。②

我们认为，根据对辩者"二十一事"思想内容的分析而对其进行学派的划分是完全可以的，但由于《庄子·天下》只有命题的记载而没有具体的推论过程，所以人们对"二十一事"的解释和理解往往是从惠施或公孙龙的思想出发去加以理解和解释，但这样一来，由于先入之见的作用，一方面很难对"二十一事"作出准确的解释，很难确定其真正的含义之所在；另一方面，也很难对"二十一事"作出准确的学派划分。这正是存在对"二十一事"有形形色色的解释和理解、存在对"二十一事"学派划分的各种歧见的根本原因。因此，我们无法确定哪种观点是正确的、哪种观点是错误的，只能将它们看作一种学术探索成果来对待。但这决不是说我们不可以表明自己的见解，即使这种见解也只是一种与上述种种观点一样的学术探索成果而已。基于这种认识，我们也简要地谈谈自己的不同看法。

第一，正如大家所看到的那样，辩者"二十一事"的内容十分复杂，大多数是一些违反常识的命题，《庄子·天下》所记叙的也只是一些结论而没有前提和推论过程，因此要依据自己的推测和解释来进行学派的划分和分类并不是一件容易的事情。所以，前述的各种划分可以说都有其各自的依据和道理，不宜轻易否定，但也不能视为定论。对辩者"二十一事"的各种学派归属的划分，也只能是大致的、原则性的。

第二，由于"二十一事"的内容极为复杂，是否属所谓的"合

---

① 杨俊光.惠学锥指.南京：南京大学出版社，1991：58-59.
② 同① 184.

同异"派或"离坚白"派，这仍是一个有待商榷的问题。在前面，我们已对惠施的思想是否"合同异"的观点作出自己的分析，认为在严格的意义上，惠施的思想并不是那种完全抹杀了同与异相互区别的"合同异"的相对主义，而是主张同中有异、异中有同的辩证法思想，在这个意义上，惠施并不是"合同异"相对主义的思想代表。所以，依据惠施是"合同异"相对主义学派的首领这种判断对"二十一事"分析，并将部分或全部"二十一事"划归惠施本人所有的主张，我们是难以同意的。当然，从另一方面来说，既然惠施曾以"历物十事""观于天下而晓辩者，天下之辩者相与乐之"，而且辩者也以"二十一事""与惠施相应，终身无穷"（《庄子·天下》），因而也就不能否认惠施思想对提出"二十一事"的辩者可能会产生影响，所以受这种影响的辩者提出一些与惠施思想相近的命题也是非常可能的。此外，从支持归属公孙龙一派的学者观点来看，《列子》等文献中曾明确将"二十一事"中的一些命题说成公孙龙的主张，所以"二十一事"中有些命题可以划归公孙龙及其一派，但究竟哪些命题属公孙龙一派，仍是需要进一步研究的。除了受惠施影响所提出的命题以及属公孙龙及其一派的命题，我们也不能排除还有一些可能是不属这两派中的任何一派的辩者的思想。例如，在当时有很大影响的兒说就有"白马非马""连环可解"之类的主张，而他就很难划为惠施一派或公孙龙一派。如按前面对"二十一事"的划分，兒说则是被排除在外的。再如《庄子·天下》中与公孙龙并提的桓团，在当时也是有很大影响的辩者，可惜其思想资料已全部遗失了，但恐怕其思想也不可能与公孙龙毫无二致。我们强调这一点的目的在于说明，《庄子·天下》所谓辩者，在学派上并非整齐划一地不属惠即属龙，在思想上也并非不属"合"即属"离"。因此，对辩者"二十一事"恐怕也很难做到泾渭分明地"一分为二"。"天下辩者"形形色色、思想各异，《庄子·天下》的作者不可能将他们的观点一一列举，所以只选出其中比较重要、讨论比较热烈的"二十一事"，但这"二十一事"肯定反映了辩者的各种思想倾向，而不会只反映惠、龙这两派的观点。

第三，就辩者"二十一事"本身来说，因有关思想资料的缺乏，对于其中一些命题所包含的意义，今天已无法给予确切理解，在这种没有确切理解的情况下，要作出确切的学派划分恐怕是不可能的。硬将它们归属于哪一学派，就难免有些牵强。再就现在能作出一定合理解释的命题来说，其思想也十分复杂，有些是明显的诡辩，有些则属辩证或科学的思想，而且还存在着一个辩论的前提、角度、论证方法等方面不可确考的问题，在这种情况下，对其进行学派划分就很难实现准确、科学。

通过以上的分析，我们认为：首先，不宜对辩者"二十一事"进行硬性的学派划分；其次，如对"二十一事"进行大致的划分，可分惠、龙及其他辩者这三类，而不仅仅是惠、龙两派；再次，"二十一事"虽有受惠施思想影响而提出的一些命题，但不能将其归于惠施本人，而只能说是惠施的弟子或后人的思想，只能算作广义的惠施一派。

基于上述看法，我们认为，在"二十一事"中可以比较确切地归属公孙龙学派的只有"鸡有三足""黄马骊牛三""目不见""指不至，至不绝""飞鸟之景未尝动也""孤驹未尝有母""狗非犬"等七个命题，这些命题属公孙龙及其一派所有，理由在前述解义中已有阐述。这些命题或有文献明确指明属公孙龙，或从《公孙龙子》中可找到相同的论述，或与公孙龙"白马非马"的思想基本一致。

与惠施有思想联系，可属广义的惠施一派的命题，大致有"一尺之棰，日取其半，万世不竭""镞矢之疾，而有不行不止之时""矩不方，规不可以为圆""凿不围枘"等四题，理由在于："一尺之棰，日取其半，万世不竭"这一命题与惠施"大一""小一"的思想相吻合，"一尺之棰"也是由"小一"所组成，而"小一"由于"至小无内"，所以是无限的。"小一"如此，"一尺之棰"又为何不能无限地分割下去？可见这一命题的思想倾向应属广义的惠施一派。"镞矢之疾，而有不行不止之时"，这一命题与惠施"日方中方睨"的思想比较一致，通过惠施对"日方中方睨"思想的分析，我们可以看到他已基本上猜测到了物体运动是间断性与连续性的统一，而"镞矢之疾，而有不行不止之时"也表明了这种辩证的观点，所以可视为在惠施思想影响下的辩者所提出的一个命题。"矩不方，规不可以为圆"和"凿不围枘"这两个命题所表明的是一种"同中有异"的思想。矩与方、规与圆、凿与枘虽有相同的一面，但也有差异的一面，完全相同、没有差异的两种事物是根本不存在的。有些学者将这两个命题统统归属于公孙龙。其实，公孙龙所强调的正是形式逻辑"$a=a$"的同一律，强调的是事物或概念自身等同的一面；在他看来，同就是同，异就是异，不可能有什么同中有异、异中有同。所以，上述两命题所表现的刚好是与公孙龙这一思想相反的思想倾向。

至于其他的十事，则很难判定其基本思想倾向："轮不辗地""龟长于蛇""卵有毛""马有卵""丁子有尾""山出口""犬可以为羊""郢有天下""火不热""白狗黑"等，一是由于对原命题的含义难以确切理解，二是这些命题中有的可能是受公孙龙或惠施的影响而提出的，有些则可能是由独立于惠施、公孙龙两派的辩者所提出的，由于没有可供考察的思想依据，所以很难作出明确的学派划分。而这些命题中有一些应当说是属于诡辩命题，这与惠施和公孙龙的思想并不相合，这是因为，惠施的思想从根本上说属辩证思维，公孙龙的思想则属知性思维，他主要阐述的是形式逻辑的观点，知性思维虽有局限，但不能算作诡辩（这一点我们将在下面仔细分析）。因此，这十个命题的学派归属在我们看来仍是一个悬案，有待进一步发掘和研究。充其量，其也只能算是当时辩者对自然现象的一种探索。将它们硬性划归哪个学派是不太合适的。当然，我们的这种观点也只是一家之言，只提出供大家讨论。

古今众说纷纭

辩者"二十一事"自古至今备受非议，绝大多数人异口同声斥之为诡辩。如章太炎先生就认为：辩者"二十一事"中虽有一些可以说通，然而用意缴绕，即围绕某一问题进行烦琐论证，所以不能不说是诡辩。梁启超先生讲得更为明确，他在《庄子天下篇释义》中指出：除了"鸟影镞矢尺棰三事"的确有些逻辑意义外，另有"火热目见"还能讲得通，除此之外皆为诡辩。

但也有持相反评价的，如杨俊光先生指出："辩者二十事，除属公孙龙一派的'孤驹未尝有母'以外，也都不是诡辩；……同属公孙龙一派的'狗非犬''黄马非骊牛'两题，虽与'白马非马'相类，但亦非诡辩。其他属惠施学派的各题，不仅不是诡辩或'合同异'论；而且还都是在说明同一性本身的差异这个辩证法思想。"杨先生认为，除了"孤驹未尝有母"这一命题外，其余各题均为合理的命题，特别是他所划归于惠施的十七个命题均属辩证法的命题。

第三种观点认为，"二十一事"中有些属诡辩，有些则属辩证法，如许抗生先生认为："在属于'合同异'派的九个命题中，大部分是属于诡辩性质的，如'卵有毛''犬可以为羊''马有卵''山出口''丁子有尾''龟长于蛇'。但'郢有天下'和'镞矢之疾，而有不行不止之时'这两个命题，也具有较深刻的辩证法思想。"① "在属于'离坚白'一派的十二个命题中，有七个属于唯心主义和诡辩论的命题，如'鸡三足''火不热''目不见''指不至，至不绝''狗非犬''黄马骊牛三'和'孤驹未尝有母'。其余五个命题则是辩证法的命题，或者说是包含有辩证法思想的命题，如'矩不方，规不可以为圆''轮不辗地''凿不围枘''飞鸟之景未尝动也'以及'一尺之棰，日取其半，万世不竭'"②。

我们倾向于第三种观点，即认为应对"辩者二十一事"的思想作出辩证的分析，一味地否定或一味地肯定恐怕都不可取。但具体到"二十一事"哪些属辩证法、哪些属诡辩，我们与许抗生先生的观点不完全相同。如前文所述，我们不同意将"二十一事"作硬性的学派划分，认为它们并不是只属惠施派或公孙龙派，更不同意将惠施看作相对主义诡辩论的"合同异"派。我们认为，不能先对所谓的"合同异"派和"离坚白"派作出诡辩论的定性，然后再推及辩者"二十一事"，而应根据对"二十一事"每一命题的科学分析作出实事求是的评价。

我们已经指出，属于广义的惠施一派的观点在"二十一事"中大约有四条："一尺之棰，日取其半，万世不竭""镞矢之疾，而有不行不止之时""矩不方，规不可为圆""凿不围枘"等。这四条体现了辩证法的思想，这一点我们已有论证，在此不再赘述。

属于公孙龙一派的则有"鸡有三足""黄马骊牛三""目

---

① 许抗生. 先秦名家研究. 长沙：湖南人民出版社，1986：58.
② 同①62.

不见""指不至，至不绝""飞鸟之景未尝动也""孤驹未尝有母""狗非犬"等七个命题。这些命题体现了公孙龙学说的知性思维性质，即他坚持形式逻辑的同一律，强调事物和概念的自身同一，这在形式逻辑的系统内是合理的，所以不能算作诡辩。公孙龙提出系统的知性学说，强调精确思维，并以此否定朴素的、本质上是正确的辩证观点，虽说是有其退步的一面，但也有其进步一面，所以不应简单地斥之为形而上学诡辩论。

再就十个很难划分学派归属的命题来说，其中有些可能是对惠施或公孙龙思想的歪曲发挥，也可能是其他不属于上述两派的辩者的观点，其中有些可能是合理的，但不少属明显的诡辩。如"马有卵"，无论在事实上还是在科学上都无法解释得通，显然是一种强辩。"犬可以为羊"，依照过去人们的解释也无法解释得通。如用名的相对性来作解，往往片面夸大了人给物取名的随意性，夸大了名实关系的不稳定性，这显然只能算是一种违背语言学规律的诡辩。再如"白狗黑"，这一命题的提法本身就违背了形式逻辑的"不矛盾律"，是一种自相矛盾的提法。如果像有些人所理解的那样，是由于白狗长着黑眼睛，就可以说"白狗黑"，则显然是犯了以偏概全的错误。如果将上述明显属诡辩的命题都说成辩证法的体现，这将导致混淆辩证法与诡辩论的界限。

当然，在这"十事"中，也并非没有可以说得通的命题。如"郢有天下"，如果从楚国称王，而郢是楚国都城，所以可说"郢有天下"的解释去理解，则这一命题是合理的，是可以说得通的。

总之，对辩者"二十一事"应采取一分为二的辩证观点，采取实事求是的科学态度，方能对其性质作出比较符合实际的评价。

通过对辩者"二十一事"的具体分析，我们可以看到这"二十一事"并非惠施本人的思想，如果说有所联系，这种联系也只是间接的。将"二十一事"完全归于惠施，或依据"二十一事"认为惠施的思想是所谓"合同异"的诡辩，或认为由于惠施"合同异"的相对主义思想而导致了辩者"二十一事"之类的诡辩，这都是不符合历史实际的。

第六章 公孙龙——神奇的辩士

一次魏王外出打猎,弯弓搭箭正准备射击一群白雁,雁群却受到行人惊扰被吓飞了。魏王十分恼怒,便准备去射杀该行人。此时,随驾的公孙龙急忙制止住魏王,并对魏王说:"当年宋景公在位时,有年大旱,宋景公亲自占卜问卦求雨,卜辞上说要杀人祭天。景公闻之立即跪倒祷告说:'我求雨是为了百姓,让我杀人祭天求雨,这不违背了我的初衷吗?我愿把自己送给上天。'话音刚落,天降甘露。这是因为有德于天啊!如果为一群白雁就要射杀行人,这样的君王与豺狼有什么两样呢?"魏王听后,高兴地说:"乐哉!人猎皆得禽兽,吾猎得善言而归!"

像这样的善辩有什么不好呢?

公孙龙是继惠施之后名家的又一个杰出代表,是名家三派中逻辑主义一派的创立者,他在中国古代思想家中的地位就体现在他对逻辑学的重大贡献上。

比惠施幸运的是,代表公孙龙思想的《公孙龙子》

一书被相对完整地保存了下来，这为我们比较完整地了解公孙龙的学说和思想提供了极为宝贵的第一手资料。但这本书又被人们看作一本奇书。说它奇，就在于其阐述的思想与中国古代占主导地位的正统观念是格格不入的，如提出了一系列诸如"白马非马"此类看似诡辩的奇谈怪论，也因此，《公孙龙子》历来为正统观念所不容，对它的诘难之声不断。时至今日，人们对它的评说仍是褒贬不一。由此看来，要对公孙龙学说作出客观公正的评价并非一件易事。

然而，说到名家，假如不谈公孙龙，就根本无法了解名家，因为公孙龙正是名家的一个集大成者。自公孙龙之后，名家再无杰出人物出现，在这个意义上，公孙龙又是名家学派的一个终结者。鉴于公孙龙在名家学派及中国古代思想史上占有如此重要的地位，我们就尝试对他的思想作一简要评述，对与不对，任由读者朋友们自家去评判吧。

相府请客

公孙龙，字子秉，赵国人。其生卒年代已不可详考，按照学术界许多学者的考证，大致生于公元前325—前320年间，死于公元前250年左右。如按《庄子》等有关文献关于公孙龙与惠施进行过论辩的说法，似乎关于公孙龙生卒年代的提法只能是一种大致的推测，实难确定。

与惠施不同，公孙龙没有做过什么大官，因而也没有惠施那样显赫的政治地位，也没有多少重要的政治活动。但根据有关史料可知，他一生主要是在赵国平原君府中当门客，是一个谋士的角色，这就为他从事学术研究提供了良好的环境和条件。据《史记·平原君虞卿列传》记载，公孙龙受到了平原君的厚待。平原君赵胜是战国著名的四大公子之一，与齐国的孟尝君田文、魏国的信陵君魏无忌、楚国的春申君黄歇等齐名。平原君赵胜是赵武灵王的儿子、赵惠文王的同母胞弟，先后三次出任惠文王和孝成王的宰相，很有权势和声望。在当时，各国权臣养士之风非常盛行，四大公子号称养士三千，以此表示自己礼贤下士和崇尚知识。公孙龙就是在这种情形下成为平原君府中的门客的。当时一些很有名的辩者如桓团、毛公等也是平原君府中的门客。

公孙龙青少年时代的赵国正处在其历史上最为鼎盛的时期。平原君之父赵武灵王是历史上著名的改革家，对传统观念曾发起过一次次的挑战，如他为强国而发起的"胡服骑射"的改革、提前传位于太子的"内禅"改革等，不但在赵国而且在当时各国都产生了十分重大的影响。通过赵武灵王的这一系列的变法改革，赵国迅速强盛起来并维持了四十余年的强盛局面。《战国策·赵三》说，赵"尝抑强齐四十余年，而秦不能得所欲"，这与惠施时代赵国被人攻破都城邯郸时的情形是不可同日而语了。赵武灵王的变革所产生的深刻影响不仅表现在赵国国家的兴盛上，更重要的还表现在人们思想观念的深刻变化上。它使人们敢于怀疑传统观念，敢于奇思怪想，而不囿于常识之见。公孙龙之所以能提出与当时传统观念格格不入的"奇谈怪论"，不能说不与赵武灵王变革有着内在联系。

作为平原君府中的门客，公孙龙主要从事学术研究，可见于史载的政治活动主要有这样几项：

一是游说燕昭王偃兵。燕昭王二十八年，燕国大将乐毅统率燕、秦、赵、楚、魏、韩等六国军队进攻齐国，齐国在济水战败，六国军队乘势攻进齐国都城，齐王逃到了莒国。在这种情况下，公孙龙前去燕国游说燕昭王偃兵，公孙龙对燕昭王讲了许多息兵罢战的道理，燕昭王听了以后，并不打算息兵，但仍假意表示赞同公孙龙的意见，说："你说得很好，我愿意和你商量这件事。"公孙龙料到昭王说的并非真话，就说："我猜想您并不会息兵的。"昭王说："为什么？"公孙龙说："从前大王您就想攻破齐国，天下士人之中凡是打算攻破齐国的，大王您全部收养了他们；凡是知道和了解齐国的险阻要塞和君臣之间关系的人，大王您也收养了起来；而那些虽然了解这些情况，但却不想攻破齐国的人，大王您却不肯收养他们。最后果然打败了齐国，并以此为功。现在大王您说：'我非常赞成偃兵。'可是现在在大王朝里的各国士人全都是些善于用兵的人，所以我知道大王是不肯偃兵的。"昭王听后默然。看来公孙龙此行是无功而返。

公孙龙再一项较重要的政治活动，是智解秦赵之约，巧答秦王对赵违约之指责的事。《吕氏春秋·审应览·淫辞》记载说：空洛盟会时，秦国与赵国签订了盟约。盟约说："从今以后，秦国想做之事，赵国要给予援助；赵国想做之事，秦国要给予援助。"过了不久，秦国派兵攻打魏国，赵国想救援魏国。秦王对此十分生气，就派人责备赵王说："秦赵盟约说：'秦国想做之事，赵国要给予援助；赵国想做之事，秦国要给予援助。'现在秦国想攻打魏国，而赵国却想援救它，这符合盟约规定吗？"赵王将此事告知平原君，平原君又把这事告知了公孙龙。公孙龙对平原君说："我们也可派使前去对秦王说：'赵国打算援救魏国，但秦国偏不援助赵国，这也是不符合盟约规定的。'"公孙龙十分机智地利用秦赵盟约中关于双方义务的中性规定，十分巧妙地驳回了秦国对赵国背约的指责。

公孙龙还与赵惠文王讨论过偃兵的问题。根据《吕氏春秋·审应览·审应》的记载，赵惠文王对公孙龙说："我致力于偃兵已有十多年了，可是总是实现不了，难道说这兵真不可偃吗？"公孙龙答："偃兵的本意，体现了兼爱天下之心，兼爱天下不能依靠虚名来实现，而必须有实际行动。现在赵国的蔺和离石二地归入了秦国，大王您就穿上了丧国之服；赵国在东面攻打齐国夺取了城邑，大王您就摆宴庆功。这些作法都不符合兼爱天下的思想，这正是您偃兵总是难以实现的根本原因。"公孙龙以兼爱思想来向赵王解说偃兵之真义，并通过赵王自己的行为说明了赵王想息兵但总不能实现的原因。

《战国策·赵三》记载了公孙龙劝说平原君不要接受封地的一个故事。赵孝成王九年（公元前257年），在平原君的请求下，魏国信陵君率军进攻秦国，使赵国都城邯郸得以解了秦军之围。赵国大臣虞卿以此请求赵王为平原君增加封地，赵王应允了。公孙龙听说此事之后，连夜前去拜见平原君，并对他说："君并无冲锋陷阵消灭敌军和敌将的战功,却已得到了东武城的封地;赵国有许多豪杰之士,其才能多有比您强的,而您却当了相国,这是由于您是赵王的亲属。您享有东武城封地,不因无战功而让予有功之士;您佩相印,不因无能而让予贤能之士。一旦解除了国难就打算增加封地,这是凭自己是王亲而受封又按国人来计功了。所以,您是不能接受新的封地的。"平原君听完后,深感公孙龙说得有理,因而心悦诚服地接受了公孙龙的建议。从公孙龙对平原君说话的语气看,他的确与平原君的关系比较密切。但此后不久,著名的阴阳家邹衍来到了赵国,情况就发生了变化。邹衍来到赵国后,平原君请他与公孙龙及其弟子綦毋子等相见,并就"白马非马"等问题进行了辩论。平原君以此请教邹衍,邹衍向他讲了一些关于论辩的道理,并指责公孙龙是以诡辩来损害论辩之"道"。邹衍对公孙龙的指责使在座的人为之叫好,致使平原君辞退了公孙龙。此事之后,公孙龙就不知所终了。

　　从上述记载中,我们可以大略了解到公孙龙一生的大致线索,并通过他的这些活动看出他在政治思想上的一些基本主张。如他所持的"兼爱天下"的思想,反对战争、宣扬"偃兵"等。了解这些方面,对于我们正确理解公孙龙的学术思想是会有所助益的。

　　在公孙龙的生平事迹中,更重要的是他与当时一些十分重要的各家学派的代表人物所进行的论辩。通过这些论辩,我们大致可以了解到公孙龙从事学术研究的一些情况,并得知他为何在当时以善辩而名扬天下。

　　公孙龙思维敏捷,十分擅长辩论,其才能在其年轻时就已充分地显示了出来。据《庄子逸文》《太平御览》等文献记载,公孙龙年轻时,有一次随魏王出去打猎。魏王看到了一群白雁,下车拉弓准备射之。这时刚好有人路过这里,魏王要他停下来,但这人并没停下以致惊散了雁群。魏王大怒,张弓准备射杀此人。替魏王驾车的公孙龙赶紧阻止了他。魏王怒道："公孙龙你为何不帮你的国君，反而向着别人！"公孙龙说："当年宋景公在位时，有年大旱，宋景公亲自占卜问卦求雨，卜辞上说要杀人祭天。景公闻之立即跪倒祷告说：'我求雨是为了百姓，让我杀人祭天求雨，这不违背了我的初衷吗？我愿把自己送给上天。'话音刚落，天降甘露。这是因为有德于天啊！如果为一群白雁就要射杀行人，这样的君王与豺狼有什么两样呢？"魏王听后，就与公孙龙共同登上车辇回城去了。一进宫门，魏王就高兴地对众臣说："乐哉！人猎皆得禽兽，吾猎得善言而归！"这番谈辩与惠施劝说太子改葬可谓异曲同工，充分表现了公孙龙出众的口才和善辩的才能。

但公孙龙以善辩而名扬天下的，还是围绕着"白马非马"等命题而与其他各家所进行的论辩。《吕氏春秋·审应览·淫辞》《孔丛子·公孙龙》《公孙龙子·迹府》等文献较详细地记述了公孙龙与孔子第六代孙孔穿的有关辩论。这实际上也是作为名家代表的公孙龙与作为儒家代表的孔穿之间的辩论。

我们看看《孔丛子·公孙龙》是怎样叙说孔穿与公孙龙的几次辩论的吧。

《孔丛子·公孙龙》说：公孙龙是平原君的门客，擅长刑名之学，以辩论"白马非马"而著称。有人对孔穿说："公孙龙此人玩弄小小的诡辩而诋毁圣人之道，先生为什么不去驳斥他呢？"孔穿说："有悖于圣人之道，这是普天下都存在的，又有什么奇怪？"但那人说道："道理虽然如此，但先生也应为天下的正道前去找公孙龙辩论一番。"于是，孔穿就去了赵国，在平原君府会见了公孙龙。从这段记述中，我们可以看到孔穿前去与公孙龙辩论的目的，就是想反击公孙龙对圣人之道的诋毁，驳倒公孙龙的"白马非马"等怪论。结果究竟如何？我们且往下看：

孔穿见公孙龙后对他说:"我住在鲁国,久闻先生大名,十分钦佩先生的德性才识,十分想拜先生为师,在先生门下聆听教诲。但唯独不赞成先生的'白马非马'论。故此诚请先生放弃这一理论,如果先生这样做了,我就拜先生为师。"

公孙龙直截了当地说:"先生的话是自相矛盾的,我的学说正是'白马非马'之论,如今你却要我放弃这一学说,那么我将会没有什么可以教你了。既然我已没有什么可以教你了,而你还要就学于我,这不是一个大悖论吗?况且要当我的学生,就是由于在智慧学识上不如我,你现在要我放弃'白马非马'论,这已是先教我,先教我,然后再就学于我,这显然是不妥当的。"公孙龙显然是听出了孔穿在谦卑的恭维中包含的潜台词:我不同意你的"白马非马"之论。于是,他非常机智地揭露了孔穿话语中的自相矛盾。

公孙龙接着说道:"先生对我的教导,就如齐王与尹文的谈话。齐王曾对尹文说:'我非常喜欢士人,可是齐国却没有士人,这究竟是为什么呢?'尹文对齐王说:'现在有这样一种人,服侍君主很忠诚,侍奉父母很孝敬,交接朋友很诚信,对待乡里很恭顺。具有这四种品格者可以作为士人了吧?'齐王说:'不错,这正是我所认为的士人。'尹文问齐王道:'如果大王您得到这样的人,愿意用他为臣吗?'齐王说:'那正是我求之不得的。'尹文进一步说道:'假使这人在大庭广众之中,遭受侮辱而不敢搏斗,大王还将用他为臣吗?'齐王说:'作为士人,遭受侮辱而不敢搏斗,这是耻辱,我不会用他为臣的。'尹文说:'虽然受到侮辱而不敢搏斗,但他并未失去士人的那四种德性呀!然而大王不再用他为臣了,难道刚才所说的士人就不是士人了吗?大王您有法令,杀人者处死,伤人者判刑,百姓都十分惧怕大王的法令,所以受到侮辱也不敢搏斗,这是在严格遵守大王的法令呀!然而大王却不再用他为臣,这是对他的惩罚。大王您以不搏斗为耻辱，必定就会以敢于搏斗为光荣，这虽是大王所赞赏的，却正是官吏所要惩罚的；大王认为是正确的，法令却断定是错误的。奖赏处罚互相抵触，即使是有十个黄帝也治理不好天下呀！'齐王无可回答。"

在这里，公孙龙又十分恰当地引用了齐王与尹文的一段对话，通过尹文对齐王关于士人看法自相矛盾的揭露，进一步说明了孔穿的自相矛盾。在逻辑上，尹文所使用的方法叫做归谬式反驳法，而公孙龙对孔穿的驳斥也正是运用了这种归谬式反驳法。下面，公孙龙又引用了孔穿的先祖孔子的一个例证来说明"白马非马"的论题是正确的。他说："'白马非马'的理论观点，先生的先祖孔子也曾经赞同过。我听说从前楚王有一把名叫'繁弱'的强弓，射的是名叫'忘归'的利箭。他在云梦泽射猎，返回时丢失了'繁弱'弓，左右随从请求去寻找，楚王却说：'算了吧，楚国人遗失了弓，楚国人得到它，又何必去寻找它呢？'孔子听说此事后，说：'楚王虽然仁义，但没有达到至境，只需说人得到它就可以了，何必说楚国人呢？'如此看来，孔子将'楚国人'与'人'视为两个不同的概念了。如果你肯定孔子这种'楚人异于人'的理论，却又非议我的'白马非马'的理论，这不是互相矛盾了吗？先生爱好儒家的学术，但又非议孔子所肯定了的东西；打算拜我为师，但又要我放弃能教你的东西。我公孙龙虽有百倍的智慧，也是无法做到的。"孔穿听完，无以应对。

孔穿退出后，对别人说："公孙龙说的道理是错的，但他的学识十分渊博；辩术巧妙，但不合理。因此，我不愿与他当面争论。"公孙龙通过孔子不赞同楚王"楚人失弓，楚人得之"的说法，而认为应将"楚人"说成"人"这个事例，进一步论证了自己将"白马"与"马"这两个概念区分开来的观点，进一步反驳了孔穿关于愿意拜他为师，同时又要求他放弃"白马非马"之论的论点。公孙龙用他敏捷的思维和雄辩，使得孔穿无法应对。孔穿虽认为公孙龙的道理不对，但不得不承认他具有渊博的学识和高超的辩术。

孔穿没能驳倒公孙龙，就打算回家了。临走时，平原君宴请了他。

平原君对孔穿说："先生是圣人的后裔，不远千里来到赵国，想驳倒公孙龙的'白马非马'的理论，到现在仍然是胜负难分，而先生却要翩然而去，这怎么能行呢？"

孔穿说："最精辟的道理自然是十分明确的，又岂在于我的来去。"

平原君说："什么是最精辟的学说？我可以听听吗？"

孔穿说："最精辟的学说都取之于经典，不敢加以臆测。《春秋》记载，六只鸟退着飞行，视其形为六，察其实则为鸟。鸟就犹如马，六就犹同白。看其形，则见到白色，察其实，则知是马，色以名别，内由外显，所以将其称为白马，这样就名实相符了。比如说将丝麻之物加以织染，使其着黑、白、青、黄等各种颜色，这些颜色虽名称不同，但其内在的质地仍是一个。因此，《诗经》上有'白丝'却不说'丝白'，《礼记》中有'黑布'却不说'布黑'，还有'黑牛''乌龟'，等等。此类的说法很多，都是先举出物的颜色，后用名说出物的实质，万物都是如此，这是圣贤们所定的规则。君子的言论，贵在恰当地说出事物的道理，而不贵繁复的辞辩。像尹文折服齐王的言辞，其所采用的方法就是错误的。我对公孙龙所说的话，是因为钦佩他的智慧、赞赏他的德性。如果他放弃了'白马'之说，他的智慧德性仍然存在，所以我并没有失去要向他所学的东西。公孙龙的言辞是没有道理的。至于楚王所说'楚人失弓，楚人得弓'，我先祖孔子看到楚王此话的本意是想说明自己的心胸宽广，但实际上却十分狭隘，所以才说'不如说人得弓的好'。孔夫子这段话，是不赞同楚王所强调的'楚'，而不非议楚王所说的'人'。公孙龙以此为譬喻，并不确切。凡说'人'时，其意总是在强调'人'，就像说'马'时，总是在强调'马'。'楚'是国名，'白'是色别。如想扩大'人'的范围，就应去掉'楚'的限制；要想正确说明颜色的种类，就不能去掉'白'的限制。如果真正明白了这个道理，则公孙龙的诡辩就被驳倒了。"

其实，孔穿的这一大段自我辩白并没有驳倒公孙龙，因为他并没有弄明白公孙龙"白马非马"这一理论真正含义之所在。公孙龙的本意在于说明"白马"这个具体概念与"马"这个一般概念的相互区别这个极深刻的哲学和逻辑学的问题，孔穿则只是依靠所谓的经典中的提法，反反复复地用一些常识之见说明"楚人是人""白马是马"的道理，这虽不错，但十分肤浅。所以，孔穿反复强调辩论的目的是要说明物的道理，而不是玩弄巧智善辩的言辞，看来他在逻辑方面和哲学的素养方面离公孙龙还差着不止一个档次，因他说的物的道理实际上都是凭直观所得的常识之理，而公孙龙所谓的巧智善辩的言辞探究的却是"个别是不是一般"这一十分深刻的哲理，孔穿仅凭常识怎能驳倒公孙龙如此深奥的见解？充其量只能以不合常识为由，指责公孙龙的见解是诡辩罢了。

《孔丛子·公孙龙》还记载了公孙龙与孔穿就"臧三耳"所进行的论辩。《吕氏春秋》也有类似的记述，只是将"臧三耳"说成"臧三牙"。但它们都没有具体记述公孙龙是如何论证"臧三耳"这一命题的，只是说公孙龙十分雄辩，孔穿没有回应。第二天，孔穿对平原君谈了自己对公孙龙理论的看法。

平原君对孔穿说："昨天公孙龙的论证，真是雄辩呀！"孔穿说："是的，公孙龙的论辩，几乎能使臧这个人真有了三只耳朵。他虽然讲的有些理由，但要真正论证清楚却十分困难。我想问问公子，论证臧有三只耳朵很困难而且实际是错的，论证臧有两只耳朵很容易而且实际是对的，不知公子将听从论证容易而正确的道理呢？还是听从论证困难而又错误的诡辩呢？"臧，据说是一个奴隶的名字，至于确否，不可详考，还有人将臧解释成"聋人"，还有人说是"羊"字的古写。不论"臧"作何解，估计"臧三耳"是类似"鸡三足"的命题。孔穿从常识出发根本无法理解其深意，所以无法给予对应，他对平原君所说的那段话实际上并没有从理论上来论证公孙龙"臧三耳"命题为何是诡辩，而只是从对问题论证的难易、对错的角度来说明公孙龙是在诡辩，这不但转换了论题，而且回避了问题的实质，因此，这也是孔穿无法真正理解公孙龙命题的真义，不能从理论上论证公孙龙的错误而采取的一种巧辩方式。据《孔丛子·公孙龙》，孔穿的这个论证竟折服了平原君，使平原君无言对答，以至于对公孙龙说："先生不要再跟孔穿论辩了，他的论辩说理胜于辩辞，你的论辩虚辞胜于说理，最终将会被废黜的。"由此看来，像平原君这样在当时很有见识的人物也无法抵挡常识的诱惑，以至于无法理解公孙龙理论的价值，最终成了常识的俘虏。由此也可以看出公孙龙的学说在当时所面临的困境，他最终被平原君所辞退看来是势在难免的。

　　再让我们来看看最终导致平原君辞退公孙龙的"龙、衍之辩"。

　　《史记·平原君虞卿列传》记载："平原君厚待公孙龙。公孙龙善为坚白之辩，及邹衍过赵言至道，乃绌公孙龙。"《史记集解》引刘向《别录》说：齐国的使臣邹衍路过赵国，平原君向邹衍引见了公孙龙及其门徒綦毋子等人。公孙龙等人与邹衍展开了关于"白马非马"这一命题的论辩。平原君问邹衍有何评论，邹衍说："不可。彼天下之辩有五胜三至，而辞正为下。辩者，别殊类使不相害，序异端使不相乱，杼意通指，明其所谓，使人与知焉，不务相迷也。故胜者不失其所守，不胜者得其所求。若是，故辩可为也。及至烦文以相假，饰辞以相惇，巧譬以相移，引人声使不得及其意。如此，害大道。夫缴纷争言而竞后息，不能无害君子。"很可惜，这里也没有记述公孙龙究竟是怎样与邹衍进行论辩的。至于什么是邹衍所说的"至道"以及"五胜三至"，现在无法确切了解，大致都是些关于论辩的规则吧。在这里说得比较清楚的是邹衍关于进行论辩的目的的看法。他认为，论辩的目的在于弄清事理，辩明是非，辩论时应条理清楚，使人明白所说的是什么，而不应用烦琐的、抠字眼的方式进行论辩，否则将有害于论辩之道。

邹衍关于论辩本身的这些观点与墨家关于论辩的看法十分相近。《墨子·小取》说："夫辩者，将以明是非之分，审治乱之纪，明同异之处，察名实之理，处利害，决嫌疑。"即是说，论辩的目的，就是要分清是非的区别，审查治乱的规律，弄清事物同异之所在，考察名实的道理，处理利害关系，解决有疑惑的问题。邹衍大概谈的也是这些道理。这些关于论辩的道理是没有错的。但问题在于，邹衍所批评的只是公孙龙论辩的方法，而不是对公孙龙"白马非马"的论题发表自己的见解，这种论辩恐怕也和孔穿的辩解差不多，事实上仍回避了所论辩的问题，仅从论辩方法上攻击对手，并不足以驳倒对手，所以邹衍对公孙龙"白马非马"的理论并没有构成真正的驳斥。究其根源，他与孔穿一样并不真正理解公孙龙思想之真谛，所以无法从正面对其"白马非马"的命题作出有力的反驳。但尽管如此，在当时的人们看来，道理在邹衍一边，而公孙龙所持的只是诡辩，因而全都称赞邹衍说的有理。在大家一致作此判定的情况下，平原君终于辞退了公孙龙，以至于使公孙龙最后不知所终。

雄辩奇书：《公孙龙子》

《公孙龙子》是公孙龙思想言论的汇集，历来被人视为一本奇书。说它奇，就奇在它所表述的思想与中国古代传统思维的主流格格不入，以其高度的思辨性、抽象性而难以为人所理解；同时，它所阐述的思想也与常识相违背，尽论证一些诸如"白马非马""坚白石离"之类的离奇古怪的命题，不管这些命题看起来是多么荒谬，却都被论证得头头是道，人们都想驳倒它们，但总是难以做到，只好勉强地给它们戴上一顶诡辩的帽子了事。正如鲁胜在他的《墨辩注叙》中所说的那样："荀卿、庄周等，皆非毁名家，而不能易其论也。"非但荀、庄如此，孔穿、邹衍之流又何尝不是如此。

《公孙龙子》虽历受各家诋毁，却又奇迹般地被保存了下来，这不能不增添了这本书的神奇色彩。惠施虽著书五车，竟无一书流传于世，而公孙龙只此一书，却得以传世，其中的缘故何在？真让人难以置信。因而后世就产生了《公孙龙子》真伪存佚的争辩。

《汉书·艺文志》记载："《公孙龙子》十四篇。"归名家类。《旧唐书·志第二十七·经籍下志》记载："《公孙龙子》三卷，公孙龙撰；又一卷，贾大隐注；又一卷，陈嗣古注。"列名家类。这是自汉至唐官修典籍关于《公孙龙子》的记载。清代学者姚际恒从这些记载中发现了问题："汉志所载而隋志无之，其为后人伪作奚疑！"（《古今伪书考》）这就是说，从《汉书》至《旧唐书》之间的《隋书·经籍志》没有著录记载《公孙龙子》，说明汉代之后，《公孙龙子》的真本已佚散，《旧唐书》所载已非真本，而是伪作。但这种见解并不为多数人所接受，因而有人经考证提出，隋志虽不曾有《公孙龙子》的记载，但录有《守白论》一书，即《公孙龙子》一书之别名，因为《公孙龙子·迹府》中就有关于公孙龙"为守白论""以守白辩"的字样。但不知为何，隋志没有列举《守白论》一书的作者姓氏，这又成为一桩新的未解之谜。

《汉书·艺文志》说《公孙龙子》为十四篇，而现存于世的只有六篇。因此，又有人认为，上述情况表明，《公孙龙子》在流传过程中已亡佚八篇，今本乃是残本。至于何时亡佚，又有不同见解，有说在宋代之前佚失的，还有说在唐初就已佚失的，但主导的说法是前一种。

然而，纵观今本《公孙龙子》，除《迹府》篇明显的是由公孙龙弟子编纂而成之外，其他五篇的思想又相当连贯完整，构成一个十分严整的理论体系。那么，除现存六篇之外的已亡佚的那八篇又说了些什么？黄云眉先生首先提出了这个问题。他在《古今伪书考补证》中说："然今书《公孙龙子》六篇，果否出自公孙龙之手，则殊可疑。据汉志，《公孙龙子》十四篇，……今书由十四篇减为六篇，而第一篇……明为后人所加之传略，则六篇只得五篇矣。第七以下皆亡。第二至第六五篇，每篇就题申绎，累变不穷，无愧博辩；然公孙龙之重要学说，几尽括于五篇之中，则第七以下等篇又何言邪？虽据诸书所记，五篇之外，不无未宣之余义，然又安能铺陈至八九篇之多耶？以此之故，吾终疑为后人研究名理者附会庄、列、墨子之书而成，非公孙龙之原书矣！"[1]黄先生认为《公孙龙子》是一本伪书，

---

[1] 黄云眉.古今伪书考补证.济南：齐鲁书社，1980：148.

但他并不像前述指认此书为伪书——仅依据隋志无记载而作此判定，而是从分析该书的内容入手，发现《公孙龙子》现存五篇已较完整地涵盖了公孙龙的主要思想，虽然还有一些言论未载入，但也不至于达到十四篇的篇幅，由此他怀疑现存《公孙龙子》一书是后来研究名理之学的人附会《庄子》《列子》《墨子》而伪纂成的，并非公孙龙的原书。

黄先生的这个怀疑的根据很有分量，因而迫使人们去认真思考现本《公孙龙子》一书中的思想体系是否完整、佚失的八篇究竟写了些什么等问题，否则《公孙龙子》的确有伪书之嫌。

庞朴先生经仔细研究分析，认为无论是持《公孙龙子》是伪书的论点，还是持该书是残真本的论点，以及持该书有真有伪的论点，都有一个共同的前提，"那就是：起先本是十四篇，不容怀疑。这是学界常见的一个态度，迷信原始的态度。我以为，问题可能正出在这个前提上"[1]。庞先生认为，鉴别古书的真伪、全残，应主要根据内容，而不应仅根据记录，如记录只是几个数目字，那出错的可能性就更大。"《汉志》所载篇数，许多地方都是糊涂账，往往分数和总数不符。就拿《诸子略》来说，它统计的总数是'凡诸子百八十九家，四千三百二十篇'，而据现列分数相加，结果却是：凡百八十九家，四千五百四十一篇。这里面不是总数转写有误，就是分数抄写有误，或者二者都有错误。"[2]所以，庞先生认为，《汉书·艺文志》关于《公孙龙子》十四篇的记载本身就可能是错的，而且的确也存在着十四和六互误的例子，如它所记载的《鹖子》就是如此。再通过对以上各种观点的分析，庞先生得出明确的结论：现本《公孙龙子》不但是真本，现存的六篇构成了一个完整的体系，而且，它还是当时思想

---

[1] 庞朴. 白马非马：中国名辩思潮. 北京：新华出版社，1993：59.
[2] 庞朴. 公孙龙子研究. 北京：中华书局，1979：56.

发展链条上的不可或缺的一个环节。

另有一些学者为解这"十四"与"六"的迷团，都力图证明其余八篇的内容，亦提出了种种的论证。如有人认为，见于其他诸子书中的关于公孙龙思想的记载可能属亡佚八篇的内容；还有人认为，现在六篇可能属《公孙龙子》的内篇，而亡佚的八篇可能就是其"外书""杂篇"，凡此等等解释都只能算作一种推测而已，是无法确证的。

不过，《公孙龙子》现存本是真本，而非伪书，这是学术界比较一致的看法。至于它是全本还是残本，仍是一个充满歧见的问题，一时很难获得一致的见解。

《公孙龙子》的"奇"更表现在它所表述思想的性质上。

历来的学者基本上都把《公孙龙子》看作以讨论名实关系为宗旨的哲学著作，因而多从哲学意义上去理解它的思想意义，然而多数人又都是从中国古代占主导地位的主流哲学的角度去审视它、评论它，所以人们看到的《公孙龙子》是部与主流哲学观念格格不入的、充满奇辞怪说的诡辩著作，扬雄称公孙龙"诡辞数万"，这基本上是一种极有代表性的看法。再加上《公孙龙子》所具有的高度抽象思辨、语义隐晦等特点，极难为人理解。宋濂在《诸子辩》中对《公孙龙子》的评论，可以说是代表了古往今来许多正统人士的普遍看法："予尝取而读之（注：指《公孙龙子》），白马非马之喻，坚白同异之言，终不可解。……甚哉其辩也！然而名实愈不可证，何邪？言弗醇也。天下未有言弗醇而能正。苟欲名实之正，亟火之。"此君是说，他经常取来《公孙龙子》读，但总是难解其中的"白马非马"等论题的含义，后来多次阅读，只像是在捕捉翻腾迅猛的龙蛇，更不知从何处下手。因此，他发出感叹：再没有比此书更雄辩的了！然而，这样一来，名实关系更不能理顺了，为什么呢？原因就在于《公孙龙子》所说的言辞并不纯正，天下根本就没有言辞不纯正而能理顺名实关系的。所以，要想理顺名实关系，亟须将《公孙龙子》放在火里烧掉！

看来，《公孙龙子》的确不知使多少人困惑，真正能解其真义的并不多见。古时如此，今天又何尝不是如此？直斥其不懂辩证法，是形而上学诡辩论的有之，称其哲学为主观唯心主义、客观唯心主义的亦有之，反之，称其为唯物主义、符合辩证法的同样不乏其人。围绕《公孙龙子》这只有区区三千二百余字的奇书，不历代学者不知打了多少笔墨官司！当然，这些并不是徒劳无益的，如没有这许多学者的辛勤研究，今天人们就更难理解这本奇书之真义了。而且，在前人的研究中也有许许多多的真知灼见，循着这些真知灼见所指明的路迹，可以相信，人们总会走出《公孙龙子》这奇异的思想迷宫的。

譬如说，现在就有许多学者将《公孙龙子》看作一部纯粹的逻辑学著作，还有些学者通过中西哲学比较的方法加以研究，将其定性为分析的语言哲学，是一种关于知性的哲学、一种关于知性的认识论和逻辑。这些崭新的见解，帮我们开阔了眼界，使我们能够从新的视角去审视和解读《公孙龙子》。在我们看来，这可能就是一条走出《公孙龙子》思想迷宫的道路。"不识庐山真面目，只缘身在此山中。"人们历来习惯于用中国古代主流哲学或者中国传统哲学的思维方法看《公孙龙子》，这使人们无法摆脱传统观念的束缚，从而无法真正理解《公孙龙子》之真髓。看来，只有打破束缚人们思维的旧框框，从传统观念的牢笼中走出来，站在一个崭新的立足点上，或许才能真正理解《公孙龙子》。当然，这种尝试才刚刚开始，难免有失误和偏颇之处，但大胆尝试一下总比墨守成规强。

那么，《公孙龙子》与传统哲学著作相比，又有哪些不同的特点呢？

第一，研究对象不同。先秦诸家学说，大都是以社会政治、伦理道德，还有宇宙观、人生观为自己理论研究的对象。如儒家研究的对象主要是如何实现"礼治"的社会政治理想，因此，儒家是一种哲学、伦理和政治三位一体的理论体系；法家则是以如何实现法制治国为研究对象的政治哲学；道家则是以宇宙和人生为主要研究对象的自然哲学和人生哲学；早期的墨家也是以如何实现"兼爱天下"这一社会政治理想为主要研究对象的社会政治哲学。概括起来说，在先秦诸子哲学中，主要有两大研究传统：一是以研究社会政治、伦理法制为中心的人文主义传统，二是以研究自然宇宙为中心的自然主义传统。与这两大研究传统不同，公孙龙学说所研究的对象则主要是语言和逻辑中的哲学问题，或主要是以逻辑分析为核心的语言哲学。《公孙龙子》虽也谈到了社会政治问题，但只处于从属地位。从这个意义上可以说，公孙龙是中国古代逻辑主义的思想代表。

第二，从思维方式或思维方法来说，正如季羡林先生所说的那样，中国传统哲学都是以综合为特征的思维方式，是一种朴素的、以直观为基础的整体思维方式。这种思维方式虽从本质上来说是正确的，但也存在模糊性、不精确性等重大缺陷。公孙龙则与此不同，他强调的是分析，目的是克服已往思维方式或思维方法所具有的模糊性和不精确性，强调对语言进行逻辑分析，以达到清晰、精确地进行思维之目的。

第三，与上述特点相联系，先秦诸家学说不重思辨，讲究的是修身养性和治理国家的"内圣外王"之道，因而所重的是体认和顿悟之类的心理活动，在这一方面，儒、道两家可说是典型代表，而早期的墨家则偏重于强调经验的作用，带有明显的经验主义倾向。公孙龙则十分注重思辨的作用，重视以含义准确的范畴来构筑自己的学说体系。

总之，公孙龙的哲学是一种与传统的理性哲学所不同的知性哲学。

这里又涉及对理性和知性这两个范畴的理解问题。为确定公孙龙哲学的性质，有必要对这两个范畴的由来及其含义作一简要说明。

德国古典哲学的开创者康德将人类的认识能力划分为感性、知性和理性等三种，与这三种认识能力相对应，人类认识的过程也可划分为感性阶段、知性阶段和理性阶段。在他看来，知性是人类获得经验知识（这里的经验知识不同于感性经验，即感觉、知觉、印象等，而是指经人类思维对感性材料加以整理而形成的有条理的知识形式）的一种能力。知性主要指人类理解的功能，其中包括规定、判断、分析、推论、区别、比较等认识能力所获得的成果，主要是指自然科学知识。所以，在这个意义上，知性就是指自然科学认识的能力及其成果。

黑格尔基本肯定了康德的知性学说，但认为应将知性和理性明确区别开来。康德把理性理解现象视为人类最高的认识能力，但人们一旦企图运用理性去认识经验之外的本质时，就会陷入不可克服的"二律背反"之中，亦即难以解决的矛盾之中。所以，在康德那里，理性只起对知性的引导作用，给知性的知识某种统一性；而且有时还将感性、知性、理性统称为理性，这样就在实际上极大地限制了理性的作用，而且容易造成知性和理性的混淆。在黑格尔看来，知性认识是形式逻辑起主导作用的阶段，它强调的是思维的稳定性，将思维对象看作相对静止的。因此，知性思维所涉及的范畴是相对固定的。只有理性认识才是辩证的，是联系、变化、发展的思维活动，它所涉及的是流动的范畴，所以在理性阶段主要是辩证逻辑在起着主导作用。

恩格斯肯定了黑格尔关于感性、知性和理性的划分，认为这种划分是符合人类认识发展的辩证过程的。

根据知性思维的内在规定性，它实际上是指一种理解的功能，即运用形式逻辑的方法来进行规定、判断、分析、推论、区别、比较等思维活动，以获得关于外界事物知识的能力，通过它所获得的认识成果就是一种关于"共相"的抽象知识。

公孙龙的哲学就是这样一种关于知性的学说，这也是它与先秦其他诸子哲学的根本区别之所在。我们说，其他诸子的学说从总体上来说属于理性学说，主要是就他们都偏重于理性的综合这一点而言的。公孙龙则偏重于知性的分析，这是公孙龙哲学最突出的特点，就这一点而言，我们又说公孙龙哲学是一种分析哲学；但这种分析哲学又不是一般意义上的分析哲学，而是一种对语言进行逻辑分析，并通过这种分析来建立自己的哲学本体论和认识论的哲学学说。既然要进行对语言的逻辑分析，首先就必须确立一种关于逻辑形式和规律的理论，所以我们又可以说公孙龙的学说是一种逻辑学说，而且对语言的逻辑分析本身也属于逻辑学的范围。

但必须注意的是，公孙龙的逻辑在本质上是形式逻辑，而不是辩证逻辑。形式逻辑既是公孙龙研究的对象，又是他从事语言和哲学分析的工具，这一特点也是他与先秦诸子相互区别的主要之处。即使是在名家学派内部，公孙龙的学说亦与其他两派，即宋尹学派的人文主义、惠施的科学主义有着鲜明的区别，公孙龙是以逻辑分析、语言分析见长的。

正是由于公孙龙哲学的上述特点和特殊性质，使得它在诸子百家中得以独树一帜，产生了极大的影响；但另一方面，也正是由于这些特点和特殊性质，使得人们无法理解它，并难以容纳它，因而它遭到了诸家学派的围攻，以至于最终被抛弃。然而，就公孙龙哲学的成就和意义来说，它是伟大的、深远的，是有强大生命力的，这也正是它虽为诸家所不容，却又得以流传于世的原因之所在。

个体与共相

公孙龙哲学学说的本体论，主要表现在《公孙龙子》一书的《名实论》《指物论》《坚白论》等诸篇中。

所谓"本体论"，在其本来的意义上，是关于存在的学说。如果说得更严格一些，本体论就是关于世界的本原或本性的问题，通常人们所说的"宇宙观""世界观"都属于本体论的范畴。

关于公孙龙的本体论学说，历来存在着截然不同的评说，有人认为它是多元的、客观唯心主义的，有人说它是主观唯心主义的，还有人说它是唯物主义的。那么，事实究竟如何？让我们一起来对《公孙龙子》的有关论述作一分析。

《公孙龙子》对本体论的阐述首先表现在对名实关系问题的讨论中。公孙龙说："天地与其所产焉，物也。物以物其所物而不过焉，实也。"（《公孙龙子·名实论》）其意思是说，天地与它们所产生的东西，叫作物；使某物成其为某物的质的规定性，而不超出它的界限，叫作实。在这里，公孙龙明确回答了本体论的核心问题，即"是什么存在"的问题。在他看来，是"物"、是客观实在构成了世界的本体，强调了世界统一于"物"，肯定了物的客观实在性和质的规定性。公孙龙进一步通过对"物"的精密分析建构了自己哲学的本体论基础。他对"物"的分析，主要是通过对"物"与"实"这两个基本范畴相互关系的深入分析来进行的。

在公孙龙看来，作为世界本体的"物"最本质的规定性就是它的实在性。物如何体现出这种客观实在性呢？那就是，它作为现实的存在，必定在时空中占据一定的位置，具有充实性。公孙龙说："实以实其所实不旷焉，位也。""旷"就是空缺，"不旷"就是充实。物占有一定的时空，而且十分充实，这就是具体的、实实在在的物体。所以，公孙龙视为世界本体的"物"乃是个体的事物。公孙龙这种对世界本体的规定与亚里士多德有非常相似之处，在亚氏看来，最真实、最原始、最确切意义上的本体就是个体的事物，它才是独立存在的东西，因此，他将个体的事物称为"第一本体"。有"第一"就有"第二"，那么，"第二本体"又是什么？亚里士多德认为，就是柏拉图所说的"相"，即共相或属和种，用他自己所举的例子来说就是："例如，个别的人是被包含在'人'这个属里面的，而'动物'又是这个属所隶属的种；因此这些东西——就是说'人'这个属和'动物'这个种——就被称为第二性实体"①。属和种作为共相，与个体事物相比，它们只能存在于"第一本体"之中，是个体事物的本质，是用来说明"第一本体"，即个别事物的，从这个意义上说，它们也属本体的范畴，不过只是"第二本体"而已。公孙龙所理解的"物"就相当于亚氏的"第一本体"，但他却没有像亚氏那样明确将属种规定为"第二本体"。不过，他在论述"物"和"指"的关系时，似乎又有把"指"看作"第二本体"的意味。

公孙龙在《公孙龙子·指物论》中说："物莫非指，而指非指。"这意思是说，物没有不是指的，而指却不是指。要弄懂这句话，关键是要正确理解"指"这个概念。大多数人都将"指"作"概念"解，在一定意义上，这无疑是正确的，但概念又有"具体概念"和"抽象

---

① 亚里士多德. 范畴篇. 北京：三联书店，1957：12.

概念"的区别，而"抽象概念"是表示对象共性的，因而也就有"共相"的含义在内。然而，在公孙龙的这段话里，第一个"指"主要是指"共相"即属和种。按照亚里士多德的说法，属和种即"共相"只能存在于作为"第一本体"的个体事物之中，是个体事物的本质，是用来说明和规定个体事物的。正因为借助种和属使个体事物有了本质规定，个体事物才得以确立为"第一本体"。

以这种观点去看公孙龙所提到的"物"与"指"的含义及其相互关系，我们就会看到，他与亚氏在这一问题上的观点基本是一致的。"物莫非指"的含义就是：共相作为具体事物的本质，只能存在于个体事物中，只是个体事物自身的本质和内在规定性，这样具体事物才成为与自身同一的、能独立存在的物或本体。如"白马"这个个体事物，正是有了"马"这个共相作为自己的本质和内在规定性，才使自己成为与自身同一的、能独立存在的具体事物；离开了"马"这个共相或本质，白马也不是白马，而是别的白色的东西了。正是在这个意义上，可以说"物莫非指"。

但是，在公孙龙看来，作为具体事物本质规定的共相与具体事物又存在着差异，并不完全等同，如"马"这个共相与"白马"这个个体事物就存在差异。"马固有色，故有白马。使马无色，有马如已耳，安取白马？故白马非马也。"（《公孙龙子·白马论》）"白马"这个具体事物，是由"马"的共相与作为其属性的白色组成的，假如没有什么颜色，就只剩下其共相"马"了。可见，具体的事物除了它的共相作为其本质规定之外，必定还具有其他的属性，这就使它与其共相有了某种差别。所以，"指"这个共相与以它为本质规定的具体事物本身并不完全是一回事。在这个意义上，又可以说"而指非指"了。后一个"指"是具体所指的个体事物。通过以上的分析，可以看出，公孙龙也确有将共相作为"第二本体"的思想。这一层意思在公孙龙

"天下无指，物无可以谓物"这句话里体现得更为明显。这句话的意思是"天下如果没有共相的存在，物就不能成其为物了"。当然，这只是字面的含义，因为公孙龙并不认为"指"这个共相可以脱离个体事物而独立存在，这在下面说得很清楚："指也者，天下之所无也"（《公孙龙子·指物论》）。即"指"这个共相并非独立自在的东西，而是存在于个体事物之中的。所以，公孙龙说"天下无指，物无可以谓物"的用意显然是进一步说明：作为共相的"指"乃是个体事物的本质规定，离开了这个本质规定，该物就不成其为该物了。但这样就产生了一个问题："非指者，天下而物，可谓指乎？指也者，天下之所无也；物也者，天下之所有也。以天下之所有，为天下之所无，未可。"（《公孙龙子·指物论》）如果认为离开了共相这个本质规定，某物就不成其为某物，那么天下充满了具体的事物，都可以将它们说成存在共相吗？指，即共相，并不是独立的实际存在的东西，而是看不见、摸不着的东西；具体事物才是独立的实际存在的东西，把实际存在的具体事物等同于抽象的共相，这是不可以的。这段话是对公孙龙关于"物莫非指，而指非指"这一观点的质疑，其中心意思是说：你把共相看作具体事物本质的规定，从而认为没有共相，物就不成其为物了。但这样一来，你就把抽象的共相看作具体事物了，将抽象的、并不是现实存在的共相看作真实存在的个体事物，这是说不通的。这个问题的确提得十分尖锐，因它是关系到公孙龙整个本体论能否成立的重大问题，因而公孙龙对这一问题进行了认真细致的解答。

公孙龙说："天下无指，而物不可谓指也。不可谓指者，非指也。非指者，物莫非指也。"（《公孙龙子·指物论》）即是说，天下没有独立存在的共相，因而物也不能被称为其共相。然而，这种说法将共相与具体事物看作两个相互独立自存的东西了。共相本身并不是独立于具体事物之外的东西，因此，作为共相的"指"虽不是实际存在的具体事物本身，却是具体事物的本质规定。在这个意义上，说具体事物因具有一定的共相或本质规定才能得以存在是完全可以成立的。应当注意的是，公孙龙一方面承认作为事物共相或本质的"指"并不就是具体事物，另一方面又认为具体事物在本质上又表现为其共相，"物莫非指"。这看起来是相互矛盾的，但在公孙龙那里，这二者不仅不矛盾，反而是内在统一的，它们只是一个问题的两个方面，因他所理解的具体事物并不完全是常识所说的那种感性存在物，而是有着其本质规定的事物，是包含着普遍性的个体存在物。只有这种具有本质规定的具体事物才具有本体的资格。如"白马"作为本体的存在，是由"马"这个本质来决定的，至于它是白色的还是黄色的，并不改变它作为一匹马的本体存在。在公孙龙看来，作为本体存在的具体事物的本质是相对稳定的，所以人们才能透过现象去认识和把握这个本质。但从另一方面来说，作为具体事物的共相或本质的"指"又是与具体事物有着差异的，因为具体事物除其本质之外，还包含着其他的属性，如"白马"除去"马"这个本质规定之外，还有"白"的属性，这就使"白马"这个具体事物与作为共相的"马"有了差别。需要说明的是，"白"虽然在某种意义可以说是一个共相，但这个共相并不是作为本体的具体事物的本质规定，它只是一种性质，而这种性质是可变的，即是说，一匹马的颜色有可能白，也可能黑，但作为事物本质规定的共相却是不变的，因为"马"这个共相一旦发生了变化，马就不成其为马了。可见，作为性质的"白"并不具有本体的意义。对此，公孙龙是作了严格的区分的。"马者，所以命形也；白者，所以命色也。命色者，非名形也。故曰：'白马非马'。"（《公孙龙子·白马论》）"马"这个共相是规定"形"即马这个具体事物本质的东西，而"白"是马的一个性质；但"马"这个本质规定加上"白"这个性质，就只能是"白马"这个具体事物，而非"马"这个单纯的共相了。"马"作为"白马"这一具体事物的共相，具有本体的意义，而"白"却不具有本体的意义。在这一点上，公孙龙与亚里士多德关于"第一本体"和"第二本体"的思想大致是相同的。

基于上述认识，公孙龙进一步对"物莫非指，而指非指"的思想作了阐发："天下无指而物不可谓指者，非有非指也。非有非指者，物莫非指也。物莫非指者，而指非指也。"（《公孙龙子·指物论》）这就是说，世界上虽然没有独立自存的共相，具体事物也不等于其共相，但也没有不是用共相来规定自己本质的具体事物，既然如此，具体事物必然是由其共相来规定它的本质的。所以，具体的事物皆由共相来规定它的本质，但这个共相又是与具体事物有差别的。这里，公孙龙首先明确区分了作为具体事物的"物"与作为其本质规定的"指"即共相，说明二者并不等同，但二者之间又存在着不可分割的联系，这种联系就表现在具体事物都必定由共相来作为其本质的规定。这样，公孙龙就进一步反驳了那种将共相与具体事物割裂开来，否定共相是具体事物本质规定的论点。

但反对"物莫非指，而指非指"这一观点的人又对"天下无指"，即世界上并不存在单独存在的共相作了新的解释，认为"天下无指者，生于物之各有名，不为指也。不为指而谓之指，是无不为指。以有不为指之无不为指，未可"（《公孙龙子·指物论》）。其意思是说，"天下无指"即世界上没有独立存在的共相，是就物都各有其名而不是有共相这个意义上来说的，所以"物"并不是"指"这种抽象的共相。把不是指的东西称之为指，那么，世界上就没有不是指的东西了；把本来"不是指的东西"说成"没有不是指的东西"，这显然是不可以的。

这种观点的实质仍在于将具体事物与其内在包含的共相割裂开来，将共相看作脱离了具体事物而独立存在的东西。在它看来，具体事物虽然各有其名，但名并不是共相，所以具体事物也就不是用共相来作为自己的本质规定了。

针对这一驳难，公孙龙是这样回答的："以'指者天下之所无'。天下无指者，物不可谓无指也；不可谓无指者，非有非指也；非有非指者，物莫非指。指，非非指也；指与物，非指也。使天下无物指，谁径谓非指？天下无物，谁径谓指？天下有指，无物指，谁径谓非指、径谓无物非指？且夫指固自为非指，奚待于物而乃与为指？"（《公孙龙子·指物论》）在公孙龙看来，说世界上没有独立存在的共相，其根本原因在于共相是存在于具体事物之中的，是作为具体事物的本质规定而存在的，但决不能由此得出否定共相存在的结论。具体事物都是包含着共相并以此来作为自己的本质规定的。但应看到，共相一旦表现为具体事物的本质，它就会与该具体事物所具有的其他属性一起使该事物成为与其单纯的共相有差别的东西（"指与物，非指也"）。

在这个意义上，物的确不等于指。但共相是不能脱离具体事物而单独存在的，所以如果世界上没有物，也就没有指，那么，谁还会说"指"这个共相是可以脱离具体事物而单独存在的东西呢？如果世界上只有抽象的、单独存在的共相，而没有具体事物，谁还会认为这共相乃是具体事物的本质规定呢？固然，作为共相的"指"并不等于"物"，又怎么能把它当作与"物"相等同的东西呢？即是说，决不能把抽象的共相等同于具体事物。在这里，公孙龙有力地驳斥了"指"与"物"相互割裂的观点，同时又明确说明了二者之间的差别。通过严密的逻辑推理分析，公孙龙深刻地说明了"物"与"指"之间的关系，有力地驳斥了在这一问题上的错误看法。

公孙龙在这里所表述的思想实质，就在于表明：作为存在本体的具体事物乃是具有其本质规定的，所以作为具体事物本质规定的共相——"指"，是具体事物之所以成为存在本体的基本保障，因它保障了具体事物质的稳定性，使具体事物成为与自身同一的东西。把握这一点，对于正确理解公孙龙的本体理论具有至关重要的意义，这是因为：

第一，公孙龙将存在的本体看作具体的事物，而把共相看作具体事物的内在的本质规定，这样就与孔子将抽象的共相——"名"看作脱离具体事物的、永恒不变的先验概念，并力求用这种抽象的共相去正具体事物之实的唯心主义观点划清了界限，也反对了孟子一派离形言名的思想倾向；同时，他也与当时虽然将"物"看作存在的本体，但缺乏对"物"作本质规定的各种唯物主义学派不同，显现了自己本体学说的鲜明特色。

第二，公孙龙将具体事物作为存在的本体，认为共相是具体事物的本质规定，这样就把共相与具体事物看作有机的统一体，从而反对了将二者机械地割裂开来的片面观点。

第三，公孙龙将具体事物看作存在的本体，而将共相看作具体事物的本质规定，从而阐明了共相与具体事物其他属性的关系，认为共相作为事物的本质规定，决定着某物之所以为某物，而非它物；而具体事物的其他属性虽然也是它的重要性质，但并不具有本体的地位，它们的变化并不影响某物成为某物。这样就阐明了作为具体事物本质规定的共相与作为具体事物属性的其他性质之间的相互关系及其对于具体事物所具有的不同意义。而认识到这一点，对于正确理解公孙龙的"离坚白"和"白马非马"等重要思想有至关重要的意义。。

在公孙龙看来，共相作为具体事物这一本体的本质规定对具体事物起着决定性的作用，它是相对稳定的、不变的，这样才能保障具体事物作为本体的地位，具体事物的其他属性则是只起次要作用的、可以发生变化的东西，因而它们不具有本体的意义，而只是作为本体的具体事物中的某种非本质性的东西，它们的变化如何并不影响具体事物这一本体的存在。

在《公孙龙子·通变论》中，公孙龙就明确说明了作为本体存在的具体事物中的变与不变的因素及其对具体事物的作用和意义。

公孙龙对作为本体的具体事物中的本质规定即"体"与其他属性的地位作了明确规定。在他看来，具体事物的本质规定——"体"是主要的，其他属性是次要的。谭戒甫先生在《公孙龙子形名发微》中指出："《史记·廉蔺列传·正义》曰：'秦汉以前，用右为上。'按古人尊右，此有右有左，犹云有所轩轾也。盖名家所谓'白马非马'者，乃以马为实体，白为品德，德丽于实，偏去莫少，是左视马形而右视白色矣。形名家不然，对于白色、马形，感觉平等，全无轻重，故'白马非马'即'二无右'"[1]。这是谭先生对公孙龙在《公孙龙子·通变论》中所说的"二无右"所作的注解。

我们认为，谭先生对"右"与"左"的解释是十分合理的，对名家关于"白马非马"论点的解释也合乎实际，但他将公孙龙划为"形名家"，从而认为公孙龙的"二无右"是将马形与白色看作感觉平等，全无轻重，这就不太合乎公孙龙的本意了。因为在公孙龙看来，在作为本体存在的具体事物中，"体"乃是该事物的本质规定，所以为主，其他属性（品德）则不属本体，因而为次；但在特定的具体事物中，如"白马"中的"形"也就是"体"和属性"白色"，对于"白马"这个个体事物来说都是十分重要的，去掉这两者中的哪一方面，"白马"都不成其为"白马"了。所以，只有在这个意义上，可以说："二无右"或"二无左"。

但如果就二者的变化对于作为本体的具体事物的影响来说，其

---

[1] 谭戒甫. 公孙龙子形名发微. 北京：中华书局，1963：32.

作用显然有主次的不同。"曰：谓变而不变，可乎？曰：可。"（出自《公孙龙子·通变论》，此句中的"而"在原文中为"非"，据谭戒甫校改。）客问："说在具体事物的变化中也有不变的方面，可以吗？"主答："可以。"

在公孙龙看来，对于具体事物的变化可以从两个方面来看：一是其本质规定不变，而其他属性发生了变化；二是其本质规定发生变化，而其他属性不变。但这二方面发生的变化对于具体事物的影响和作用是根本不同的。公孙龙认为，在具体事物的变化中有保持不变的东西，这就是作为具体事物本质规定的"体"或"形"亦即"共相"。如就"白马"这个具体事物来说，其"共相"即"马"是不变的，但其颜色这种属性却是可以变化的，而这种变化并不影响它作为"马"的存在。如马可有"白马"，也可有"黄马""黑马"等。马的颜色这种属性发生了变化，在一定意义上也可以说是一种变化，但这种变化并不真正意味着具体事物本质的变化，因此这并不影响具体事物作为本体的存在。但如果具体事物的本质规定发生了变化，即失去了其本质规定，那么，该事物就不成其为该事物了。

公孙龙下面的这段对话说明的就是这个道理："曰：右有与，可谓变乎？曰：可。曰：变奚？曰：右。"（《公孙龙子·通变论》）客问：如果在具体事物的本质规定（右）不变的情况下，该事物增加或减少了某些属性，可以说是变化吗（有与）？主答：（在一定意义上）可以这样说。客问：真正的"变"究竟是指什么？主答：是事物的共相即它的本质规定发生了变化。

公孙龙在这里表达的意思是，作为本体存在的具体事物的属性是可变的，但这种"变"并不是真正意义上的"变"，充其量是"不变"中的"变"，就这种"变"对具体事物的影响来说，它并不改变具体事物的本体存在，因而，从根本上来说，这还是一种"不变"。

但是，一旦具体事物的"形"或"体"发生了变化，就意味着该事物根本性质的改变，也意味着该事物不存在了。所以，公孙龙在回答客问"右苟变，安可谓右？"（即：事物的本质规定发生了变化，还能说它是某物的根本性质吗？）这一问题时，特别强调："苟不变，安可谓变？"（即：如果具体事物的本质规定不变，又怎能说具体事物是变化了呢？）

公孙龙的意图就是要在变中寻找不变，即寻找相对稳定的本体。然而，事实上，任何具体事物都是在变化的，这就迫使他不得不承认作为本体存在的具体事物不但属性是可以变化的，而且其本质规定也是可以变化的。这一矛盾始终困惑着公孙龙，从而使他无法真正解决作为本体的具体事物中的变与不变的相互关系。

其实，类似的情形也在亚里士多德那里出现过。亚氏在他的《范畴篇》中力图把变化限定在性质等属性中，而不让它涉及本体自身。本体是由个别事物的本质（即它的属和种）来规定的，是可以由它的定义来表示的。如一个人作为本体的存在，由"人"这个本质来决定，可以由"人是两足动物"这个定义来表示，所以他变白或变黑了，并不影响他作为一个人的本体存在。但后来在《形而上学》一书中，亚氏又不得不承认本体本身也是可以变化的，所以他力图说明这种变的原因，提出了著名的"四因说"，即质料因、形式因、动力因、目的因。但从亚氏的思想深处来说，他的目的仍是要寻找那变中的不变，可以说他始终都没有放弃过这一努力。由此，他最终得出了具体事物的形式即共相才是不变的本体的结论，从而背离了他共相不能与具体事物相脱离的主张。

公孙龙在这一点上与亚氏也极为相似，他虽然也强调共相不能脱离个体事物而存在，但他又不得不承认个体事物客观存在的变化，为追寻那不变的本体，最后也不得不认为，与个体事物相比，其共相才具稳定性和不变性，因而才具有真正本体的意义。这样，他就如同亚里士多德一样承认有可以脱离具体事物的共相独立存在。如在《公孙龙子·通变论》中，公孙龙说道："谓鸡足一，数足二，二而一故三。谓牛、羊足一，数足四，四而一故五。"这显然是把"足"这个共相看作可以脱离具体事物而单独存在的共相了。正因为如此，许多人认为这是公孙龙客观唯心主义本质的典型体现。

其实，在我们看来，据此说公孙龙哲学有唯心主义的成分也并非不可，然而必须分析他之所以如此的原因，否则简单地给他扣上一顶客观唯心主义的帽子并不能说明什么问题，因此也是毫无意义的。同时，还必须看到，公孙龙还是力图坚持共相不能脱离具体事物而独立存在的，否认这一点也是不符合公孙龙思想实际的。实际上，公孙龙之所以坚持不懈地去寻找不变的、稳定的本体，其根本目的就在于为自己的认识论和逻辑学奠定牢固的基础。

从认识论的角度来说，公孙龙认为认识的根本任务就是要通过现象认识到其背后的本质即共相。但在他看来，这种认识既非感性认识，也非理性认识，而是知性认识。知性认识最基本的特征就是确定性，这种确定性的特征是由认识对象——不变的本体所决定的。

从逻辑学的角度来说，公孙龙的逻辑就是关于本体的逻辑，是一种知性逻辑，这种逻辑基本规律是同一律，它使用的范畴是相对固定的，而这正是由本体不变性所决定的。

公孙龙学说的宗旨就是要通过这种关于不变的本体的理论、确定性的知性认识论和逻辑来达到其正名实的目的。这个目的，《公孙龙子·迹府》说得十分明确："公孙龙，六国时辩士也。疾名实之散乱，因资材之所长，为守白之论。"公孙龙非常厌恶当时关于事物的概念与事实相分离的混乱状况，因而凭借自己的才能和特长，用"白马非马"这类论辩来纠正名实混乱的现象，以此来教化天下。公孙龙"白马非马"的命题就是力图贯彻知性认识的确定性和知性逻辑的基本规律——"A=A",而这些都是依据其本体论建立起来的。

公孙龙的本体理论是他整个学说的基础,所以他从各个不同的角度和方面来论证自己关于本体的见解。除了上述关于"第一本体"和"第二本体",以及对变化和本体的关系的论证之外,公孙龙还从多个侧面进一步论证了自己的本体理论,而这些论证都是以上述方面的见解为出发点的。

存在与本体

公孙龙在对本体作出具体规定的基础上,进一步论证了存在和本体的相互关系,明确区分了本体和存在的不同含义。公孙龙在这方面的观点与亚里士多德也有着许多共同点。

让我们先看看亚氏是如何论述他关于存在的见解的。在《范畴篇》中,亚氏阐述了关于存在的十种含义,这十种含义就是十个范畴。

亚氏认为,本体论的核心问题是:"存在什么?"他的回答是:存在有这样十个方面的含义,即本体、数量、性质、关系、地点、时间、姿态、状况、活动、遭受,这十个范畴实际也就是存在的十种类别。对这十个类别的含义,他举例作了说明——本体:具体的事物,如"人"或"马";数量:如"二尺长"或"三尺长";性质:"白的"或"懂语法的";关系:"二倍"或"较大";地点:"在市场里"或"在某个地方";时间:"昨天"或"去年";姿态:"躺着"或"坐着";状况(具有):"穿鞋的"或"武装的";活动:"开刀"或"烧灼";遭受:"被开刀"或"被烧灼"。这十类都是"存在"的客观事实,因而都是"存在"。

亚氏认为,在这十类"存在"中,本体占据着中心地位,其余九个范畴都是用来表述它的。本体是其他九个范畴的基础,它们所表述的存在只是依附着本体的存在。如"白的人",其中的"白"是不能离开这个人而存在的。应当注意的是,这里所说的本体包括"第一本体"和"第二本体"在内。具体事物是"第一本体",而共相(种、属)则是具体事物的本质规定,因而也具有本体的意义,但它只是"第二本体"。亚氏举例说,个别的人包括在"人"这个属里,"人"又包括在"动物"这个种里,"人"和"动物"就是"第二本体"。

在《形而上学》一书中,亚氏进一步将"存在"归结为四大类。一是偶性的存在。例如:正直的人是有教养的(a);这个人是有教养的(b);这个有教养的是人(c);这三个判断中的"是"即存在都具有偶然性的意义。再如:这个苍白的人是有教养的。这一判断中的"苍白"和"有教养的"都是同一主体(本体)的偶然属性。亚氏认为,在这个意义上,"非苍白"也可以说是"存在",因为人们可以说:这个人是不苍白的,这里的"不苍白"就成为主体(本体)的一种偶然属性。二是本质意义的存在。偶性的存在是指甲和乙之间只有一种暂时的、偶然的联系,而本质的存在是指一种必然的联系。亚氏认为,本质的存在就是十个范畴以宾词的形式所表示的存在。因此,在这个意义上,有多少个范畴,就有多少种意义的存在。但从亚氏所列举的例子来看,似乎他并没有说清究竟什么才是本质的存在。如他举例说,"这人正在恢复健康"和"这人恢复健康"等,这和上面所列举的偶性存在的例子并无原则区别。所以,亚氏心目中真正的本质的存在，只是"共相"即第二本体。性质、数量等九个范畴并非本质的存在。三是真和假的存在。亚氏认为，"存在"或"是"就是指这种说法是真的，而"非存在"就是指这种说法不是真的而是假的。例如，"苏格拉底是有教养的""苏格拉底是不苍白的"这两个命题都是真的，后一命题虽是一个否定命题，但它仍是真的，还是一种存在，而不是非存在，因为它是与事实相符合的。四是潜能的存在和现实的存在。亚氏指出，当我们说"存在"（是）的时候，有些东西是潜能的存在，有些东西是现实的存在。比如，我们将能够看到的和现实看到的，都说成"看"，能够与现实相印证的知识和已经与现实相印证的知识都是"知"。所谓潜能的存在，就是指某事物现在还不是现实存在的，但它可能存在，或具有存在的能力。现实的存在，就是指已经存在。例如，成熟的谷穗就潜存在谷种之中，这就是一种潜能的存在；而成熟的谷穗就是由这种潜能的存在变成了现实的存在。

公孙龙和亚里士多德一样，将"存在"区分为偶性的存在和本质的存在、潜能的存在和现实的存在。他从对"石"之形和"坚"之性以及"白"之色三者关系的分析着手，具体揭示了上述四种意义的存在。

公孙龙认为，在"坚白石"这一具体事物中，"石"之形（质）才是本质的存在，因为它才是本体，而"坚"之性和"白"之色则是偶性的存在，因为它们只是石的属性，而不是它的本质。所以，"坚"之性和"白"之色与"石"的联系并不是必然的，而是偶然的。关于这一思想，公孙龙在《公龙龙子·坚白论》中表述得非常明确："物白焉，不定其所白；物坚焉，不定其所坚。不定者，兼。恶乎其石也！"天下万物中白色的事物很多，并不是只有"石"才是"白"色的；万物中的许多事物都有"坚"的属性，并不是只有"石"才具有"坚"的属性。"白"之色、"坚"之性可以与万物相联系，并不为

"石"所独有。可见，在"坚白石"这一具体事物中，"坚""白"与"石"的联系只是偶然的，所以只是一种偶然的存在。"石"之形则是一种本质的、必然的存在，它可以与"白""坚"等属性相联系，也可以与"黑""脆"等属性相联系，"白"之色和"坚"之性只是依附于它的，也就是说，"白"和"坚"这些属性是表征"石"之形的，是通过"石"之形才得以实现其存在的。同样，"白"之色对于"马"之形也只是一种偶性的联系，是一种偶性的存在。

公孙龙还区分了现实的存在和潜在的存在。在他看来，具体事物的存在是一种现实的存在，它之所以是现实的存在，就是因为它是一种感性的存在物，而其共相也就是它的本质规定则是一种潜在的存在。公孙龙对现实的存在和潜在的存在的理解与亚里士多德有着较大的区别。亚里士多德所讲的"潜能"主要是指尚非现实存在的事物向现实存在转化的能力，是一种可能性的存在。在他那里，潜在的存在有多种含义，有时指还没有具有形式，即没有本质规定的质料；有时是指某种潜在的能力。而他所理解的"现实"也有多种含义，有时是指一个有本质规定的，即具有形式的具体事物；有时则是指纯粹的"形式"，即"共相"，如此等等。亚氏对潜在的存在和现实的存在的划分，主要想说明的是在"质料因""形式因""动力因"还有"目的因"的推动下，潜在的存在向现实的存在的转化过程。而公孙龙关于潜在的存在和现实的存在的划分，则主要是为了说明作为本体存在的具体事物具有两种不同意义的存在：一是具体的感性存在，这就是现实的存在；二是作为具体事物的本质规定的共相和各种属性的抽象存在，这种存在是潜在的存在。公孙龙旨在通过对这两种意义上的存在的分析，揭示感性认识与知性认识的联系和区别。

公孙龙指出，作为本体存在的具体事物首先表现为一种感性的存在，是一种现实的存在。他在《公孙龙子·坚白论》中说："于石，一也；坚白，二也，而在于石。故有知焉，有不知焉；有见焉，有不见焉。故知与不知相与离，见与不见相与藏。藏故，孰谓之不离？"这段话的大意是说，具体的石是本体的存在"一"，"坚"与"白"是石的两个属性"二"，它们存在于具体的石之中。有可以通过触觉感知的，如"坚"；也有不能通过触觉感知的，如"白"。有可以通过视觉看见的，如"白"；也有不能通过视觉看见的，如"坚"。所以，由于人们感觉器官功能的不同，其感知具体事物的结果就不同。当用手去触摸石时，得到的只是"坚"的感觉；当用眼去看石时，得到的只是"白"的感觉。可见，由不同感官感知石而获得的感觉是相互独立着的，从这个意义上，也可以说是相互分离的。可见，公孙龙明确肯定了具体事物首先是一种感性的现实存在，是可以通过不同的感官而分别感知其属性的。

具体的"石"不仅是感性的具体存在，同时又是本体意义上的存在，即是说它是有本质规定的存在，但它的本质规定即共相则是一种抽象的存在，是通过感官直接感知不到的，但它却是一种更本质的存在。而且"白"之色和"坚"之性，既可以是为感官直接感知的感性存在，它们是与感性的现实存在的"石"相联系着的，但同时它们也是作为本体的性质或范畴而存在的。在后一种意义上，它们又是可以脱离具体感性存在物的"共性"。我们在这里用"共性"一词，主要是为了与作为具体事物本质规定的"共相"作一区别。后者是本体，"共性"则是属性或性质的范畴。

在公孙龙看来，"石"作为共相，即本体，是一种本质的存在，同时又是潜在的存在；"坚""白"等性质范畴作为"共性"，同样也是一种潜在的存在。这种潜在的存在，在一定意义上，可以说是相互分离着的，在客观实际中是如此，在认识中也是如此。所以，公孙龙说："坚未与石为坚，而物兼，未与【物】为坚而坚必坚。其不坚石物而坚,天下未有若坚而坚藏。白固不能自白,恶能白石物乎?若白者必白,则不白物而白焉。黄、黑与之然。石其无有。恶取坚白石乎?"(《公孙龙子·坚白论》)"坚"的性质不一定与石相联系才成为"坚"的,而是可以与各种物体都发生联系的。同样,"坚"这种性质也并不是一定与万物发生联系后才成为"坚"的;"坚"这种性质本身就是"坚"。那种不使石、物坚硬而独立的"坚",天下并没有,而是它本身潜藏着的。"白"如果自身本来就是白的,那么它就不必通过使物体发白而表现出自己是白。"黄""黑"也是如此。"石"如果本身不是石,又怎么会有既坚又白的石头呢?在这里,公孙龙全面论述了自己对潜在的存在与现实的存在的基本看法。在他看来,潜在的存在也不是永远会潜在下去,共相的东西、共性的东西会通过感性的存在显现自己,会转化为一定的现实存在的。所以,人们可以通过不同的感官感知它们,并通过思维的加工作用形成知性认识。知性认识的作用,就在于把握现象即感性存在中的共相或共性,从而形成相对稳定的知性概念。

通过对本体进行规定和对存在与本体的相互关系及其意义的分析,公孙龙就为自己的认识论和逻辑学奠定了本体论基础。

色白与坚实

如前所述,公孙龙的认识论是一种知性认识学说,这种知性认识学说与先秦诸子的认识论有着很大的差别。先秦诸子的认识论除老庄是一种相对主义的认识论之外，大多数都表现为一种朴素的理性认识论。在名家三派中，宋尹学派具有鲜明的唯理主义的特征，惠施一派在认识论上持有一种朴素的辩证认识学说，因而其思想在本质上也是一种理性认识论。公孙龙并不追求通过理性去把握世界的整体意义上的本质，而只是希望通过具有确定性的知性认识来对客观事物的本质规定——共相，以及它们的共性作出把握，进而形成具有确定性的知性概念。他这样做的根本目的，就是要做到对概念，即名的准确规定，实现正名实的宗旨。

公孙龙的认识理论是以他的本体理论为基础的。在他看来，人们认识活动的对象就是作为本体存在的具体事物；没有具体事物，也就没有认识的产生。作为本体存在的具体事物，首先是作为感性存在物呈现在人们面前的。因而人们首先必须以感性存在物为认识对象，调动自己的感官去把握感性存在物的各种外在形式和外在的属性，从而形成视觉和触觉等感性认识。在《公孙龙子·坚白论》中，公孙龙首先就明确肯定了感性存在物是感性认识的对象。虽然他在这里为了给"离坚白"的观点作论证，强调了视觉和触觉的差别和分离，但在本质上他仍充分肯定了感性存在物乃是感性认识的对象。他在论证"坚白石二"的命题时指出："视不得其所坚而得其所白者，无坚也；拊不得其所白而得其所坚者，无白也。"当从视觉角度去认识"坚白石"这一具体对象时，看不到它"坚"的性质，只能看到它的"白"色，说明人们没有关于"坚"这一性质的认识；当从触觉角度去认识"坚白石"时，人们通过手去摸它，只能摸到它的"坚"，而摸不到它的"白"，这时就不能说人有"白"的感觉。具体事物的属性是多样的，就感性认识来说，由于各种感官功能的不同，因而人们对感性具体事物各种性质的认识并不是一次就能完成的，某一感知活动只能获得关于具体事物某一方面的感性认识。因而即便是对具体事物的感性认识也不是一次就能完成的，而是必须反复多次，才能获得对具体事物的较完整的感知。可见，公孙龙认为感性具体事物是认识的客体，这种观点还是十分明确的，而且他还充分肯定了人们的感官认识具体事物各种属性的能力。

公孙龙强调必须以作为本体存在的感性具体事物作为认识的对象和客体，这表明他在认识对象的问题上坚持了客观实在第一性的唯物主义见解。

但从公孙龙对本体的规定以及存在和本体关系的学说来看，他所说的感性具体事物又与一般唯物主义所理解的感性具体事物有较大的差别。在他看来，作为本体存在的具体事物又具有其本质的规定，即有共相——"指"来作为它形式的规定，所以它并不是一种纯粹的质料。而且作为本体存在的具体事物还具有一系列其他的共性或范畴。因此，要认识作为本体存在的具体事物，只靠各种感官去看它、触摸它，并不能真正把握它。而要认识和把握具体事物这一本体及其性质，还必须依靠精神或心智的作用，所以公孙龙十分注重精神或心智的作用。他说："且犹白以目【见】，【目】以火见，而火不见，则火与目不见而神见；神不见，而见离。"（《公孙龙子·坚白论》）仍以"白"为例，石中的白色是通过"目"即视觉感知到的。白的颜色可以通过"火"即光线的作用和眼睛来看到，假如火不在了，没有了光线，眼睛也就看不到白颜色了，火本身也并不能看到白色。但精神或心智却可以看见，假如精神或心智也看不见白色，就意味着精神或心智的作用就在于看到"离"（即白色的共性）。这就是说，"白"这种性质作为性质范畴是一种共性，它并不能通过感官感知，它只能由精神或心智来把握。"坚"的性质以及"石"的本体都是如此。这样，公孙龙就从对感官与感性存在的关系的分析深入到了对心智或精神与本体和性质等范畴相互关系的分析，通过这种分析，他又将本体与共性确立为知性认识的对象。

但是应当看到,虽然公孙龙对感性认识和知性认识的对象作了区分,但他并没有将二者截然割裂开来,因为他认为:作为认识的对象只能是作为本体存在的具体事物,不论是作为具体事物本质规定的共相,还是作为具体事物性质的共性,本来就是统一在具体事物这一本体存在之中的,它们只能通过具体事物存在,尽管在一定的意义上它们又具有独立性。但它们终究是要通过具体事物来显现自己的,因而只要人们充分调动和发挥感官与心智的作用,终归是可以认识和把握具体事物本身的。

感性与知性

我们在前面分析公孙龙关于认识对象的理论时,实际上已谈到了他关于认识阶段划分的思想。现在,我们再从认识过程本身的角度来分析一下公孙龙这方面的理论。

感性认识是对具体事物现象的认识。公孙龙在《公孙龙子·名实论》中明确肯定了天地及万物的客观存在,即"物"的存在,同时在《公孙龙子·坚白论》中又认为作为本体存在的具体事物首先是一种感性现实的存在,而具体事物的本质规定——共相以及作为其性质范畴的共性是要通过感性的具体事物来显现自己的,所以他认为人们对客体的认识首先是通过感性认识活动获得对具体事物现象性的知识。如对"坚白石"这一具体事物的认识,首先就是通过用手去触摸而得到"坚硬"的感觉,通过用眼睛去看而得到"白色"的感觉的。这就是所谓的"视而得白""拊而得坚"。这样,公孙龙就肯定了人们可以通过自己的感官去感知具体事物的具体属性。

但在公孙龙看来,由于人们感官的职能不同,就造成了人们通过感官所获得的感性认识具有很大的局限,这也表明了人们感性认识能力的极大局限,其具体表现首先就是离散性。所谓离散性,也就是对具体事物所获得的感觉是相互分离着的,而不是一个统一的整体。如用眼睛去看"坚白石"时,只能看到白的颜色,用手去触摸时,只能获得"坚硬"的感觉,而不能同时兼得。所以,他强调"无坚得白,其举也二;无白得坚,其举也二"(《公孙龙子·坚白论》)。这就是说,用眼睛去看"坚白石"时,只能获得"白"和"石",用手去触摸时,只能获得"石"和"坚"。其次是表面性。公孙龙认为,人们通过感官所获得的对具体事物的感觉,只是对其表面形象、表面属性的认识。如对"坚白石"的认识,人们用眼睛看到的只是"白色"或石的形状,而通过触摸所感知的只是"坚硬"的表面属性。石的形状、白的颜色、坚硬的性质都是具体事物的本质或本体以及"共性"的外在显现,是某一特定事物所偶然具有的性质。如对"坚白石"这一特定的存在物来说,上述属性只是偶然地联系在一起,所以是一种"定白""定坚",即与特定的石头相联系而存在的,这种"定白""定坚"就是一种特定事物"坚白石"的表面属性。人们通过感官所感知的只能是这类表面属性。至于具体事物的本体、本质以及"共性",人们是无法通过感官去感知的,而必须依靠精神或心智的作用去把握它们。

公孙龙认为,感性的具体事物是本体,它具有多种属性。人们通过感官所获得的感性知觉也是对本体及其属性的认识,但是仅仅通过感官又不能真正认识到本体,因为本体是有其本质规定(共相)以及性质属性（共性）的。只有认识到本体的本质规定和性质属性，才算是真正认识和把握了本体。人们通常认为，只要通过眼睛看到了石的形状和白色，用手触摸石头感到了它的坚硬，就会形成"坚白石"的认识，就会认为"其白也，其坚也，而石必得以相盈"（《公孙龙子·坚白论》）。亦即认为"坚硬""白色""石头"三者相互包含，不可分离。但这并不能说就是对本体的完整认识，因为这只能说感知到了事物的存在，认识到了本体的外在形式和偶然性质。

实际上，这种认识是远远不够的。人们对具体事物这一本体的认识，最根本的目的在于把握它的内在的本质规定和内在的性质。比如对"坚白石"这一具体事物的认识，如果人们通过感官分别感知到了它的形状、白的颜色、坚硬的属性，就说它是一个"坚白石"，这充其量只是指出了"坚白石"这一具体事物的存在而已，至于究竟什么是"坚白石"并没有真正作出说明；而要作出这种说明，就必须对石的本质规定，即"石"的共相、"白"和"坚"等共性有所认识。对"白马"这一具体事物的认识也是如此。因此，人们必须从现象性的感性认识深入到对具体事物的本质规定——共相，以及共性的知性认识。在这里，人们所运用的就不是感官，而是精神和心智的作用。用公孙龙的话来说，就是要认识到那个作为本体的石，"不定其所白"的"白"以及"不定其所坚"的"坚"，这样才能实现对"坚白石"本质的认识，从而认识到"坚白石"这一具体事物作为本体存在的意义。

概括起来说，公孙龙认为，只有当认识到作为具体事物的共相——"指"时，才算是实现了对作为本体的具体事物的认识和把握，而认识"指"是知性认识的任务。

在认识论方面，公孙龙的思想与亚里士多德的思想也极为相似。亚氏认为，感觉是主体认识的第一个阶段，它是必要的，却又是肤浅的，因为它只涉及作为本体存在的具体事物的外在形式，如金戒指的形状、外部颜色等偶然属性，而这种外在形式和偶然属性是与质料（即组成事物的物质材料）联系在一起的。这种感觉并不是严格意义上的知识和智慧，因为"感觉不能告诉我们任何事物所以然之故。——例如火为何热；它们只说火是热的"。真正的知识和智慧就是有关具体事物的某些原理和原因方面的知识。这些原理和原因方面的知识，就是关于作为本体存在的具体事物的本质的认识。亚氏认为，关于具体事物本质的认识是由"心灵"来获得的，"心灵"的认识对象不是具体事物的外在形式和偶然属性，而是内在的形式和性质，即内在本质和内在属性。比如，我们通过感觉可以感知水，但只有"心灵"才能知道"水是什么"，即水的本质。亚氏所说的"心灵"就是公孙龙所说的"神"即精神或心智；亚氏所说的具体事物的本质，就是共相，即公孙龙所讲的"指"。但公孙龙并没有像亚氏那样，将心灵中积极的、能动的方面看作不依赖于人而独立存在的东西，看作永恒的和不灭的东西。在这一点上，公孙龙的唯物主义立场要比亚氏彻底得多。

"夫名，实谓也"

康德认为，所谓"知性"，是一种对感性具体对象进行思维，把特殊的、相互独立的感性具体对象加以综合，使之成为有规律的知识的先天认识能力。他指出，感性管直观，知性管思维，二者结合起来才能产生知识。简言之,知性的作用就在于认识具体事物的共相,形成确定的知性概念。在康德看来,知性认识所遵循的规则就是形式逻辑的规则,所以他将形式逻辑界定为"关于一般知性规则的科学"。康德上述关于知性认识的理论应当说是十分合理的。对此,黑格尔和恩格斯都给予了基本的肯定。但康德把知性认识又看作所谓的"纯统觉"——一种先验的自我意识,认为知性认识的形成就是主体运用"量的范畴""质的范畴""关系的范畴""样式的范畴"去整理感性具体对象的结果,这种观点虽然突出了知性思维的能动性,因而具有一定的合理性,但在本质上是一种主观唯心主义的先验论。

亚里士多德的认识论中虽然包含着许多辩证观念,但从本质上来说仍属一种知性认识论。在亚氏看来,关于作为本体存在的具体事物的知识有这样四个基本特征:

第一,是客观必然性和普遍性。所谓必然性,是指知识有必然的理由,是具体事物的必然原因。普遍性,就是指在一切事物中都有效、都真实。认识到了具体事物的本质,也就是认识到了事物普遍必然如此的原因。关于具体事物的认识是不能以偶然性为依据的。

第二,普遍的知识优于特殊知识。只有普遍的知识才能说明作为本体存在的具体事物的最根本的原因,从而也才能更好地帮助人们认识特殊的东西。只有普遍的东西才是确定的,特殊的东西则是不确定的,科学知识从本质上来说就是确定的知识。只有普遍的、确定的东西才是可理解的,特殊的、不确定的东西则是不可理解的。

第三,知识的对象必须有确定性,确定的东西才能是普遍的。即是说,只有作为本体而存在的具体事物才是认识的客体,这一对象是确定性和普遍性的统一,这也决定了关于这一客观对象的知识的确定性。

第四,知识只能依靠普遍的思维来建立,而不能靠特殊的感官知觉来建立。

概括起来说，亚氏认为，知识的基本特征是普遍性和必然性，只有普遍的东西（本质、共相等）才是确定的，才是科学认识的对象，而那些特殊的东西则是不确定的东西，因而是不能被思维、论证、理解的东西，所以就不是科学知识的对象。

很显然，亚氏将追求确定的东西（"实"即本体）作为认识最根本的任务，而这正是知性认识所追求的目标。所以，亚氏的认识论从本质上来说是一种知性认识论。也正因为如此，他将形式逻辑的方法看作认识具体事物的最重要的方法和思维的工具。可见，上述亚氏关于知识四个特征的论述，实际上就揭示了知性认识的最基本特征。

我们可以用上述观点来分析一下公孙龙关于知性认识基本特征的思想，从中可以看到许多共通之处。

首先，在公孙龙看来，由知性认识所获得的关于作为本体而存在的具体事物的知识是普遍的必然的知识。由感觉器官所获得的关于具体事物的知识只是一种特殊性的知识，因为它所认识的只是"域与石"之中的"定白"和"定坚"，即只能认识到特定石头的形状和它所具有的特殊属性——白色和坚硬，而不能认识作为共相的"不定其所白"的"白"和"不定其所坚"的"坚"，更不能认识作为本体的"石"的本质——后者是由知性所认识和把握的，所以知性认识所获得的关于本体的知识具有普遍必然性，因为它揭示了作为本体而存在的具体事物的根本原因。知性认识以作为本体的具体事物的本质规定——"指"作为自己的认识对象。认识到了"指"，也就是认识到了共相，即具有普遍必然性的基本特征。

其次，在公孙龙看来，作为知性认识对象的具体事物及其本质规定是相对稳定的、确定的。知性认识的对象就是作为本体而存在的具体事物，而作为本体的具体事物并不仅仅是感性存在物，它还具有内在的本质规定和性质。具体事物的外在形式和偶然属性是可变的、不确定的，其内在的本质则是相对稳定的、相对固定的，因此，它是变中的不变，所以它也具有普遍者的品格。《公孙龙子·指物论》中所说的"天下无指者，物不可谓无指也"以及"物莫非指"说明的都是这个道理。

再次，公孙龙认为，知性认识要比感性认识深刻和优越。这是因为，知性认识可以揭示具体事物的本质规定，进而说明具体事物的根本原因，从而得以从普遍必然的高度更好地说明特殊的东西；同时，知性认识还可以通过发挥"神"即精神和心智的作用，将潜藏在感性现象背后的本质揭示出来，使它得以显现出来。而感性认识对具体事物的认识不但是相互分离的，而且不可能具有普遍必然性。

最后，公孙龙认为，知性认识最基本的特征就在于它的确定性。对此，他在《名实论》中作了十分明确的阐述："夫名，实谓也。""其名正则唯乎其彼此焉。谓彼，而彼不唯乎彼，则彼谓不行。谓此，而此不唯乎此，则此谓不行。其以当，不当也；不当而当，乱也。故彼彼当乎彼，则唯乎彼，此谓行彼；此此当乎此，则唯乎此，其谓行此。其以当而当也。以当而当，正也。"公孙龙认为，"名"的实质就是知性认识对具体事物（实）的认识成果——概念。知性概念最大的特征就是它的确定性，这是由它所反映的对象——本体或本质的相对稳定性所决定的。每一个概念都是有其确定的反映对象的，所以每个概念都有其确定的内涵和外延。因而每一个概念都只能来表述或表征某一特定的对象，否则就会造成思维的混乱，在客观上造成名实不能相符。这就是公孙龙这一段话的基本精神。对这段话，我们将在下文中作具体分析。公孙龙的这段话十分明确地强调了知性认识、知性概念的确定性。这是贯穿于整个《公孙龙子》的一个根本观点。

通过以上对公孙龙和亚里士多德有关思想的对比分析，我们可以清楚地看到公孙龙知性认识论的本质之所在。

白马=马+白色

严格说来，《公孙龙子》是中国古代思想史上第一部逻辑学专著，是一部系统阐述知性逻辑理论的著作。但是，与亚里士多德的逻辑理论相比，公孙龙的逻辑理论是一种侧重"概念"的逻辑，而不是亚氏创立的侧重"推理"的逻辑，这是公孙龙逻辑理论的一个突出特点。此外，公孙龙的逻辑理论注重对概念、判断、推理的实质性研究，而不像亚氏那样注重对概念、判断、推理的量和形式方面的研究，因此公孙龙没能创立起像亚氏那样的以"三段论"推理为核心的形式逻辑。

之所以造成这种状况，有许多方面的原因，如其与中国古代文化中的思维方式，特别是中国古代的语言文字的特点有着密切的关系。但应看到的是，公孙龙的逻辑理论虽有别于亚里士多德的逻辑理论，但他毕竟是中国古代系统阐述知性逻辑的第一人，他的知性逻辑与中国古代占主导地位的辩证逻辑又有着很大的差异。从这个意义上说，公孙龙的逻辑理论又是与亚里士多德逻辑很相近的。

概念是思维的细胞，是最基本的逻辑形式。鉴于春秋战国时期名辩思潮主要围绕名实关系的争论而展开，所以公孙龙首先对"名"也就是概念的本质及其逻辑意义展开了分析。

第一是公孙龙对"名"即概念的本质的揭示。

公孙龙认为，概念是对客观实在的反映，作为"名"，它是客观具体事物的指谓。他说："夫名，实谓也。"这就是他对"名"也就是概念所作的本质规定。应当注意的是，公孙龙所讲的"名"不仅仅是一般人所理解的那种用来表示某种事物的代号，不仅仅是用来指称某一事物的称谓。他说的"名"主要是指反映具体事物本质规定的"共相"或者具体事物所具有的属性或性质的概念。这种"名"是有严格的逻辑意义的。所以，公孙龙对"名"的理解是与他的本体论思想密切相关的。从这个意义上说，公孙龙所讲的"名"，最主要的是从"指"的意义上来理解的。"指"即"共相"，是用来说明作为本体而存在的具体事物的。当然，在公孙龙看来，反映具体事物各种性质（主要指"共性"）的"名"也是一种概念。因此，公孙龙所理解的"名"主要是指反映作为本体而存在的具体事物的"共相"或"共性"的抽象概念。

除了抽象概念，还有具体概念。在知性逻辑中，具体概念是用来表示具体事物的特有本质及特有属性的。比如，"马"与"白"就是抽象概念，"白马"则是具体概念。但不论是抽象概念，还是具体概念，在本质上都是对客观实在的反映，这就是公孙龙所强调的"夫名，实谓也"这一思想的本义之所在。可见，公孙龙对"名"亦即概念的本质的看法，乃是一种唯物主义反映论的观点。

概念还有实体概念和属性概念的区分。即从实体和属性的角度来说，还可把反映事物本质规定的概念称为"实体概念"，把反映事物性质的概念称为"属性概念"。公孙龙认为，"马"这个概念是反映马这一事物的"形"的，"白"这个概念则是反映事物的颜色的，前者是实体概念，后者是属性概念。可见，公孙龙对概念作上述区分是相当自觉的。在他看来，不论是"实体概念"，还是"属性概念"，本质上都是对客观实在的事物及其性质的反映。

第二是公孙龙对概念的内涵和外延的分析。

在知性逻辑中，概念的内涵是对事物本质的反映，外延则是对事物范围的反映，这是概念最基本的两个逻辑特征。公孙龙虽然没有明确阐述过关于概念的内涵和外延的逻辑理论，但他在《公孙龙子·名实论》中却明确提出了关于"名"即概念"不过"和"不旷"的思想。他说："物以物其所物而不过焉，实也。"这是因为，任何具体事物或某一类具体事物都有自己确定的内容和范围，是不能超出其界限的。例如，"白马"这个具体事物就是指"白颜色的马"这个确定的对象和范围，而不能把"黄颜色的马"或"黑颜色的马"也包括在这一范围之中。从逻辑的角度来看，不论是"白马"还是"黄马""黑马"，这些概念都有自己确定的对象和范围，即它们的外延是不相同的；但从"马"这个概念来说，它们又都是"马"这一概念的外延，因为它们都具有"马"这个本质。这样，公孙龙就不仅说明了"名"即概念的外延的客观根据，同时也揭示了其外延的含义。"不过"就是强调要注意概念外延的确定界限，要注意对不同概念外延之间的关系进行分析，不可使之相混淆。

公孙龙还进一步提出了"不旷"的思想。他说："实以实其所实而不旷焉，位也。"（《公孙龙子·名实论》）这就是说，物之"实"是依靠自己充实自己而具有确定的内容和位置的，它不是空旷无内容的。在这里，"位"的逻辑意义就在于它不但揭示了概念内涵的客观依据，而且也说明"位"就是概念的内涵，即物的本质规定。"不旷"是指概念都是有其确定的内涵的。

公孙龙著名的"白马非马"这一命题就是依据上述对概念内涵和外延的理解而提出的。在对"白马非马"的逻辑论证过程中，他不仅严格地规定了"马""白""白马"等概念的确定内涵，还论及了上述概念的内涵和外延的不同以及外延间的包含关系和排斥关系。

公孙龙在《白马论》中首先明确揭示了"马""白""白马"等概念的确定内涵。"马者，所以命形也"，"白者，所以命色也"。"马"的内涵就是马之"形"即马的本质规定，"白"的内涵就是"色"，"白马"的内涵则是"形色"。公孙龙强调，必须严格地区分各个不同概念的内涵，"命色形非命形也。故曰：'白马非马'"。"白马"的内涵包含着"色"和"形"两方面的内容，而"马"只包含着"形"这一个方面的内容，所以"白马"的内涵不同于"马"的内涵。"白马非马"即白马不等于马，就是依据它们内涵的不同而得出的结论。

公孙龙还进一步说明了概念外延之间的两种关系：包含关系和排斥关系。他说："求马，黄、黑马皆可致；求白马，黄、黑马不可致。"意思是，要求"马"，找来黄马、黑马都可以，但要求"白马"，找来黄马和黑马就不行了。其原因就在于"马"和"白马"这两个概念的内涵和外延是有差异的。就"马"这个概念来说，它的外延要比"白马"这个概念的外延大，所以要找一匹"马"时，牵来黄马、黑马都可以，因为"马"这一概念的外延包含了"黄马""黑马""白马"等各色的马。在这里，"马"是属概念，而"黄马""黑马"等是种概念，属种概念的外延之间存在着"包含"关系。而"白马"与"黄马""黑马"等概念之间则是一种外延相互排斥的并列关系。"白马"的外延不包含"黄马"和"黑马"，因此，找"白马"，就只能找"白色的马"，而不能找来其他颜色的马。

公孙龙还看到了概念的内涵与外延之间存在着的反比关系。他说："马者，无去取于色，故黄、黑皆所以应；白马者，有去取于色，黄、黑马皆所以色去，故唯白马独可以应耳。"（《公孙龙子·白马论》）"马"这个抽象概念中并不包含颜色等属性，只是用来命

"形"的，所以凡是具有马之"形"即具有马的本质的动物都可以包括在内，如黄马、黑马、白马等。但"白马"这个概念，不仅包含了马之"形"，还包含了"白色"这一属性，这样就对颜色有了取舍。所以，黄马和黑马都因其不是白的颜色而被排除在外了。所以，"白马"只能指"白颜色的马"，而不能指其他颜色的马。公孙龙明确说明了"马"这个属概念和"白马"这个种概念的内涵有多少之分，"马"这个属概念的内涵要少于"白马"这个种概念的内涵。"马"这一概念的内涵只包含"马之形"，而"白马"这一概念的内涵中除了"马之形"，还多了"白色"这一属性的内容。但是，内涵越少的概念其外延越大，内涵越多的概念其外延就越小。"马"这一概念的内涵少，但它的外延却大于"白马"这一概念的外延，"白马"这一概念的内涵多，它的外延却远远小于"马"这一概念的外延；后者除了"白马"外，还包括了"黄马""黑马"等各种颜色的马。这正是对知性逻辑关于概念内涵和外延之间存在的反比关系理论的揭示。

第三是公孙龙对概念的限制和概括这两种逻辑方法的阐述和运用。

公孙龙在论证"白马非马"这一命题的过程中还运用了对概念的限制和概括这两种知性逻辑的基本方法。

限制是从属概念推演到它所包含的某一种概念的逻辑方法，是依据属概念和其种概念的内涵外延之间存在的反比关系进行的。种概念的外延小于属概念的外延，因而，为了从属概念推演到种概念，就要增加属概念的内涵。公孙龙为达到明确概念的目的，自觉地运用了"限制"的逻辑方法。他说："白马者，马与白也。马与白马也？"（《公孙龙子·白马论》）给"马"这个属概念的内涵中增加了"白色"的属性，使"马"这个属概念的内涵得以增加，就使属概念"马"变成了种概念"白马"。"马"这个属概念的内涵增加了，就与原来的内涵不相等了，所以就不再是属概念"马"了，而成了种概念"白马"。"白马"的内涵就是马之"形"加上白之"色"，是"马"的种概念，种概念不等于属概念，所以说"白马非马"。"非"就是不等于的意思，即种概念"白马"不等于属概念"马"。

概括是与限制进程相反的逻辑方法，它是从种概念推演到包含它的属概念的逻辑方法。概括同限制一样，也是依据属概念与其种概念的内涵和外延之间具有的反比关系进行的。属概念的外延大于种概念的外延。为了从种概念推演到属概念，就要减少概念的内涵。

公孙龙为了说明"白马非马"，还多次运用了概念的概括这一逻辑方法。他说："使马无色，有马如已耳"（《公孙龙子·白马论》）。这就是说，把种概念"白马"中的"白颜色"这一属性除去，就变成了属概念"马"。因为这样一来，种概念"白马"的内涵就减少了，而它的外延却扩大了。

第四是公孙龙对定义方法的运用。

定义是通过一个概念明确另一概念内涵的逻辑方法。公孙龙认为，要做到"名正"，使名符实，就必须明确每一个"名"即概念的确切含义，所以他十分注意对定义方法的运用。他在《名实论》中对什么是"物"、什么是"实"、什么是"位"都作出了十分严格的定义，而且对什么是"名"也作出了明确的定义。"夫名，实谓也。"这就告诉我们，所谓"名"就是用来指谓实际存在的事物的概念。这是公孙龙对知性逻辑中最大类概念的实质定义这一逻辑方法的运用。所谓最大类概念的实质定义，就是揭示最大类概念所反映的最大类的事物的本质的定义。"名"和"物"等概念就相当于哲学中的物质、精神等最大类的概念，也就是荀子所说的"大共名"，所以不能用一般常用的属加种差的作法来定义，而只能采用揭示其最一般规定性的方法来定义。公孙龙给"名"和"物"所下的定义就是采用的这种方法。

"天地与其所产焉，物也。"天地及其产物叫作"物"。这就揭示了"物"这一广泛已极的概念的实质："物"最基本、最一般的属性和规定性就是它的客观实在性。"名"在本质上则是对客观实在的反映。

此外，公孙龙也运用了知性逻辑关于对种概念下定义的逻辑方法，如他对种概念"白马"就下过明确的定义："白马者，马与白也。"所谓"白马"，就是马的形体与白颜色的结合体。这显然是运用了知性逻辑关于种概念实质定义的方法，即"种概念（白马）=属概念（马）+种差（白色）"的逻辑方法。

公孙龙关于概念的理论，可以说涉及了知性逻辑"概念论"的所有基本问题。他对概念的逻辑分析在中国逻辑发展史上占有极为重要的地位。

羊+牛≠马

在知性逻辑中，分类是将一大类事物或概念分为组成它的若干小类事物或概念的方法。分类的根据就在于大类的属性必然为小类所具有。如"马"就属一大类，"白马""黑马"等就属一小类。"白马""黑马"必然具有"马"的属性。同时，还应看到类概念的外延只能限制在同类事物，如将类概念的外延任意扩大，就会造成分类的混乱。正是基于上述认识，公孙龙明确地提出了"类"的概念和进行分类的基本原则。

在《公孙龙子·通变论》中，公孙龙说："羊合牛非马，牛合羊非鸡。"在这里，他通过对"牛""羊""马""鸡"等事物共同属性和不同属性、本质属性和非本质属性之间差别的分析，提出了逻辑分类的基本原则。在公孙龙看来，牛、羊和马等既存在着共同属性又具有不同属性，从它们都具有"兽"的本质属性这一点来说，可以将它们概括为"兽"类。从"兽"这一类所具共同属性来看"鸡"，它们与鸡毫无共同之处，因鸡属"禽"类。可见，"兽"类和"禽"类无论在本质属性上还是在非本质属性上都没有共同点，因而属于两类不同的事物。

如从"兽"类动物本身来看，牛、羊和马之间又具有不同属性。"羊牛有角，马无角；马有尾，羊牛无尾。故曰：羊合牛非马也。"(《公孙龙子·通变论》)这就是说，按有角、无角这一标准来分类，牛和羊都属有角的"兽"类，马则属无角的"兽"类；再按有尾、无尾这一标准来分类，马属有尾（指有长毛尾）的"兽"类，牛和羊则属于无尾的"兽"类。

在《公孙龙子·通变论》中，公孙龙进一步对有角的"兽"类牛和羊作了进一步的分类。他说："羊与牛唯异，羊有齿，牛无齿，而牛之非羊也，羊之非牛也，未可。是不俱有而或类焉。""羊有角，牛有角，牛之而羊也，羊之而牛也，未可。是俱有而类之不同也。"这就是说，虽然羊和牛在有齿、无齿这一点上存在着差别，然而决不能由此断定牛和羊不属同类，在它们都具有"兽"类的本质属性这一点上，它们仍是同类，但如以有齿、无齿这一标准来分类的话，它们又不是同类了。

在这里，公孙龙明确地提出了分类的基本原则，即以某两类或两类以上的事物是否具有某种特有属性或本质属性作为区分它们属同类或异类的根本标准。正是由于鸡不具有"兽"类的本质属性，因而它不属"兽"类，而属"禽"类。牛、羊和马虽同属"兽"类，但根据有尾、无尾这一特有属性来分类，马属有尾的"兽"类，牛和羊则属无尾的"兽"类。同样，根据是否具有"角"这一特有属性来分类，马属无角的兽类，羊和牛则属有角的"兽"类。再按是否具有"齿"来分类，牛属于无齿的"兽"类，羊则属于有齿的"兽"类。

公孙龙之所以不厌其烦地对"牛""羊""马""鸡"进行连续的分类，直到找出它们之间的区分为止，一方面是想表明自己关于逻辑分类的基本原则，另一方面也想说明对"名"即概念何以进行划分的逻辑方法，因为在知性逻辑中，对概念的划分有着十分重要的逻辑意义。运用划分的逻辑方法可以明确属概念的外延，有助于人们准确地把握属概念所反映的事物的属和种的关系，可以指导人们正确地进行分类。

划分是明确概念外延的一种逻辑方法。划分由划分的母项、子项、标准三部分构成。母项是外延需要明确的属概念，子项是用来明确划分母项外延的种概念。划分标准是划分的子项，即种概念的种差。公孙龙首先按"家养动物"的依据是否是"有毛"的"四足动物"这一标准进行划分，将母项"家养动物"划分为"两足""有羽"而"无毛"的"禽"类（鸡）和"四足""无羽"而"有毛"的"兽"类（马、牛、羊等）两个子项；然后以"兽"类作为划分的母项，依据"有尾""无尾"为划分标准，将母项"兽"类划分为"有尾"的"马"和"无尾"的"牛""羊"这两个子项；再以"无尾的兽类"作为划分母项，依据"有齿""无齿"这一标准，将母项划分为"有齿的羊"和"无齿的牛"。可见，公孙龙已看到了对概念进行划分乃是对事物进行分类的基础这一十分重要的知性逻辑原理。前面他对事物的分类，就是以这一原理为基础来进行的。公孙龙这一关于逻辑分类和概念划分的思想，可以说是对中国逻辑思想的发展所作出的又一重要贡献。

当然，也应看到，公孙龙关于概念划分和分类的思想也有其很大的局限，因为按照知性逻辑关于划分的要求，应对概念的全部外延加以明确归类，而公孙龙却没能做到这一点，其原因在于他对划分标准的运用有较大的可变性。如他在根据"有尾""无尾"的标准区分了"马"与"羊""牛"之后，又根据"有齿""无齿"的标准区分了"牛"和"羊"，而又没有根据这一标准对"马"进行分类，因为"马"显然又属"有齿的羊"一类。这样就违背了知性逻辑关于划分要与属概念外延相称的规则，犯了"不完全划分"的逻辑错误。而且，公孙龙虽意识到了划分或分类必须按事物特有属性或本质属性来进行的原则，但在划分和分类时往往依据事物的一些表面特征来进行。如"有尾"或"无尾"并不是"马"和"牛""羊"的本质区别，它们之间的区别正在于公孙龙所说的"体"不同，即本质规定的不同。特别是他在区分"鸡"与"牛""羊"时，甚至用"鸡三足""羊牛五足"作为划分的标准，这无疑具有了诡辩的性质。由于这些局限的存在，所以公孙龙就很难实现他对概念进行划分以明确概念外延，从而使概念精确并与它们反映的"实"完全相符的初衷。

有白马就是有马

"控名责实"是名家的一大基本特征。在公孙龙这里，这一基本特征充分体现在他关于"正名实"的思想之中。公孙龙提出的"正名"原则以及其中包含的关于知性逻辑基本规律的思想，是他对中国逻辑思想的又一伟大贡献。

第一是关于"正名"的原则。

公孙龙在《公孙龙子·名实论》中不但正确地解决了名与实的关系的问题，认为名是对实的反映，而且由此出发提出了"唯乎其彼此"的正名原则。这一正名原则的基本要求就是要使"名"具有精确性和稳定性。《公孙龙子·名实论》说："其名正，则唯乎其彼此焉。"如果事物的名即概念确实反映了客观事物的实际，那么就应使它的名相应于它所反映的实，来称谓它所反映的实。称谓彼实的名就相应于彼实，称谓此实的名也应相应于此实，这样才算是名实相当，名实相当才算是"名正"。"故彼，彼当乎彼，则唯乎彼，其谓行彼；此，此当乎此，则唯乎此，其谓行此。其以当而当也。以当而当，正也。"要是称谓彼物的彼名并不相应于彼物，那么彼名就行不通；如果用以称谓此物的此名不相应于此实，此名同样也行不通。这是由于用不适当的称谓去充当适当的称谓的缘故，这样就必然造成名实的混乱。如果反过来，用彼名去称谓彼实，是适应于彼实的，那么彼名就是适当的。如用此名来称谓此实，对于此实也是适当的，那么此名就相应于此实，就是名实相当。名实相当就是正。

简单说来，公孙龙所要说明的是所谓"名正"的标准问题，这个标准就是名实相当，即名实相符。名实相符或相当，也就意味着概念的内涵与外延同它所反映的事物的本质和范围要对应。要实现这种对应，也就是要使概念"不过"与"不旷"。总之，在公孙龙看来，要真正贯彻和实现上述"正名"标准的要求，就必须遵循知性逻辑"同一律"的基本规则。

第二是关于同一律的思想。

前文说过，知性逻辑最根本的作用就在于保证思维的确定性、准确性，其根本的原因就是它要求思维必须遵循同一律。同一律是知性逻辑最根本的规律，其他两个规律即不矛盾律和排中律则是同一律的不同表现形式。公孙龙的正名学说所贯穿的一个基本思想就是同一律的思想。

同一律的基本内容是：在同一思维过程中，每一思想（即每一个概念、判断等）都必须是确定的，是什么就是什么。它的基本公式就是A=A。

亚里士多德对同一律也十分重视。他认为，在思维论断中，每个概念都必须有确定的内容，不可混指若干事物。不过，对于亚氏来说，他似乎更重视不矛盾律，因为他对同一律并没有着重给予阐述，而对不矛盾律却进行了极为详尽的考察。公孙龙则似乎更注意同一律。

公孙龙对同一律的表述是："故彼，彼止于彼；此，此止于此，可。"（《公孙龙子·名实论》）彼名只能称谓彼实，而且专限于称谓彼实；此名只能称谓此实，而且专限于称谓此实。这样才是可以的。相反，"彼此而彼且此，此彼而此且彼，不可"（《公孙龙子·名实论》）。意思是：用彼名称谓此实，从而使彼名既称谓彼实，同时又称谓此实；反之，用此名来称谓彼实，从而使此名既称谓此实，同时又称谓彼实，这是不可以的。这段话，说明了公孙龙对同一律的基本看法。他认为，一个概念只能称谓它所反映的那个实，而不能既称谓此实同时又称谓彼实。之所以不能，就是因为它违背了同一律的根本要求。这种同一律的思想是贯彻于公孙龙整个思想体系的一个最根本的思想，如果不由此出发去看《公孙龙子》，是根本无法正确理解和把握它的基本思想的。

第三是关于不矛盾律的思想。

公孙龙不仅十分明确地阐述过知性逻辑"不矛盾律"的思想，还熟练地运用它，将其作为驳斥论敌的武器。无论是在《孔丛子·公孙龙》中，还是在《公孙龙子·迹府》中，都记述了公孙龙与孔穿的辩论。在这一辩论中，公孙龙多次指出孔穿论辩过程中的逻辑矛盾，如他指出孔穿劝他放弃"白马非马"的学说，然后就拜他为师这一说法之中的自相矛盾，指出这种"先教而后师之"是矛盾的。正是由于公孙龙十分自觉地运用了不矛盾律，才使论敌无言对答，辩得一败涂地。

在《公孙龙子·白马论》中，公孙龙在反驳"有白马即是有马"这一论点时指出，如果认为有白马就是有马，那么能不能说"有白马就是有黄马"？这就揭示了论敌将种概念"白马"和属概念"马"等同起来所造成的自相矛盾，迫使对手承认"有白马不是有黄马"。然后，他又进一步指出，既然说"有白马就是有马"，而不能说"有白马就是有黄马"，这说明黄马与马还是有差异的，既然承认黄马不同于马，那么为什么就不能说白马不同于马呢？同时，他论证"求马，黄、黑马皆可致；求白马，黄、黑马不可致"这一观点时明确指出："有可有不可，何也？可与不可，其相非明"。这就说明了不矛盾律的基本原则：同一个概念不能既是这一事物的称谓，又不是这一事物的称谓，否则就会造成自相矛盾。

亚里士多德在阐明不矛盾律时指出：不矛盾律的基本原则就是不能容许思维中的自相矛盾的存在。他指出：一切信条中最无可争议的就是相反的叙述不可能同时都真，不可能同时肯定与否定，对同一事物既肯定又否定不能同时都真。公孙龙对不矛盾的见解与亚氏是完全一致的。

第四是对排中律的运用。

所谓排中律，就是在同一思维过程中，对同一对象作出判断，必须在两个矛盾判断中选择其中的一个，决不能同时加以否定，而且也不能都不置可否，因为这两个矛盾判断中必有一个为真。它的公式是：

"A或者非A"。在《公孙龙子·通变论》中，客方提出了两个相互矛盾的命题："二苟无左，又无右，二者左与右，奈何？"既然二没有左，二又没有右，那么说二是左和右的结合，这怎么解释？这就是说"左与右为二"和"左与右非二"是相矛盾的。公孙龙认为，在这两个矛盾的命题中有一个是真的，而另一个必定为假。他指出："左与右非二"这一命题与"牛合羊非鸡"这一命题一样是"乱名"，是"狂举"，所以"左与右为二"这一命题必真。

公孙龙虽没有明确阐述知性逻辑"排中律"的基本原则，却自觉地运用了这一规律，这是因为排中律和不矛盾律都是同一律的具体表现形式。

白马非马

在对公孙龙的逻辑思想进行探讨以后，就有了正确理解公孙龙"白马非马"这一命题的基础。我们知道，"白马非马"不仅是公孙龙最自鸣得意的一个观点，还是当时大多数名家人物同持的一个观点。就如张仪所说：凡刑（形）名家都持"白马非马"的观点。正确理解这一命题对于判定公孙龙学说乃至整个名家学说的性质都有着至关重要的意义。然而，"白马非马"这一命题自提出之日起就备遭诟难，被各家异口同声斥之为诡辩。时至今日，虽有不少人力图为之正名，但也仍有不少人坚持"诡辩"说。两种截然不同的判定必然会影响对公孙龙乃至整个名家学说的理解。

我们认为，对"白马非马"这一命题之所以有截然不同的理解，主要的原因恐怕有这样几点：

第一，由于人们对公孙龙哲学性质的认识不同，导致了人们对"白马非马"命题理解的分歧，这种分歧反过来又影响着人们对公孙龙哲学性质的认识。从历史的角度来看，公孙龙的哲学由于与中国传统哲学的主流有着很大的差异，因而无论是从传统哲学的正统观点看，还是以常识的观点看，公孙龙的这一命题都是不容易理解的。从桓谭讲述的公孙龙骑白马过关的故事就可以看到历史上人们对"白马非马"这一命题的基本看法。公孙龙经常与人争论说"白马非马"，但无法说服人。有一次，由于没有过关的通行证（大概当时有不允许骑马过关的规定），公孙龙就给守关的关吏大讲"白马非马"的道理，结果关吏根本不买账，公孙龙也就无法出关了。

由此也证明"白马非马"这一命题的确涉及个别与一般的关系。按辩证法的见解，一般存在于个别之中，根本就不存在脱离个别的一般。现在有许多人在分析公孙龙这一命题时往往喜欢引用列宁关于"个别是一般"的论述，说明公孙龙这一命题割裂了个别与一般的辩证关系。如果从辩证法的角度，或按辩证逻辑来分析，的确可以看到公孙龙这一命题的局限，正如他整个知性哲学存在着很大的局限一样。但这样能否判定公孙龙"白马非马"就是诡辩？知性逻辑、知性哲学与辩证逻辑、辩证法哲学相比，是一种初等数学，但又有哪一位辩证法大师曾说知性逻辑和知性哲学是诡辩？更何况，辩证逻辑在承认个别就是一般时，也充分肯定了个别与一般之间的差别。从这个角度看，说"白马不等于马"又有何不可呢？

第二，就这一命题本身来说，存在分歧的根本焦点在于对"白马非马"中的"非"的理解。认为这一命题是诡辩的人，无一例外地都将这个"非"字作"不是"解，这样一来，"白马非马"的含义就是

"白马不是马"。白马明明是马,为什么非要死不承认它是马?这不是诡辩又是什么?持相反意见的人则都认为,"白马非马"的"非"并不是"不是"的意思,从公孙龙《白马论》的有关论证来看,"非"的含义是"不等于""有异于"或"有别于"。所以,"白马非马"就是"白马不等于(或有别于,或有异于)一般的马"的意思,这样一来,"白马非马"不仅不是诡辩命题,反而是一个包含着十分深刻的逻辑意义的命题了。有人进而认为,"白马非马"的命题由于区分了个性与共性、个别与一般,因而是一个包含着朴素辩证法思想的辩证命题。

我们认为,"白马非马"的"非"字的确是"不等于""有异于"或"有别于"的意思,所以公孙龙的这一命题并不是否定白马是马,而是强调了"白马"这个个别与"马"这个一般的差别,这是从他知性逻辑和知性哲学出发必然得出的一个结论。至于说是不是包含着朴素辩证法思想的辩证命题,这要看是从什么角度来说。如果按照列宁关于辩证法是人类思维固有的观点来看,看到"白马"是"马",即认识到这是"个别是一般"这样一类辩证法的朴素观点,那么"白马不等于马",即"个别不等于一般",又何尝不是一种较上述看法更为深刻一些的辩证观点?然而,公孙龙似乎并不着意阐述这一命题的辩证意义,而更强调个别与一般相互区别的方面,以此来说明知性逻辑关于属概念与种概念的不同的观点。从这个角度来说,似乎也没有非给他戴上一顶辩证法桂冠的必要。当然,也不应因为公孙龙十分强调个别与一般的差别而得出这一命题是诡辩论的结论。

第三,从本体论的角度来说,"白马非马"是公孙龙本体学说所必然得出一个结论。这是因为,按照公孙龙的观点,"白马"这个作为本体而存在的具体事物,其本质规定是"马"这个"共相",而"白"的属性是不具有本体地位的,所以"白"只不过是相对于"马"这个

"共相"来说的"偶然属性",因为它与"马"的联系并不具有必然性。同时,"白马"作为一个感性存在物又具有易变的特点,而本体或本质是变中的不变,所以真正的本体就是事物的"共相"及依附于它的"共性",这一点我们在前文中已有阐述。所以,作为本体的"共相"当然又不同于感性存在,从这个意义上说,"白马非马"这一命题是与公孙龙的本体论紧密相关的。

无独有偶,我们也可以从亚里士多德那里看到与公孙龙的命题及论证十分相似的命题及其论证。在《形而上学》卷七中,亚氏指出,具体事物和它的本体是没有不同的,而本质就是事物的本体。这一结论是他通过对"白的人"这个具体事物的分析所得出的。在亚氏看来,"白的人"是一个偶性的统一体,因为"白"是"人"的偶然性质,所以"白"与"人"的结合就是"白的人"这个偶性统一体。这个偶性统一体的本质与"人"的本质是不同的。如果认为这二者是相同的,那么"白的人"的本质就与"人"的本质相同了。但这种看法是错误的,因为"白的人"与"人"的本质是不同的。"人"是一般的"属","白的人"则是有了特殊属性的"种",虽然只是一种偶然性质"白",但"白的人"已是个别事物,所以亚氏得出结论:作为具体事物的"白的人"与作为一般的"属"的"人"是不同的。如果我们套用公孙龙的公式,那么亚氏的这个命题就是"白人非人"。公孙龙对"白马非马"的论证与亚氏何其相似!"马者,所以命形也;白者,所以命色也。命色者,非命形也。故曰:白马非马。""马"这种"属"是一般的"属","白马"则是有了特殊属性的"种",因为它有了"白"这一偶然属性,所以就成为"白的马"这一偶性统一体,即已成为具体事物。作为具体事物的"白的马"的本质与作为一般的"属"即"共相"的"马"的本质是不同的,所以"白的马"不同于"马"。

另外，还需要说明的一个问题是，无论是亚氏还是公孙龙，都没能对什么是作为本体而存在的具体事物的本质属性和非本质属性作出明确的区别。如对"白色"的看法就是如此。亚氏在他的《范畴篇》中明确将"白色"划入性质的范畴，性质的范畴是表示具体事物的本质属性的。但在对具体事物的属性进行分析时，他却又将"白色"看作一种具体事物的偶然属性，就像我们在前面所看到的那样。同样，公孙龙对"白色"的看法也存在着类似亚氏的情况，有时他将"白色"看作一种具体事物的本质属性，有时又看作一种偶然属性。

之所以存在这种情况，我们认为：其原因就在于，无论是亚氏还是公孙龙，在个别与一般的关系问题上都存在着一定的思想混乱。他们一方面认为存在的本体是客观存在的感性具体事物，另一方面又认为真正意义上的本体是作为具体事物本质规定的"共相"。因此，当他们将"白色"看作感性具体事物的属性时，就把它视为具体事物的偶然属性，因为它与具体事物的联系是偶然的，偶然的东西是易变的、不稳定的。所以，这种偶然属性和具体事物相结合，就成为一种偶性统一体。当他们将"白色"看作一种抽象的"共性"时，它就作为一种性质的范畴而存在，它是依附于作为本体的"共相"的，是对这种本体的一种性质规定，在这个意义上，抽象的"共性"与作为具体事物本质规定的"共相"的联系又是一种本质的联系，是本体的一种本质属性。

在亚氏和公孙龙看来，只有"共相"与"共性"才是真正的不变者，而这对于知性思维或知性逻辑来说是至关重要的。因为只有确立了这种本体论基础，知性认识论和知性逻辑才能得以确立起来。知性认识和知性逻辑的根本特征就在于它们的确定性和准确性。知性认识的目的和作用正在于通过易变的感性具体事物找到其背后的稳定的、不变的"共相"和"共性"，正因为这样，它特别重视个别与一般的区分。

"白马非马""白人非人"就是这种知性思维或认识的必然结论。

但另一方面,"共相"或"共性"是不能离开具体事物而单独存在的,是存在于具体事物之中的。对于这一点,亚氏和公孙龙又都是给予肯定的,所以他们又认为具体事物是本体,"共相"是第二位的本体,是具体事物的本质规定,"共性"(性质范畴)也是具体事物的本质属性,但这种观点又是与他们关于"共相"和"共性"才是本质的存在、"共相"才是真正意义上的本体的思想不一致的。从辩证法和辩证逻辑的观点来看,亚氏和公孙龙对个别与一般的理解显然是混乱的。正因为如此,列宁批评亚氏说:"这个人就是弄不清一般和个别、概念和感觉、本质和现象等等的辩证法。"[1]列宁的这个批评也同样可看作对公孙龙的一种批评。但需要说明的是,列宁在这里虽然批评了亚氏的局限和不足,但他并没有简单地将亚氏的学说指责为诡辩。现在有许多人也是依据列宁的这个思想来评论公孙龙的,却指责公孙龙的整个学说是诡辩。至于"白马非马",则更是被指为割裂了个别与一般的诡辩论。这样做,对公孙龙是不公平的。

最后,从公孙龙论证"白马非马"这一命题的方法来看,他并没有采用诡辩手法,而是进行了严密的逻辑论证,更进一步说是采取了语言分析和逻辑分析相结合的论证方法。关于这一点,周昌忠先生在他的《公孙龙子新论》一书中作了极为详尽和有价值的分析和论述。他指出:"《公孙龙子》的哲学作为一个哲学理论,或者说作为一个理论实体,是一种语言哲学。《迹府》和其他哲学史文献都说,公孙龙本人和同时代及后世学者皆公认,他的学说是'白马之论'或'守白之论'。'白马之论'或'守白之论'正是一种语言哲学学说"[2]。

---

[1] 列宁全集. 第38卷. 北京:人民出版社,1959:418.
[2] 周昌忠. 公孙龙子新论:和西方哲学的比较研究. 上海:上海社会科学出版社,1991:65.

事实的确如此。公孙龙正是通过对"白马非马"这一命题的语义学和语用意义的分析，建立了一套相对完整的语言哲学理论。鉴于对这方面周昌忠先生已有详尽而深入的分析和阐述，再加上语言哲学理论较为复杂，涉及面极广，很难用较短的篇幅阐述明白，因而我们不打算过多地从这个方面来论述公孙龙的"白马非马"论。下面，我们只就公孙龙对"白马非马"论证过程中采用的逻辑方法作一简要分析，以说明公孙龙并非采用诡辩手法来论证这一命题。

有些论者认为，公孙龙"白马非马"的命题显然是诡辩论的命题，而既然是诡辩论的命题，那么他用来论证这一命题的方法也必然是诡辩的手法。根据他们的分析，公孙龙所采用的诡辩手法大致有这样几种：一是割裂个别与一般，否认个别是一般；二是偷换概念；三是违反推理逻辑规则。

关于第一点：割裂个别与一般，否认个别是一般。理由是，公孙龙在论证"白马非马"这一命题时，处处都将"白马"与"马"的联系割裂开来，从而否定了白马是马。关于"白马非马"所涉及的个别与一般的关系问题，我们在前文中已有多次阐述，就不在此赘述了。我们想说明的是，公孙龙是否根本否定了白马是马？不错，公孙龙的确着重强调"白马"这个种概念与"马"这个属概念之间的差异，反对将二者加以混同，应当说，这正是知性逻辑同一律的基本要求。公孙龙从这种"A=A"的要求出发，力图说明的就是"白马"这个具体概念只能用来称谓"白马"这个具体事物，而"马"这个概念在本质上是"指"，是白马、黑马、黄马等各色马的"共相"，因此"马"这个抽象概念只能用来表示"马"这个共相，具体概念的"白马"和抽象概念的"马"在内涵和外延上都有着差异，因而不能等同起来。但另一方面，公孙龙也承认了"白马是马"，因为"白马"这个种概念与"马"这个属概念在外延上存在着包含关系。例如，公孙龙在回答关于"你认为马有颜色就不是马，而天下本来就没有无颜色的马，那么，可以说天下没有马吗？"这个问题时，就明确地肯定了"白马也是马"。他说："马本来就是有颜色的，因此才有白马。"（"马固有色，故有白马。"）可见，公孙龙并不是要否定白马是马，只是由于目的在于说明这两个概念上的差异，因而没有给予强调罢了。公孙龙不仅承认白马是马，还承认黄马、黑马也是马，"求马，黄、黑马皆可致"。由此可以证明，公孙龙在论证"白马非马"时，并非处处都将个别与一般割裂开来、否定个别是一般的。

关于第二点：公孙龙在论证"白马非马"这一命题时，使用了偷换概念的诡辩手法。有些学者所列举的典型例子就是："求马，黄、黑马皆可致；求白马，黄、黑马不可致。使白马乃马也，是所求一也。所求一者，白者不异马也。所求不异，求黄、黑马有可有不可，何也？可与不可，其相非明。故黄、黑马一也，而可以应有马，而不可以应有白马，是白马之非马，审矣。"（《公孙龙子·白马论》）他们认为，公孙龙在这里所玩弄的诡辩手法是：他首先把"白马乃马"说成就是白马等于马，白马与马两者没有任何差别（这显然是偷换概念）；然后，他就论证白马与马的差异，以此证明"白马非马"的命题。

这种指责是难以成立的。这是因为，公孙龙的这段话是针对对方所提"有白马，不可谓无马也。不可谓无马者，非马也？"这个问题而言的。对方在这里从常识的观点出发，认为有白马就是有马，既然不可以说没有马，怎么能说白马不是马？这里，对方把严格意义上的逻辑概念与很不严格的日常用语混同了起来，认为白马就是马，所以有白马就是有马。公孙龙在反驳对方时，首先就指出了对方在使用概念方面的不严格性，意思是说：如果找马，找来黄马、黑马都可以，但是如果要找白马，那么找来黄马、黑马就不可以了。你将白马等同于马,那么上面两次要求就应该是相同的,既然要求是相同的,那就等于说白马与马就没有差别。这样一来,找马可以找来黄马和黑马,找白马也可以找来黄马和黑马了,这怎么可以呢?很明显,在这里不是公孙龙将白马等于马,再论证二者的差异,以此证明"白马非马",从而犯了偷换概念的错误,恰恰相反,将白马等于马的正是对方所代表的常识观点。公孙龙正是针对这种常识观点来论证"白马"与"马"这两个概念之间的差异的。所以说,指责公孙龙在这里玩弄偷换概念的诡辩手法是不能成立的。

关于第三点:公孙龙"白马非马"的推理违背了逻辑规则。很多人仍是以公孙龙的上述论证为例证的。他们说,在上述论证过程中,公孙龙一方面承认黄马、黑马是马,另一方面又不承认白马是马,这就陷入了自相矛盾,为了摆脱这个困境,他就耍了个诡辩手法,说:"故黄、黑马一也,而可以应有马,而不可以应有白马,是白马之非马,审矣。"在这里,他的"白马非马"的结论显然是推不出来的。黄马、黑马"可以应有马,而不可以应有白马",仅仅根据这一前提决不能推出"白马非马"的结论。

这种说法显然割裂了公孙龙的推论过程。公孙龙在这段论证中,显然不是依据上述两个前提来得出"白马有异于马"的结论的。公孙龙推论的前提是经过仔细论证了的。在这段话里,公孙龙经过分析论证,说明"马"这个属概念的外延包含了"黄马""黑马"这些种概念,所以当说要找"马"时,找来黄马或黑马都可以。但"白马""黄马""黑马"这三个种概念的外延则是一种相互排斥的并列关系,所以说要找"白马",找来黄马、黑马就不行了。可见,"白马"的概念与"马"的概念是存在着差异的,从这个意义上说,白马并不等于马。这怎么能是耍弄诡辩的推论手法呢?

通过以上的分析,我们可以看到,公孙龙在对"白马非马"这一命题的分析论证过程中，十分深刻地揭示了属种概念之间、各种概念外延之间的关系，揭示了属种概念在内涵上的差别，因而其"白马非马"命题可以说是一个具有十分重大的逻辑意义的命题，尽管它仍有局限性，但绝非诡辩。

独特贡献

公孙龙是中国古代思想史上最具争议性的人物之一。由于他的哲学思想和思维方式与传统的主流哲学和思维方式存在着很大的差异，因而他历来被视为诡辩论的最大代表。但是，通过以上对公孙龙本体论、认识论和逻辑学的分析不难看到，公孙龙哲学、认识论和逻辑学的独特品格正是他对中国哲学、逻辑思想史的巨大贡献。

首先，从公孙龙的本体理论来说，他基本坚持了物质第一性的唯物主义立场，提出了类似古希腊伟大思想家亚里士多德的本体理论。他认为，感性具体事物是第一本体，而"指"即"共相"在一定意义上虽有独立自在的性质，但它作为具体事物的本质规定，又是寓于具体事物之中的。公孙龙这种本体理论既反对孔子将名看作先验存在，并以这种先验存在的名来正客观之实的唯心主义正名论，又反对老庄将抽象的"道"作为世界本体的唯心主义本体论，同时也与墨子等将客观实在看作本体，但未能对客观实在作出具体规定的本体理论有着一定的区别。从这个意义上说，公孙龙建立的本体理论是他对中国古代哲学本体理论的一个独特贡献。

其次，公孙龙提出了一套相对完整的知性认识理论和知性思维方式。我们知道，知性认识和知性思维的最大特点就是它们的准确性和确定性。正如黑格尔所说的那样，"知性思维的逻辑精确性和明确性、条理性和确实性，不是在认识的某个个别领域和认识发展的某些特殊历史时期是必要的，而是在任何地方和任何时候都是必要的"[1]。黑格尔这个评述，十分精辟地揭示了知性认识和知性思维的基本特点及其对人类思维的重要意义。公孙龙所提出的知性学说，在中国古代思想史上占据着十分重要的地位。然而，正如我们所看到的那样，公孙龙的这种知性学说由于异于中国古代哲学中的朴素的直观整体思维方式，因而招致了种种的非议和诟病，而被打入了思想的冷宫，这种情况表明，公孙龙的知性学说的确是对中国传统认识理论和思维方式的一种超越。正如恩格斯评价古希腊辩证法思想时所指出的那样，朴素的辩证世界观和思维方式从本质上来说是正确的，但这种世界观和思维方式也存在着巨大的缺陷，因为它们所缺乏的正是知性思维方式的那种精确性和明确性，因而它们被后来的形而上学和知性思维方式代替就成为不可避免的。亚里士多德的哲学后来之所以成为西方科学和哲学的思想源头，在很大程度上就是由于他所创立的知性认识理论和知性思维方式蕴涵了一种伟大的科学精神。而在中国，公孙龙的知性学说却没有亚氏那样幸运，这与中国近代没有发生西方那种伟大的工业革命和科技革命有关，同时也与它所面临的以儒家正统思维方式为代表的强大传统有着直接的关系。蕴涵着伟大科学精神的惠施哲学和后期墨家哲学的命运也正说明了这一点。

最后，公孙龙所创立的知性逻辑学说可以说是他对中国古代思想史的最伟大的贡献。正是公孙龙在中国古代思想史上第一个提出了相

---

[1] 奥伊则尔曼.辩证法史·德国古典哲学.北京：人民出版社，1982：247.

对完整和系统的知性逻辑学说，论证了知性逻辑的概念理论和基本的思维规律。他上承邓析、尹文、惠施的名家学说，下启后期墨家和荀子的逻辑思想，构成了中国古代逻辑思想发展史上的一个极为重要的环节。后期墨家和荀子的逻辑学说正是在他的逻辑学说的启发之下得以形成的。也正是公孙龙在总结自邓析所开创的名实之辩的基础上，将名实问题作为真正意义上的逻辑问题来加以研究，从而使逻辑学成为一门独立的学科。从这个意义上来说，公孙龙既是中国先秦名家学说的集大成者，又是中国逻辑学理论大厦的真正奠基者。正是在他的逻辑学理论的基础上产生了与西方形式逻辑、印度因明逻辑平起平坐的中国逻辑系统。

结语

先秦名家自公孙龙之后就无其后学和传人了。这样，名家这个曾在先秦诸子中显赫一时的学派自此就亡绝了。但是，它在中国古代思想文化史上留下了辉煌的篇章，占有十分重要的历史地位。

时至今时，人们越来越清楚地看到了名家对中国古代思想发展所起到的伟大作用，也越来越清楚地认识到了名家学说中所蕴涵着的思想真髓，因而名家也为越来越多的人们所重视，历史蒙在名家身上的尘埃已被逐渐扫清，这一切都为我们正确地评价名家创造了有利条件。

逻辑探索

名家不等于名学，但名学一词由名家而来。大思想家严复在向中国翻译介绍西方逻辑学时，正是根据名家以名辩而著称于世、名家思想以逻辑学为主这一特点，将西方的逻辑学（Logic）这一概念中国化，翻译成"名学"，可见，名家的贡献首先就在于逻辑学方面。

首先，名家开启了中国逻辑思想的先河。从人类思想史的发展来看，人类首先认识到的是自身所在的客观环境，即客观世界，然后才进一步逐渐开始对自身特别是自身主观思维的研究，这可以说是人类思想发展的一个共同规律。西方思想肇始于古希腊米利都学派对世界本原的探究，然后由毕达哥拉斯学派和爱利亚学派等予以发展，特别是智者学派开始对人类主观思维和认识活动进行自我认识，即对认识的再认识、对思维的再思维，黑格尔将这种活动称之为"反思"。正是上述先哲们的"反思"开启了西方逻辑学的先河，最后经伟大的亚里士多德，建立起了十分科学和严密的逻辑学体系。

中国的思想发展，首先也开始了对世界本原的探索，《易经》《尚书·洪范》所研究的阴阳五行，就是中国先哲们对世界本原的最初探索。

中国人对自身主观思维的"反思"正是肇始于名家的鼻祖——邓析。邓析不但强调理性思维的重要性，而且对逻辑思维的基本形式，即概念和推理也进行了初步的探索。邓析的这种探索引发了先秦名辩思潮，推动了中国名学亦即逻辑的发展，经过孔子"正名"和老子"无名"以及墨子"名实"论之间的争论，以及名家宋钘、尹文、惠施，特别是公孙龙对名辩的开创性研究，使得后期墨家和荀子得以将先秦名学系统化，从而创立了与古希腊学、古印度因明学鼎足而立的世界三大逻辑思想体系之一。其中，名家的贡献无疑是巨大的。

其次，名家深刻地揭示了逻辑思维内在的本质。名家对逻辑的许多具体理论作出了创造性的贡献，更重要的还在于他们深刻地揭示了逻辑思维的内在本质。如前所述，以惠施为代表的"科学主义"与以公孙龙为代表的"逻辑主义"都对逻辑思维本身进行了十分深入的分析和探索。其中，惠施所注重探讨的是辩证思维的本质，因而强调同异关系的相对性，指出了认识同中有异和异中有同对逻辑思维的重要意义，从而认为概念和范畴是可变的、流动的。公孙龙则着重分析了知性思维的本质，强调思维必须严格遵循形式逻辑的基本规律——同一律和不矛盾律，因而十分注重概念和范畴的自身同一性以及确定性。他们各自的逻辑学说分别探讨了人类思维的两大逻辑系统，即辩证逻辑和形式逻辑的基本内容及其本质。这样就使得他们的逻辑学说远远超越了他们的前人。

自然哲学

中国古代自然哲学源远流长，早在殷周之际出现的《易经》就蕴含了朴素的自然哲学思想。《易经》虽是一本占卜问吉凶的书，但也提出了对宇宙本质及其起源的基本观点。如它认为宇宙是由天、地、山、泽、水、火、风、雷等八种基本物质组成的，这八种物质具有相反相成的性质，由这八种基本物质的相反相成而衍生出万事万物。继《易经》之后，《尚书·洪范》进一步提出了"阴阳五行"说，认为五行即金、木、水、火、土仍是组成世界的基本元素，而阴阳二气的相互作用使上述五种元素组成了世界万事万物。《易经》和《尚书·洪范》所载相关内容反映的是中国最早的自然哲学，反映了人们对世界的一种极为朴素的认识。

在春秋战国时期，最先系统阐发自然哲学的当属老子和庄子的道家学说。老子和庄子将"道"看成世界的本原，认为世界万物均是"道"的派生物。但他们所说的"道"并不是物质性的实体，而是一种神秘的、不可捉摸的"无"。老子和庄子认为，由"道"派生的万物是运动变化的，这具有朴素辩证的思想。但他们又片面夸大了万物的运动变化，否定事物存在相对静止和稳定的状态，最终导致了相对主义。老子和庄子的自然哲学思想从本质上来说是神秘主义的，特别是他们从相对主义出发，进而主张对客观事物的不可知论，这种自然哲学与古希腊的自然哲学相比，具有反科学的性质，是不可能像后者那样培育出西方式的科学精神和自然科学理论的。因此，从严格的意义上说，老庄的自然哲学充其量是一种"天道观"，而不是真正的"自然哲学"。我们说它是一种自然哲学，仅仅是从它是一种关于自然的哲学学说这个意义上来说的。

除老庄之外，先秦哲学中的主流应当说是"人文主义"，即注重对社会人生的研究，而不注重对自然的哲学探索。虽然它们有时也涉及对自然的一些看法，如在讨论天人关系方面，但这种对自然的看法仍是比较粗浅的，有时还带有神秘主义的色彩。如孔子讲"天"，就赋予天主掌控人生命运的能力。

应当说，在先秦各家学派中对中国自然哲学作出最大贡献的仍属名家中的惠施和后期墨家。至于荀子，虽然也提出了自己的自然观，并在天人关系问题上有许多合理创见，但从总体上来说，作为儒家人物的荀子仍属于"人文主义"的行列，他并没有形成自己完整的自然哲学学说。将惠施和后期墨家相比，可以说惠施的整个思想体系就是一种自然哲学，而后期墨家的自然哲学只是其思想体系中的一个有机组成部分，而且后期墨家的自然哲学思想在很大程度上是对惠施思想的批判性继承，所以从这个意义上说，惠施对中国古代自然哲学的贡献更为显著一些。

与《易经》《尚书·洪范》以及老庄的自然哲学相比，惠施自然哲学的最大特点是将自己的学说建立在了当时自然科学发展的基础之上，开启了中国"科学主义"的先河。

从惠施现有的有关思想资料来看，他的自然哲学的核心是所谓的"历物十事"，而且只有论点，没有论证。但从其内容来看，却包含着十分丰富的科学精神和深邃的哲学智慧。尽管惠施的自然哲学与古希腊的自然哲学一样，在本质上仍是一种思辨，但与后者一样，它包含的科学主义精神却具有恒久的价值，而这正是作为名家的惠施对中国思想史最杰出的贡献。

分析思维

名家和先秦诸子百家一起为中国文化作出了巨大而杰出的贡献，

这已为人们所公认。在这里，我们想从东西方文化的差异方面来谈谈名家对中国文化的贡献。季羡林先生关于中国文化有一个很著名的观点，他说："从人类整个历史来看，全世界人民共创造出来了四个大的文化体系。所谓'大'指的是历史悠久、影响广被、至今仍然存在的文化体系。拿这个标准来衡量，我发现了只有四个：中国、印度、伊斯兰和欧美。其中前三个属于东方文化范畴，第四个属于西方。东西两大体系，有相同之处，也有相异之处，相异者更为突出。据我个人的看法，关键在于思维方式：东方综合，西方分析。"[①]季先生从思维方式的角度来讲东西方文化的基本差异，这确实是精辟之见，较之以往许多从事东西文化比较研究者的宏论，更能准确地把握东西文化的差别。

就中国传统文化来说，较之印度、伊斯兰文化来说可能更重综合。例如，中国传统主流哲学的最大特点就是融哲学、伦理与治国之术为一体，注重"修身，齐家，治国，平天下"，在思维方式上以"体认""顿悟"等综合性的心理活动为主，因而不像西方哲学那样注重思辨和分析。由于这种差异的存在，所以中国传统哲学中的人文精神更为浓厚，而西方哲学中的科学精神更为充分。

中国之所以没有像西方哲学那样培育出近现代自然科学，这种文化和思维方式上的差异恐怕不能不是一个很重要的原因。当然，季先生从思维方式上所作的区分也是就一般和总体的角度来说的。西方哲学中也有非常注重综合的大哲学家，如黑格尔、马克思以及后来创立系统科学的贝塔朗菲等。就中国传统哲学来说，也有注重分析的学派，最早的恐怕就要算是名家了，其中又以公孙龙最为突出。名家重分析历来为人们所公认。如前所引的司马谈、班固对名家特征的评价

---

① 季羡林. 神州文化集成丛书·序. 北京：新华出版社，1993：3.

就足以说明这一点。司马谈说名家"苛察缴绕",班固说名家"苟鉤（鈲）[鎃]析乱",意思都是说名家善于作过细的分析。而名家学说的这一突出特点,过去人们似乎重视得不够,直到近年来随着对中西文化比较研究的深入,才有人注意到。

如周昌忠先生在《公孙龙子新论》一书中,就把公孙龙的学说与西方哲学的分析传统相比较,认为公孙龙的学说与西方学术有着本质上的共同之处。他说:"西方文化和智慧区别于中国传统主流文化的本质特征在于它的理性主义,这种理性主义表达为自然科学的精神,在于用亚里士多德的系统的逻辑方法来获取高度精确的具有实验基础的知识。从亚里士多德哲学到现代西方语言分析哲学,它们在这个根本精神上是一致的。正是从这一观点出发,我们可以发现,公孙龙的哲学在很大程度上是一种思辨的语言分析哲学。"[1]周先生的这个意见是极有见地的。其实,最早发现名家与西方科学精神有一致之处的应当是胡适先生。他在自己的博士学位论文《先秦名学史》中将惠施与公孙龙视为"别墨"的合法代表,并高度评价了"别墨"的贡献。他说:"别墨作为科学研究和逻辑探讨的学派,大约活跃于公元前325—前250年期间。这是发展归纳和演绎方法的科学逻辑的唯一的中国思想学派。它还以心理学分析为根据提出了认识论。它继承了墨翟重实效的传统,发展了实验的方法。"胡适先生的这个评价中的某些观点仍有待商榷,如将惠施和公孙龙归为"别墨"等,但他对惠施和公孙龙学说中的科学精神与西方哲学的共同之处的见解无疑是开创性的观点。

从上述学者的评论中,我们可以清楚地了解到名家代表人物惠施、公孙龙的学说在思维方式上与传统主流哲学的本质差异,而这也

---

[1] 周昌忠. 公孙龙子新论:和西方哲学的比较研究. 上海:上海社会科学出版社,1991:10.

正是名家学派对中国传统文化最突出的贡献之一。只是很遗憾，名家提倡的这种重分析的思维方式和科学精神在中国古代文化中并不占主导地位，而且在主流哲学的敌视中很快被扼杀了。如果历史的结局不是这样，从中国传统文化中发育出像西方近现代这样伟大的自然科学也并非没有可能。然而，这也只能是一个假设而已。

总之，名家在中国文化发展史上的地位是不应也不能抹杀的。长期以来，受中国传统主流哲学尤其是儒家对名家诽毁性的评价的影响，人们往往将名家简单地等同于诡辩，贬低名家的贡献及其地位，这是一种缺乏深入分析的非科学的态度。

图书在版编目（CIP）数据

中国名家/张新著．—北京：中国人民大学出版社，2019.3
（国学大观丛书/陈志良，徐兆仁主编）
ISBN 978-7-300-26582-7

Ⅰ．①中⋯ Ⅱ．①张⋯ Ⅲ．①名家－研究－中国 Ⅳ．①B225.05

中国版本图书馆CIP数据核字（2018）第295881号

国学大观丛书
陈志良　徐兆仁　主编
中国名家
张新　著
Zhongguo Mingjia

出版发行	中国人民大学出版社				
社　　址	北京中关村大街31号		邮政编码	100080	
电　　话	010-62511242（总编室）		010-62511770（质管部）		
	010-82501766（邮购部）		010-62514148（门市部）		
	010-62515195（发行公司）		010-62515275（盗版举报）		
网　　址	http://www.crup.com.cn				
	http://www.ttrnet.com（人大教研网）				
经　　销	新华书店				
印　　刷	涿州市星河印刷有限公司				
规　　格	170mm×240mm　16开本		版　次	2019年3月第1版	
印　　张	20.25		印　次	2019年3月第1次印刷	
字　　数	240 000		定　价	39.00元	

版权所有　　侵权必究　　印装差错　　负责调换